CRESCIDOS & INDEPENDENTES

CRESCIDOS

& INDEPENDENTES

COMO AJUDAR O SEU FILHO ADOLESCENTE, MANTER A FAMÍLIA UNIDA E TORNÁ-LO UM ADULTO INDEPENDENTE

LISA HEFFERNAN E MARY DELL HARRINGTON

ALTA BOOKS
GRUPO EDITORIAL
Rio de Janeiro, 2023

Crescidos e Independentes

Copyright © 2023 da Starlin Alta Editora e Consultoria Eireli.
ISBN: 978-85-5081-482-7

Translated from original Grown and Flown. Copyright © 2019 by Lisa Heffernan and Mary Dell Harrington. ISBN 9781250188946. This translation is published and sold by permission of Flatiron Books, the owner of all rights to publish and sell the same. PORTUGUESE language edition published by Starlin Alta Editora e Consultoria Eireli, Copyright © 2023 by Starlin Alta Editora e Consultoria Eireli.

Impresso no Brasil – 1ª Edição, 2023 — Edição revisada conforme o Acordo Ortográfico da Língua Portuguesa de 2009.

Dados Internacionais de Catalogação na Publicação (CIP) de acordo com ISBD

H461c   Heffernan, Lisa
Crescidos & independentes: como ajudar o seu filho adolescente, manter a família unida e torná-lo um adulto independente / Lisa Heffernan, Mary Dell Harrington ; traduzido por Vanessa Schreiner. – Rio de Janeiro : Alta Books, 2023.
352 p. : 16m x 23cm.

Tradução de: Grown and Flown
ISBN: 978-85-5081-482-7

1. Autoajuda. 2. Família. 3. Filhos. 4. Adolescentes. I. Harrington, Mary Dell. II. Santos, Leandro. III. Título.

2022-1254   CDD 158.1
                                         CDU 159.947

Elaborado por Vagner Rodolfo da Silva - CRB-8/9410

Índice para catálogo sistemático:
1.   Autoajuda 158.1
2.   Autoajuda 159.947

Produção Editorial
Grupo Editorial Alta Books

Diretor Editorial
Anderson Vieira
anderson.vieira@altabooks.com.br

Editor
José Ruggeri
j.ruggeri@altabooks.com.br

Gerência Comercial
Claudio Lima
claudio@altabooks.com.br

Gerência Marketing
Andréa Guatiello
andrea@altabooks.com.br

Coordenação Comercial
Thiago Biaggi

Coordenação de Eventos
Viviane Paiva
comercial@altabooks.com.br

Coordenação ADM/Finc.
Solange Souza

Coordenação Logística
Waldir Rodrigues

Gestão de Pessoas
Jairo Araújo

Direitos Autorais
Raquel Porto
rights@altabooks.com.br

Produtor Editorial
Thiê Alves

Produtores Editoriais
Illysabelle Trajano
Maria de Lourdes Borges
Paulo Gomes
Thales Silva

Equipe Comercial
Adenir Gomes
Ana Carolina Marinho
Ana Claudia Lima
Daiana Costa
Everson Sete
Kaique Luiz
Luana Santos
Maira Conceição
Natasha Sales

Equipe Editorial
Ana Clara Tambasco
Andreza Moraes
Arthur Candreva
Beatriz de Assis
Beatriz Frohe

Betânia Santos
Brenda Rodrigues
Caroline David
Erick Brandão
Elton Manhães
Fernanda Teixeira
Gabriela Paiva
Henrique Waldez
Karolayne Alves
Kelry Oliveira
Lorrahn Candido
Luana Maura
Marcelli Ferreira
Mariana Portugal
Matheus Mello
Milena Soares
Patricia Silvestre
Viviane Corrêa
Yasmin Sayonara

Marketing Editorial
Amanda Mucci
Guilherme Nunes
Livia Carvalho
Pedro Guimarães
Thiago Brito

Atuaram na edição desta obra:

Tradução
Leandro Santos

Copidesque
Carolina Palha

Revisão Gramatical
Carol Suiter
Hellen Suzuki

Diagramação
Luisa Gomes

Capa
Joyce Matos

Editora
afiliada à:

Rua Viúva Cláudio, 291 — Bairro Industrial do Jacaré
CEP: 20.970-031 — Rio de Janeiro (RJ)
Tels.: (21) 3278-8069 / 3278-8419
www.altabooks.com.br — altabooks@altabooks.com.br
Ouvidoria: ouvidoria@altabooks.com.br

OUTROS TÍTULOS DE LISA HEFFERNAN
(escrevendo como Lisa Endlich)

*Be the Change: Candid Conversations
with the World's Most Successful Philanthropists*

Optical Illusions: Lucent and the Crash of Telecom

Goldman Sachs: A Cultura do Sucesso

Para Mel, Walker e Annie
Para Mark, Sam, Tommy e Harry
Vocês são tudo.

Agradecimentos

Não há palavras suficientes para agradecer adequadamente aos colaboradores deste livro. Alguns deles são escritores e especialistas bem conhecidos, e talvez já lhe sejam familiares. Outros são sábios pais ou educadores que têm muito discernimento a oferecer. Muitos são amigos queridos e estimados. A todos, demonstramos a nossa profunda gratidão. Eles melhoraram muito o site Grown and Flown [Crescidos e Independentes] e tornaram este livro possível.

Baseamo-nos, fortemente, na amizade e no conhecimento especializado da Dra. Lisa Damour e sentimos fortemente que qualquer um que crie adolescentes deve ler ambos os seus livros, *Descomplicadas* e *Under Pressure* ["Sob Pressão", em tradução livre], do início ao fim. Sua sabedoria nos ajudou a nos guiar na escrita sobre algumas das perguntas mais confusas sobre parentalidade, e não poderíamos ter feito isso sem ela.

Queremos agradecer aos educadores que ofereceram tanto do seu ponto de vista em sala de aula e, em muitos casos, também como pais de adolescentes ou universitários. Dr. Adam Weinberg oferece a experiência de alguém que dirige uma universidade de excelência, com o cuidado e compreensão que esperamos que todos os nossos filhos encontrarão em suas faculdades. Outros da academia ofereceram seus insights inestimáveis em artigos ou entrevistas, e somos gratas ao Dr. Randy Diehl (Universidade do Texas, Austin), Dra. Michelle Miller Adams e Dra. Polly Diven (Universidade Estadual Grand Valley), Dra. Frances E. Jensen (Escola de Medicina da Universidade da Pensilvânia), Dr. Alan Schlechter e Daniel Lerner (Universidade de Nova York), Dra. Karen Fingerman (Universidade do Texas, Austin), Dr. Marcy Ferdschneider (Universidade Columbia), Dr. Kenneth Ginsburg (Escola de Medicina da Universidade da Pensilvânia), Dr. Marshall Duke (Universidade Emory), Dra. Karen Fancher (Universidade Duquesne, Pittsburgh Moms), Dr. Roger Martin (Faculdade Randolph-Macon), Dra. Sharon Jacques (psicóloga) e três de nossas amadas professoras do ensino médio, Emily Genser, Lori Stratton e Jess Burnquist.

Entre os nossos autores favoritos, que estas páginas honram e a quem oferecemos os nossos sinceros agradecimentos, estão Frank Bruni (colaborador do *New York Times* e autor de *Where You Go Is Not Who You'll Be*), Jessica Lahey (educadora e autora de *The Gift of Failure*), Deborah Copaken (*Ladyparts*) e Rachel Simmons (*Enough As She Is*).

A Dra. Adina Keller, que compartilhou seus anos de experiência cuidando de dezenas de jovens mulheres em sua atarefada prática médica, estamos gratas pela sua visão.

Quando começamos a comunidade Grown and Flown, conhecemos muitos escritores maravilhosos que logo se tornaram amigos. Tudo começou com a Sharon Greenthal, que nos deu a nossa primeira ajuda. Allison Slater Tate tem sido uma grande apoiadora, defensora e amiga, e não poderíamos estar mais gratas. Jennifer Breheny Wallace tem sido a melhor parceira de escrita, sem exceção, e uma maravilhosa amiga e colaboradora. Seu jornalismo realmente estabelece o padrão (seu ensaio é adaptado de seu artigo no *Wall Street Journal*).

Muitos outros de quem nos tornamos amigos ao longo do caminho compartilharam sua incrível sabedoria parental e insights nas páginas do livro *Crescidos e Independentes*. Nós amamos as palavras de Melissa Fenton, Marybeth Bock, Tracy Hargen, Christine Burke, Alexandra Rosas, Susan Bon-ifant, Katie Collins, Marlene Fischer, Marianne Lonsdale, Elizabeth Spencer, Kari O'Driscoll, Lori Smith, Gretchen Sionkiewicz e nossas duas escritoras mais jovens, Sophie Burton e Mac Stiles.

Grown and Flown não é um esforço de duas mulheres. Todos os dias temos a alegria de trabalhar com mulheres talentosas e dedicadas que trazem compaixão, sensibilidade e seus talentos intelectuais para esta comunidade e site. Susan Dabbar tem sido nossa parceira no fornecimento de perícia inigualável em admissões universitárias. Maureen Stiles (também uma escritora que aparece neste livro), Lisa Singelyn, Carolyn Brown, Dee Dee Becker, e Helene Wingens ajudam a moderar o Grupo de Pais do site Grown and Flown, passando o bastão entre nós, 24h/7 dias por semana, todos os dias do ano. Allison Lancaster foi a primeira pessoa a saltar corajosamente para este trabalho conosco, e ela torna cada dia mais fácil. Lauren Lodder trabalha sua magia em deixar o mundo conhecer nossos escritores maravilhosos, e é uma alegria trabalhar com ela. Melissa Milsten nos guiou ao longo do processo de divulgação do livro e rapidamente se tornou alguém cuja percepção e julgamento nós valorizamos imensamente. Somos gratas a todos eles.

Theresa Kilman foi responsável por todas as fotografias que apareceram no site Grown and Flown, durante anos. Sem o seu talento, o site teria sido um lugar sombrio.

O Grupo de Pais do site Grown and Flown, contando agora com 110 mil inscritos, nos mostrou como uma comunidade unida por um interesse comum levanta seus participantes com apoio e cuidado. O grupo se tornou verdadeiramente o coração do site, como pais que, de outra forma, seriam estranhos, compartilham seu encorajamento, discernimento e orientação. Se pudéssemos agradecer a todos os membros, agradeceríamos. Muito da nossa inspiração veio do primeiro e-mail de Janet Ross para nós, e estamos muito felizes em ver como sua família começou a se curar e prosperar.

Grown and Flown não poderia ser o site ou a comunidade que se tornou, sem o cuidado de Helene Wingens em todas as coisas que fazemos. Como editora-chefe, ela define o tom editorial e trabalha com todos os nossos escritores. Na verdade, ela é uma das nossas melhores escritoras. No entanto, contribui ainda mais como nossa parceira, confidente e amiga.

Molly Friedrich nos levou à publicação com perseverança, e a sua vasta experiência nos manteve no caminho certo, ao longo de todo o percurso. Nancy Trypuc visualizou um livro em Grown and Flown muito antes de nós, e nós sempre seremos gratas por sua visão e encorajamento. Sarah Murphy tem nos guiado ao longo do processo de escrita, mostrando paciência conosco como escritoras e dando atenção a cada palavra que produzimos. Você espera que sua editora seja conhecedora e perspicaz, e Sarah tem sido ambos. Mas você é realmente um escritor de sorte se ela também for professora, mentora e advogada. Não podemos agradecer-lhe o suficiente.

Quando acabamos de nos casar ou de começar nossas famílias, é fácil sentir como se não pudéssemos amar nossos parceiros ou bebês por completo. Mas esta vida me ensinou uma das suas lições mais profundas. Quanto mais Mark e eu compartilhamos as décadas, e nossos meninos se tornaram adolescentes e depois jovens, aprendi que só conhecemos e amamos mais nossas famílias. Meu coração explode em gratidão a Sam, Tommy e Harry por me darem o dom de ser sua mãe. Tem sido uma alegria além de tudo o que eu poderia ter imaginado. E nada do que fiz na minha vida teria sido possível sem o encorajamento sem fim do meu marido. Ele é a pessoa mais otimista, carinhosa e alegre que já conheci, e foi realmente um dom compartilhar esta vida com ele.

Desde os nossos primeiros dias como pais novatos, exaustos com crianças pequenas, até ficar lado a lado, enquanto nossos mais velhos e depois mais novos recebiam seus diplomas universitários, nunca houve um único momento em que eu não me sentisse amada e apoiada, por você, Mel. Não consigo imaginar um marido e pai mais paciente, generoso e carinhoso.

Walker e Annie, vocês me inspiram, me desafiam de todas as maneiras, e eu sou muito grata a vocês dois por me darem o papel na vida que mais prezo — o de sua mãe. Minha mãe, com 92 anos, você tem sido a mãe mais incrível para mim e para Carrie, e como Walker me lembra: "Vovó superou o sarrafo", como avó e mãe. Aspiro ser como você, um testemunho vivo do tema central deste livro: "A parentalidade nunca termina."

Sobre as Autoras

Lisa Heffernan e **Mary Dell Harrington**, sócias-fundadoras do site Grown and Flown, são escritoras, mães e amigas. Elas criaram o Grown and Flown quando seus filhos mais novos estavam no ensino médio e os mais velhos, na faculdade. Ele se tornou o site de referência para pais com adolescentes e estudantes universitários, atingindo milhões de pais todos os meses. No passado, Mary Dell trabalhou na televisão e em outras mídias, e Lisa tinha uma carreira que incluía Wall Street, política e escrita. Lisa é autora de três livros best-seller do *New York Times*, incluindo *Goldman Sachs: A Cultura do Sucesso*. Ambas moram com seus maridos nos arredores de Nova York, onde criaram suas famílias.

Sumário

INTRODUÇÃO

Crescidos e Independentes

A vida os deu para mim. Estou preparando-me, o melhor que posso, para devolvê-los para a vida.

— CHARLES M. BLOW

Todas nós temos um pouco de Mãe Controladora. Somos superprotetoras com cada um dos nossos filhos mais velhos, que estão na faculdade, e com nossos filhos mais novos, para assegurar que estão progredindo no ensino médio. Criamos um site voltado para o desenvolvimento da parentalidade[1], para esclarecer sobre o processo de "Crescidos e Independentes" — um período compreendido entre os 15 e os 25 anos dos nossos filhos — e como nossos papéis, como pais, estão mudando. Reunimos outros escritores cujo trabalho admiramos e os publicamos no site. Cultivamos um pequeno público, estabelecendo uma comunidade online, e, por um momento, pensávamos que sabíamos o que estávamos fazendo.

Então, chega um e-mail.

A autora do e-mail, Janet, disse que nos seguia pelas redes sociais, lendo o nosso site, e que tinha recolhido algumas coisas úteis ao longo do tempo. Os elogios têm uma força poderosa. Como esta foi nossa primeira

---

[1] N.T.: O conceito de parentalidade vem sendo utilizado para descrever o conjunto de atividades desempenhadas pelos adultos de referência da criança no seu papel de assegurar a sua sobrevivência e o seu desenvolvimento pleno. A palavra "parentalidade" é uma derivação do termo original em inglês "parenting".

Os adultos de referência de uma criança são aqueles que convivem com ela no dia a dia e estabelecem os vínculos afetivos mais próximos durante os seus primeiros anos de vida.

São responsáveis por cuidar, estimular, educar, amar, impor limites, fortalecer a autonomia e preparar a criança para os desafios e oportunidades da vida presente e adulta.

mensagem de um fã, a autoconfiança deu lugar à realização, mas continuamos lendo.

> Minha filha Kate está iniciando a faculdade em setembro, e meu marido foi diagnosticado com câncer em estágio IV. Felizmente, em relação às finanças, estamos bem. Minha preocupação é com a minha filha e como ensiná-la a lidar com isso. Não consegui encontrar nada online e então pensei em vocês.
>
> Quero que ela siga em frente e fique animada e feliz com seu novo futuro, sem ter que se preocupar com o pai. Sei que é difícil, mas espero aproximá-la o máximo possível disso. Meu objetivo é que na faculdade possa encontrar uma pessoa — uma pessoa de confiança — para ser um contato. Não quero ter de ligar e explicar tudo cinco vezes antes de lhe arranjar esse apoio.
>
> Quaisquer conselhos, sugestões ou meios que vocês possam fornecer serão muito bem-vindos.

Dizer a ela que não tínhamos um único conselho útil sequer para oferecer, a princípio, seria deselegante. Apesar de tudo que produzimos no site até agora, estávamos sem palavras. Não podíamos, e nem ousávamos, enganá-la com uma espécie de solução banal para os pais, que nos fizesse parecer conhecedores de causa. Oferecemos o nosso pesar e apoio, e dissemos-lhe que estávamos pensando no caso dela.

E, então, fizemos aquilo que os pais sempre fazem, como algo que nos ajuda a nos tornarmos pais melhores e que esperamos ajudar nossos milhões de leitores, que, mais tarde, achariam que após o Grown and Flown seriam pais melhores. Admitimos que não tínhamos a mínima ideia do que fazer. Confessamos que tínhamos pouco a acrescentar sobre sua questão.

Em vez disso, oferecemos a única coisa que podíamos e dissemos a ela que perguntaríamos a outros pais, à nossa comunidade maior, o que eles fariam naquela situação. Falamos a ela e aos nossos leitores que toda nossa referência se resumia a apenas cinco pessoas — as crianças de nossas duas famílias —, não sabíamos muito além de nossas próprias experiências. Ao lado dela, tínhamos muito a aprender sobre os outros.

Por meio das redes sociais, questionamos nossos leitores, alguns dos quais poderiam ter alguma experiência semelhante e alguns outros, como esperávamos, tinham nos ajudado em situações semelhantes no seu trabalho com adolescentes ou estudantes universitários. Era tudo o que tínhamos para oferecer.

O retorno foi impressionante e animador. Depois de postar a pergunta de Janet, anonimamente, refletimos e deixamos a comunidade apoiá-la e guiá-la. Tornamo-nos um site crucial, sob nossa perspectiva, em relação à parentalidade. Os especialistas foram essenciais e usaram sua experiência para nos mostrar o que a ciência e a investigação tinham para nos oferecer. Mas uma comunidade de pais pode ser um ativo inestimável, oferecendo apoio, visão e todas as lições que aprenderam ao criar seus filhos. Isso nós podíamos fornecer.

Essa leitora, a nossa leitora, deu ao Grown and Flown um propósito. Não falaríamos mais apenas sobre sermos pais e compartilharíamos nossa mais recente ideia ou história semanal sobre nossas famílias, esperando que ela repercutisse entre nossos leitores. Esperávamos fazer algo mais.

Além da tragédia que se desenrolava na vida de Janet, seus problemas quanto a encontrar orientação para ajudar sua filha eram múltiplos. Ela chegara àquela fase da parentalidade em que os nossos especialistas nos abandonam. Quando as nossas crianças chegam ao fim da adolescência, e já não vamos mais ao pediatra com elas. Raramente interagimos com seus professores, e não falamos com seus educadores ou conselheiros. Isso é papel delas.

A nossa comunidade se divide. Lá se vão os nossos desorganizados e desleixados adolescentes, que agora aprenderam a dirigir. Não há mais tempo para ficar à porta da casa de um amigo, enquanto conversamos com outros pais. Acabaram-se as conversas no estacionamento ou nas paradas de ônibus, enquanto levávamos os nossos filhos para a escola.

Quando nossos desafios como pais eram o tempo dos banhos ou evitar brigas, ficava fácil discuti-los com um amigo ou vizinho. Com o aparecimento da ansiedade ou depressão adolescente, e com nossos filhos cada vez mais parecidos com os adultos, sua privacidade se torna primordial. Seus problemas não são tão facilmente discutidos quando encontramos com amigos na mercearia. E mesmo quando estamos dispostos a divulgar suas histórias, querendo encontrar alguma ajuda real, talvez não conheçamos alguém cujo filho tenha sido citado por desonestidade acadêmica ou uma CSI [conduta sob influência — do inglês, DUI: *driving under the influence*, normalmente relativo a álcool e a drogas ilícitas]. No círculo menor das pessoas que conhecemos na vida real, torna-se mais difícil, ou mesmo impossível, encontrar alguém que tenha experimentado a mesma dor ou alegria que estamos vivendo.

Finalmente, essa fase da parentalidade muitas vezes parece passar despercebida. A internet está cheia de sites inteligentes, engraçados, perspicazes e inspiradores, dedicados a interagir com as crianças, até que elas se tornem adolescentes. Mas depois, nos anos de ensino médio, eles parecem ser ignorados. E mal há uma palavra escrita sobre como ser pai de um estudante universitário. É como se nossos filhos fizessem 13 anos e alguém dissesse: "Você conseguiu", deixando-nos aplicar as lições que aprendemos nos primeiros 12 anos de vida, para que os próximos anos sejam fáceis e tranquilos, antes do mundo adulto. Você fez o trabalho duro, criou e moldou um ser humano, e agora o seu trabalho foi feito, em grande parte.

Só que isso é errado.

Fundamos o Grown and Flown [Crescidos e Independentes] sem uma ideia clara do que se tornaria. Tínhamos apenas a noção de que, com a criação de nossos filhos mais jovens, com 15 anos, e de nossos filhos mais velhos, com 19 e 20, estávamos no meio dos anos mais confusos, desafiadores e que mostrariam nosso trabalho de parentalidade feito até então — e estávamos nessa sem apoio de comunidade, especialistas e suporte online.

Um dia, Lisa ligou para Mary Dell dizendo que achava que precisavam de um blog. Precisávamos de um site e, talvez, de uma página no Facebook, na qual pudéssemos iniciar uma conversa entre pais de adolescentes. Precisávamos de um fórum digital, um lugar onde os pais ficassem e conversassem, enquanto davam uns aos outros o apoio que muitas vezes faltava nas nossas vidas reais. Na época, a coluna Motherlode, do *New York Times*, tinha, ocasionalmente, uma matéria maravilhosa sobre ser pai de um estudante de ensino médio. Mas, se procurássemos por algo além disso, não havia muito mais.

Mary Dell disse sim, antes mesmo de ouvir metade da ideia. Ela estava embarcando na ideia de um novo site, experimentando um novo conceito e estabelecendo um novo tipo de negócio, enquanto reconhecia que nem ela nem Lisa tinham qualquer ideia do que isso implicaria, ou mesmo do que se tornaria. Mary Dell tinha confiança, embora não estivesse claro que houvesse algo em que confiar.

Aqui estava o plano para começar: escreveríamos sobre como nos sentimos perdidas e desafiadas como mães de adolescentes e jovens de 20 e poucos anos. Vamos examinar o que funcionou e onde falhamos. Falávamos com outros pais sobre como criar um filho e uma filha (Mary Dell) ou três filhos (Lisa) nos deixavam fora do eixo, todos os dias. Mas com quem falávamos? Não sabíamos dizer. O que diríamos a eles? Mais perguntas. Alguém estaria interessado? O tempo, como se diz, responderia. Mas tínhamos a certeza de que, se pudéssemos reunir outras pessoas para a conversa, todos nós seríamos pais melhores.

A nossa compreensão da internet e de suas possibilidades era tão limitada que pensamos em usar apenas os nossos primeiros nomes, sem fotos nossas ou das nossas famílias, e que ninguém precisava saber, ou se preocuparia em saber, quem eram as mulheres por trás do site. Queríamos estar no mundo iniciando uma grande e importante conversa sobre os desafios e alegrias de criar adolescentes. Queríamos ajudar os pais a repensar o paradigma de como nossas famílias se alterariam ao longo dos anos, quando nossos filhos saíssem de casa. Mas estávamos tão nervosas que queríamos permanecer totalmente anônimas.

Ter nossos filhos nos anos 1990 foi apenas um golpe de gênio para o suporte técnico que precisaríamos dali a 20 anos. Em uma fria e brilhante manhã de janeiro, um dos filhos da Lisa sentou-se conosco na cozinha dela. Ele pairou as mãos sobre o teclado do computador e disse: "Vou voltar para a faculdade amanhã, me dê um nome e um domínio, e você estará online antes de eu voltar para o campus. Se não me disserem agora, estarei de volta em maio." Depois de anos pressionando os nossos filhos, um deles estava nos pressionando.

Estávamos paralisadas. Era como ter de dar um nome a um bebê, e nos sentíamos compelidas a examinar todas as opções que podíamos imaginar. O filho de Lisa nos lembrou de que, ao contrário dos nossos recém-nascidos, poderíamos facilmente renomear um site, se o interpretássemos mal, e o etos[2] em qualquer negócio de tecnologia era dinâmico. Mesmo assim, empacamos. Queríamos que o site abordasse os momentos dolorosos e frustrantes da criação de adolescentes. Que captasse o amor e a proximidade de nossas famílias, que estávamos desesperados para conservar. Queríamos que englobasse o orgulho que sentimos como pais, quando nossos filhos vão para a faculdade ou para o trabalho, ou quando os militares sabem que estão prontos para o próximo passo. E queríamos que dissesse tudo isso em até quatro palavras.

Depois de muitos começos mal concebidos, chegamos ao conceito de Crescidos e Independentes. É o que os pais britânicos falam a seus filhos, quando saem de casa. Lisa viveu na Inglaterra por cerca de dez anos e sempre gostou, se não temeu, do termo. Quando pesquisamos no Google "Grown and Flown, os resultados foram todos referentes a um poema de Christina Rossetti sobre amor perdido. E, certamente, estávamos sentindo um amor perdido, mas não do tipo daquele ao qual a poetisa se referia.

Desde o início, tínhamos julgado mal o conteúdo do site. Pensamos que pais de crianças do ensino médio e de universitários gostariam de ler e falar do que seriam suas vidas com suas famílias dispersas, de um tempo

---

[2] N.T.: Conjunto dos costumes e hábitos fundamentais, no âmbito do comportamento (instituições, afazeres etc.) e da cultura (valores, ideias ou crenças), característicos de uma determinada coletividade, época ou região.

em que a parentalidade seria menos importante. Acontece que esse tempo nunca chega. Desde então, aprendemos com nossas próprias vidas e escutando dezenas de milhares de pais que a parentalidade não acaba. O que os pais querem saber resume-se a isto: Como manter a minha família unida, enquanto nos afastamos? Como nos manter ligados à essência da vida que tivemos? Como mantemos uma das relações mais importantes que qualquer um de nós alguma vez teve, ao mesmo tempo em que alimentamos a independência do nosso filho?

Grown and Flown começou devagar e depois ganhou energia. Já era o suficiente levar o crédito por ter criado um site com a popularidade crescente, mas nós tínhamos o vento em nossas velas. Primeiro, porque estávamos falando com os pais sobre a coisa que mais lhes interessava, então não foi difícil chamar a atenção deles. Em segundo lugar, como logo percebemos, descobrimos uma lacuna na internet e tivemos uma competição surpreendentemente pequena em torno desse tópico. Terceiro, estávamos entrando na era dos pais digitais. Eram pais cujos filhos tinham nascido no século XXI. Embora não fosse tecnicamente nativa digital, essa geração de pais procurou recursos digitais para criar seus filhos desde o início, e eles nos procurariam agora que sua casa estava cheia de adolescentes. Finalmente, houve uma mudança estrondosa em alguns dos aspectos mais importantes na relação entre pais e seus filhos adolescentes e jovens adultos. Isso deixou muitos pais perplexos e incapazes de olhar para os seus próprios anos como adolescentes, para um guia de como criar os seus filhos. Vimos isso, ouvimos isso e vivíamos isso, todos os dias, mas agora exploraríamos isso com os nossos leitores, com a nossa comunidade, e neste livro.

No início, Lisa escrevia e escrevia, procurando conteúdo interessante. Mary Dell escrevia, editava e publicava. Lisa gerenciava a tecnologia, com ligações frenéticas para seus filhos, e Mary Dell descobriu maneiras de ganhar um dinheiro para que pudéssemos pagar outros para escrever para o site. Logo ficou claro que as histórias dos cinco adolescentes nos subúrbios de Nova York simplesmente não eram material suficiente e não abordavam de forma ampla o suficiente o panorama da parentalidade, para capturar tudo o que esperávamos dizer. Assim, reunimos outros escritores que podiam falar a partir de sua experiência profissional ou pessoal e cobrir os muitos aspectos da parentalidade, que eram desconhecidos para nós. Compartilhamos sua escrita e a nossa, em toda rede social que nos sentíamos capazes de enfrentar (o Snapchat foi simplesmente a mais complicada de atingir). O mais importante foi que começamos um grupo no Facebook para continuar a discussão.

Nossas expectativas para esse grupo do Facebook — Grown and Flown Parents [Pais Crescidos e Independentes] — eram modestas. Assumimos que seríamos duas pessoas a conversar, algumas vezes por semana, com os nossos escritores e amigos que conhecíamos na vida real. Sabíamos que os pais de adolescentes e universitários estavam mudando em alguns aspectos fundamentais e queríamos entender isso melhor para passar aos nossos leitores e para nós mesmas. Para nosso espanto, o grupo tornou-se um canal para mais de 100 mil pais, a maioria deles visitava e interagia diariamente. Foi nesse grupo que descobrimos o que os pais mais apreciam e o que os mantém acordados à noite. Enfrentamos perguntas variadas, desde onde comprar um jogo de roupas de cama mais duráveis até como encontrar um terapeuta para sua filha adolescente universitária. É o lugar onde os pais que vêm de todos os cantos do país e com todas as perspectivas políticas podem discutir e compartilhar ideias sobre o que é mais importante para eles — os seus filhos e o desejo sincero de ser um pai melhor. Esse grupo tornou-se o coração do Grown and Flown.

No início de 2013, a AARP[3] publicou uma pesquisa que chamou a atenção para a mudança de paradigma da parentalidade, da qual estávamos ouvindo falar diariamente por meio de seus leitores. Eles perguntaram aos jovens adultos, e aos seus pais, o que sentiam uns pelos outros, e compararam isso com o que esses mesmos pais se lembravam de sentir sobre os seus pais, quando tinham 20 e poucos anos. O que a pesquisa

---

[3] N.T.: A AARP (antiga Associação Americana de Pessoas Aposentadas) é um grupo de interesse dos Estados Unidos cuja missão declarada é "capacitar as pessoas para elas escolherem como vivem à medida que envelhecem". Segundo a organização, tinha mais de 38 milhões de membros em 2018. A revista e o boletim que envia a seus membros são as duas publicações de maior circulação nos Estados Unidos.

encontrou endossava o que estávamos vendo à nossa volta. A geração dos nossos filhos se comunica mais conosco. A pesquisa mostrou que 62% dos jovens adultos de hoje se comunicam com seus pais pelo menos uma vez por dia, em comparação aos 41% de seus pais, quando tinham a mesma idade. Claro que hoje é mais barato telefonar do que era há 30 anos, mas o resto da pesquisa sugeriu que as novas tecnologias e as taxas de chamadas reduzidas não foram as responsáveis por essa mudança de comportamento. Uma pesquisa de 2019 para o *New York Times* mostrou que os pais, em todos os níveis de renda, estavam envolvidos no cotidiano de seus filhos adultos, com 80% afirmando que estavam "sempre" ou "frequentemente" se comunicando por mensagens de texto. A pesquisa da AARP descobriu que nossos filhos se socializam mais conosco: 60% dos jovens de 20 e poucos anos afirmaram fazer visitais sociais aos pais uma vez por semana, contra 42% do que seus pais afirmaram ter com os pais naquela idade. E, talvez ainda mais importante, os jovens adultos de hoje também se sentem mais à vontade para discutir sua carreira, vida financeira e vida social conosco. Quando éramos jovens adultos, as filhas eram mais propensas a falar abertamente com seus pais, mas, na geração de nossos filhos, essa diferença entre os gêneros desapareceu, e os filhos se sentem igualmente confortáveis para discutir essas questões pessoais com seus pais. Aliando isso ao fato de que temos uma ferramenta de contato constante sempre na palma da mão, fica claro que nosso relacionamento com nossos adolescentes e jovens adultos é mais próximo, mais conectado e permanece por uma parte maior de nossas vidas.

Os anos de crescimento e independência começam no dia em que seu filho mais velho tira a carteira de motorista e termina quando o mais novo se muda para seu primeiro apartamento de verdade. Não aquele lugar grunge, em que moravam com uma gangue de estudantes universitários, com um banheiro tão sujo que você jurava que nunca cruzaria o limiar, mas aquele em que eles estão pagando o aluguel. Durante esses anos de intervenção, que para algumas famílias podem durar 15 anos ou mais, sua família está em transição, seus filhos passam por vários estágios de independência, e nada é como era ou será.

Devemos perceber, e a investigação confirma, que o papel que desempenhamos na vida dos nossos filhos à medida que vão passando dos últimos dias da infância para o limite da idade adulta é tão importante como em qualquer outra altura de suas vidas. Estes são os anos determinantes, os anos em que os nossos filhos tomam algumas das decisões mais importantes sobre suas vidas. É quando os nossos adolescentes descobrem quem são. É quando eles aprendem sobre riscos. Para melhor ou pior, a nossa influência sobre nossos adolescentes, e depois sobre os jovens adultos, é muito maior e dura muito mais tempo do que jamais imaginamos. Nosso papel em suas vidas e o vínculo que formamos terão impacto em tudo, desde seu consumo potencial de álcool, uso de drogas e comportamento sexual até sua saúde mental e muito mais. Um estudo com calouros do primeiro semestre que monitorou a comunicação entre os pais e seus novos estudantes universitários, e os padrões de consumo de álcool desses estudantes, descobriu que "o aumento da comunicação com os pais está associado a um menor consumo de álcool entre os estudantes universitários do primeiro ano". Os alunos ingeriram menos álcool nos dias em que falaram com os pais. A imprensa popular transborda com estudos que sugerem o impacto negativo da estreita ligação entre as gerações, mas a investigação pode mostrar o contrário.

O argumento frequentemente sugerido para nos afastarmos do nosso envolvimento na vida dos nossos adolescentes e estudantes universitários é que "só falávamos com os nossos pais uma vez por semana, e estávamos bem". Mas nós estávamos bem? A orientação mínima durante as nossas vidas de jovens adultos foi realmente uma coisa boa? Em vez de confiar naquelas pessoas mais velhas do que nós para um conselho, frequentemente nos apoiávamos em nossos pares, que não sabiam mais do que nós. Durante os anos do ensino médio, nossos pais muitas vezes não tinham ideia de onde estávamos, e na faculdade éramos quase totalmente independentes. No entanto, olhando os dados sobre o consumo de drogas, o consumo de álcool e a gravidez na adolescência da nossa geração, também não fica claro que isso fosse o suficiente. Muitos especialistas pedem aos pais que diminuam seu envolvimento na vida de seus adolescentes e estudantes universitários. Eles sugerem que os pais voltem ao modo como nós éramos com nossos pais, com uma abordagem mais informal, para garantir que nossos filhos aprendam a ser independentes. Contudo, poderíamos argumentar que não só não há retorno a um tempo anterior, mas que a relação entre as gerações de hoje é amplamente melhorada. Ela foi fundamentalmente alterada, e a questão não é como voltamos atrás, e sim como avançamos — e como, dentro do novo paradigma de uma relação mais interligada, asseguramos que nossos filhos e filhas assumam plena responsabilidade por suas vidas adultas.

Enquanto nossos próprios filhos percorriam o caminho do ensino médio e da faculdade, nós nos esforçamos, como todos os outros pais, para encontrar o equilíbrio certo entre estimular sua independência, ajudá-los quando precisavam de nós e ficar perto deles. Eles, muitas vezes, ligavam ou enviavam mensagens no momento de tomar uma decisão, desde a mais simples como: "Coloco mais ar nos pneus quando a luz acende?", até uma mais complexa: "Uma das crianças aqui está mal, o que posso dar a ela para evitar ir ao hospital?" Estavam demasiado envolvidos, uma geração apegada que não conseguia perceber as coisas sozinha? Ou foi a tecnologia e uma nova abordagem à parentalidade que nos permitiram continuar a ensinar e aconselhar em momentos complexos e simples?

Nunca haverá uma fórmula perfeita para o equilíbrio perfeito. Ao longo dos últimos dois anos, ouvimos dezenas de milhares de pais que compartilharam preocupações e perguntas semelhantes, e aprendemos o quanto essa luta é difundida. O medo de se tornar um "pai superprotetor" estava impactando o comportamento de uma geração de pais. Disseram-nos que nossos filhos tinham que se separar, ficar por conta própria, e que, ao permanecer como uma força altamente influente em suas vidas, colocamos em perigo sua capacidade de estabelecer autonomia. Mas isso me parecia uma dicotomia falsa e imperfeita. Estar perto do seu filho adolescente não é o mesmo que fazer coisas por ele ou facilitar seu caminho e incapacitá-lo. Trata-se de duas questões contraditórias, e é frequente vermos isso acontecer. Você pode estar perto dos seus jovens adultos, conversar com eles regularmente, compartilhar jantares e textos de grupo com a família, e ainda deixá-los encontrar seu próprio caminho e resolver seus próprios problemas. Ouvir seu filho adolescente e manter um canal de comunicação aberto não é o mesmo que influenciar suas vidas, e nem deve ser confundido com isso.

Gerações da humanidade têm vivido e prosperado, com estreita proximidade entre as gerações mais velhas, com grande envolvimento na vida das gerações mais jovens. E a maioria alcançou a idade adulta com sucesso. Parecia que o paradigma da segunda metade do século XX tinha se tornado O Paradigma, e se olhássemos um pouco mais para o passado, para uma sondagem sobre a existência humana, veríamos um quadro muito diferente.

A Dra. Karen Fingerman, professora de desenvolvimento humano e ciências da família na Universidade do Texas, em Austin, entrevistou 350 pais ao longo de duas décadas de estudo das relações familiares e descobriu que, em todos os grupos socioeconômicos, as crianças crescidas se dão melhor na vida quando seus pais estão altamente envolvidos. Crucialmente, ela ressalta que a forma como os pais e seus adolescentes se separaram nos anos 1960, 1970 e 1980 foi historicamente diferente. "A maioria das culturas tem mantido a proximidade entre pais e filhos", observa ela. "Na América, a metade do século XX foi uma anomalia — de alguma forma os bebês nascidos nesse período eram os mais estranhos."

Além desse período anômalo no tempo, seria difícil apontar para outra época da história da humanidade em que os jovens de 18 anos se relacionavam com suas famílias apenas algumas vezes por mês (a exceção a isso seriam os recrutas, mas eles não tinham muita escolha). A conexão mais constante que os pais têm agora com seus adolescentes, estudantes universitários ou jovens adultos pode ser semelhante à interação mais regular que as famílias têm tido durante o tempo.

Quando Janet nos procurou para pedir conselhos sobre sua filha, ajudou a formar o Grown and Flown, e nos ajudou a nos desenvolvermos como pais. Ela nos ensinou que, mesmo que a nossa comunidade do mundo real e orientação de especialistas não existissem, precisávamos descobrir novas fontes, à medida que enfrentávamos esses anos mais importantes de parentalidade. Como a relação entre os pais e seus adolescentes e jovens adultos tem evoluído à velocidade da luz, temos muito a ganhar uns com os outros.

Também aprendemos que a linha entre autonomia e conexão é diferente em cada família. Não há respostas certas, e nunca houve. Apoiar nossos adolescentes na caminhada rumo à independência é essencial, é claro, mas podemos argumentar que talvez seja apenas uma das duas coisas mais importantes que precisamos fazer como pais. O Dr. Kenneth Ginsburg, pediatra especializado em medicina adolescente do Hospital Infantil da Filadélfia e professor de pediatria na Escola de Medicina Perelman da Universidade da Pensilvânia, explica:

A nossa ênfase excessiva na independência pode minar o que nos permitiu prosperar ao longo dos milênios. Nós prosperamos melhor, e de fato sobrevivemos, quando permanecemos conectados. Embora criemos os nossos filhos para que possam viver sozinhos, temos também de prepará-los para compreenderem que a ligação é a força mais importante nas suas vidas. Não o fazemos nem por meio de uma proteção excessiva, nem por meio da exigência de toda a sua atenção. Fazemos isso tomando cuidado para não instalar os botões de controle dos quais eles devem fugir. Notando sua crescente sabedoria e seu desenvolvimento, e honrando a sua crescente independência. Reconhecendo-os como conhecedores de suas próprias vidas e compartilhando a nossa própria experiência, quando necessário. Afastando-nos de acreditar que cada momento com os nossos filhos deve ser produtivo e voltando ao que sempre funcionou — estarmos juntos. Simples assim. Sim, eles vão voar para longe e o lançamento pode até ter os seus momentos dolorosos. Mas, em última análise, queremos criar crianças que escolham a interdependência, sabendo que nada é mais significativo ou nos torna mais bem-sucedidos do que estarmos rodeados por aqueles que amamos.

Por que começaríamos um livro oferecendo conselhos sobre parentalidade com a admissão de que sabemos muito menos do que pensávamos que sabíamos?

Porque este não é apenas um livro sobre nossas reflexões sobre parentalidade, mas uma coleção de alguns dos melhores, mais inteligentes, mais sinceros e mais perspicazes pensamentos que outros pais têm para oferecer sobre como navegar nos anos de adolescência e faculdade. É cheio da sabedoria de especialistas, nacionalmente conhecidos que estudaram famílias durante anos, como professores, pesquisadores, psicólogos e educadores. É o livro que gostaríamos de ter tido quando as nossas famílias entraram nos anos de crescimento e independência.

Nas páginas que se seguem, vamos percorrer alguns dos marcos mais importantes e mudar as famílias à medida que nossos adolescentes avançam para a idade adulta. Algumas dessas histórias são nossas; mas a maioria não é. Temos cinco filhos entre as nossas duas famílias, o que não é suficiente para tirar conclusões. Estamos também totalmente cientes dos muitos erros que cometemos ao longo do caminho. O que oferecemos da vida de nossa família vem, em grande parte, desse conhecimento conquistado com muito esforço, como mostram as duas histórias a seguir.

MARY DELL

Os primeiros filhos são como nosso porquinho-da-índia, e o destino da ordem de nascimento na vida nos apresenta um número desproporcional de acontecimentos — tanto os sublimes (como primeiros passos; primeiros dias de escola!) como os não tão maravilhosos (primeira multa de trânsito; primeiro coração partido). Tenho apenas uma irmã e nenhum irmão, e, por isso, meu filho apresentou mais novidades do que sua irmã. Esta é uma explicação a que me agarro para justificar a abundância de minhas falhas como mãe, que mais frequentemente se relacionavam a ele do que a ela.

Um erro que eu gostaria de poder corrigir foi cometido na hora do jantar, pouco antes do início do primeiro ano do nosso filho no ensino médio. Cozinhar em uma típica noite de semana, para minha família, significava evitar que os brócolis ficassem muito moles ou que o arroz ficasse grudado no fundo da panela, e aguentar as queixas de fome da minha filha enquanto estimávamos a chegada do nosso filho. Meu marido normalmente se juntava a nós depois que já tínhamos começado a comer, pois fazia uma pequena viagem da cidade para casa, perdendo o início do jantar.

Este ano, pela primeira vez, o nosso filho ia de carro para a escola e para a aula de futebol. Sua rota seguia pela interestadual movimentada, durante a hora de pico, então eu sempre ficava de olho no relógio quando sabia que ele estava na estrada. Ouvi a porta da garagem se abrir e depois se fechar, e seu caminho para se juntar à irmã dele à mesa. Ele estava surpreendentemente energizado naquela noite (sinal de alerta), em comparação com aquele garoto exausto, que normalmente se arrastava para a casa às 19h, depois de outro treino exaustivo de dois dias.

Ele estava com um sorriso exageradamente largo e com um boné de beisebol desconhecido, pistas que eu não percebi completamente. Se eu só tivesse dito: "Quer um pouco de frango, querido?", em vez de gritar em alto e bom tom: "O quê?", quando revelou uma cabeça raspada com apenas uma faixa de cabelo pelo meio, eu teria respirado um pouco e me lembrado de que, realmente, era só cabelo.

Sem lhe dar tempo para explicar o corte de cabelo, eu dei meu sermão sobre respeito e regras da escola, e como um corte de cabelo não convencional seria recebido em sua escola, que tinha regras rígidas de vestimenta e cortes de cabelo.

No que ele via uma brincadeira divertida, eu vi um torpedo colidindo com as relações que ele tinha construído com seus treinadores e professores, relações que importavam para ele e que o sustentariam durante o difícil ano como calouro, que se aproximava.

No dia seguinte, a equipe toda raspou a cabeça, e me senti uma mãe terrível.

Há uma razão pela qual esse acontecimento da vida de adolescente do meu filho ficou marcado e as lições que tentei tirar dela. A primeira é que ouvir pode ser uma habilidade parental muito subestimada, e se eu apenas tivesse ouvido o meu filho, em vez de começar um sermão, eu teria aprendido tudo o que eu precisava saber sobre arroubos de juventude com curta duração.

A segunda é que nossos adolescentes tendem a quebrar os limites, mesmo que isso nos cause decepções emocionais temporárias. É como eles aprendem a se diferenciar de nós, uma experiência de vida crucial.

Também aprendi que precisava respeitar a equipe e seus esforços para construir confiança e fraternidade. A ligação de coisas simples, como cortes de cabelo ou rotinas de pré-jogo, ou jantares de equipe, ou palavras de incentivo eram sagradas para esses jovens que estavam aprendendo a colocar o bem do grupo acima de si próprios.

Eu sabia que minha reação exagerada refletia um nível de estresse altamente elevado, relacionado ao fato de ver nosso filho dirigindo para a escola todos os dias. Eu também estava ansiosa pelo ano letivo que se aproximava. O ano inicial era considerado pelas mães de crianças mais velhas como o ano mais difícil, e pais veteranos nos avisaram o que estava por vir, com histórias vívidas de estudos noturnos, preparação para o SAT, provas universitárias e crianças exaustas.

Claro que o cabelo volta a crescer, mas as palavras podem durar para sempre. No dia seguinte, pedi desculpas ao meu filho, e esperava que ele me perdoasse por falar demais e ouvir muito pouco. Também pedi desculpas à nossa filha, que era uma espectadora inocente naquela noite, quando a mãe ficou um pouco louca.

Se Lisa e eu tivéssemos criado o Grown and Flown alguns anos antes, eu saberia mais sobre o cérebro e o comportamento adolescente, por meio de especialistas, como a Dra. Frances Jensen, o Dr. Jess Shatkin ou o Dr. Ken Ginsburg. Todos eles são médicos e pais incríveis que tivemos o prazer de entrevistar para este livro.

Eu também teria tido o benefício da galera digital dos pais que estão no coração do Grown and Flown. Vemos como essa comunidade compartilha e ensina todos os dias de inúmeras maneiras, enquanto conversa e comenta sobre seus adolescentes e pequenas crianças adultas. Talvez, apenas talvez, o meu erro de julgamento de um corte de cabelo não tenha tido um recurso desse tipo ao qual recorrer.

LISA

Vivi toda a minha vida no mundo dos rapazes. Só tenho filhos, só irmãos, me casei com um homem e, por muitos anos, trabalhei em um campo dominado por homens. Eu me sentia tão preparada como qualquer mãe para viver entre os cromossomos Y. Quando tive o meu terceiro filho, tudo parecia bem. Exceto que os meus meninos brigavam. Eles se batiam, mordiam e lutavam até que fizessem o outro sangrar. Eles faziam isso em casa e em lugares públicos, e em nenhum momento aprendi a alterar seu comportamento. Muitas vezes me sentia tão fora de controle que murmurava para mim mesmo o refrão constante: "Você é o adulto, eles são as crianças."

Temia que magoassem um ao outro. E eles faziam isso o tempo todo. Temia que se odiassem. E, felizmente, isso não aconteceu. Pensei que era o meu trabalho controlar isso, e, mesmo agora, não sei se era. Muitas vezes eu me perguntava o quanto disso acontecia em outras famílias, e eu nunca soube. E eu esperava, equivocadamente, que, à medida que entrassem na adolescência, tudo isso acabasse.

Em casa, eu alternava entre separá-los e gritar de frustração, e gritar que eu não ia separá-los e precisavam se resolver sozinhos. Eu os mandava para quartos separados ou fechava a porta para que eu não pudesse mais ouvi-los e simplesmente os deixava lá. Consequências naturais, dizia a mim mesma. Uma vez, parada na fila de check-in de um aeroporto, o agente de embarque sinalizou para eu olhar atrás de mim, para o nariz ensanguentado que um filho tinha acabado de dar ao outro. Precisava de um lenço de papel junto com os cartões de embarque, para o sangue que lhe corria pela cara?

Outras famílias não pareciam ter esse nível de conflito embutido em suas vidas. Ou talvez, eu pensava, elas os escondiam.

Uma noite, levamos os dois que mais brigavam para jantar em uma lanchonete próxima, enquanto o outro irmão estava fora. Pedimos as nossas refeições, e, enquanto comíamos, eles discutiam. Estávamos sentados em uma pequena mesa com uma base de pedestal, não as quatro pernas fortes que eram necessárias para nos apoiar. Estava tendo o monólogo interno muito familiar: "Amo a minha família", lembrei-me. "Adoro passar um tempo de qualidade com ela. É assim que as famílias se unem, desfrutando das refeições juntas. Vou matar estes dois. Não aguento mais uma refeição com eles. Nunca mais vou sair com eles. Como isto pode ser divertido?"

A certa altura, um deles tinha ferido o outro tão gravemente que se levantou, atravessou a mesa e tentou bater na cabeça do irmão. Ao fazê-lo, levou a mesa *inteira* com ele. Quatro refeições. Quatro conjuntos de pratos e copos. Quatro conjuntos de talheres e uma peça central. Tudo caiu no chão em uma pilha. Havia um monte de vidros estilhaçados e fragmentos de pratos. A mesa estava deitada de lado. A água ia por todo o lado, e os nossos hambúrgueres não comidos estavam entre as ruínas.

Eu queria dizer à garçonete que meus filhos nunca foram assim, que eu não podia acreditar no que tinha acontecido, que eu estava tão chocada quanto ela. Mas mesmo eu não conseguia mentir dessa forma. O meu marido fez uma coisa sensata e perguntou-me quanto dinheiro tinha na mala. Nós agarramos os meninos pelos colarinhos das camisas, como mães gatas levantando seus gatinhos, apesar de serem ambos mais altos que eu. Tentamos pegar a pilha de detritos, mas a equipe assumiu, com mais do que uma pequena evidência, que estávamos com problemas e só nos queria fora de seu restaurante. Meu marido assinou o cheque, e juntou cada dólar que tínhamos e os entregou ao garçom, como recompensa pelos escombros.

Estávamos furiosos, humilhados e tínhamos acabado de perder nosso local favorito. Não sabia se devia castigá-los ou se os nossos olhares eram o castigo deles. Eu podia fazê-los trabalhar para arcarem com o prejuízo, podia dar-lhes lições, podia recusar-me a sair de casa com eles ou podia pedir-lhes, mais uma vez, que crescessem. Nunca os parei ou mudei o seu comportamento, e talvez nunca pudesse. Lutei sozinha com essas perguntas. Mas sei agora que uma comunidade de pais e acesso a especialistas teria me permitido refletir sobre minhas ações e direções de uma forma muito mais cuidadosa.

Estas páginas não o guiarão pelas vidas dos seus filhos da forma como você a vive. Não passamos da escola secundária e depois para a faculdade ou para a vida real, diretamente. Em vez disso, procuramos olhar com discernimento para muitos dos aspectos de nossa vida com adolescentes e jovens adultos e refletir sobre eles, quer eles tenham 15 ou quer tenham 23 anos. Começamos com o que sentimos ser o mais importante — um olhar sobre a vida familiar. Então nós serpenteamos nosso caminho através da felicidade, saúde física, saúde mental, estudos e separação à medida que suas vidas seguem em frente.

Agora, temos filhos de 20 e poucos que estão trabalhando ou estão de volta à escola. Como os dados sugerem, vemos os que vivem perto de nós praticamente todas as semanas e nos comunicamos com os que vivem perto e longe muitas vezes por semana. Eles enviam fotos do que comem ou coisas que viram e ainda parecem dispostos a compartilhar os detalhes de suas vidas. Eles ligam e fazem perguntas que o Google pode responder, e nós ficamos gratos por isso. É muito cedo para chamar isso de sucesso, mas nosso objetivo para nossas famílias era apenas este: deixar nossos filhos voarem, vê-los explorar o mundo por conta própria e, ao mesmo tempo, permanecer próximos.

Quando vimos o Grown and Flown pela primeira vez, pensamos que o site e a comunidade seriam sobre deixar ir, sobre a vida após os filhos e sobre o ninho vazio. Estávamos errados. O que os pais de adolescentes e universitários querem saber é como manter nossas famílias próximas à medida que nos afastamos. Eles querem saber como dar independência aos seus adolescentes, mantendo a intimidade familiar que é essencial para eles e para nós. Em nossas milhares de conversas com os pais, se aprendemos apenas uma coisa, é que cada pai e cada família têm exatamente o mesmo objetivo, e cada um vai alcançá-lo de uma maneira completamente diferente. O que se segue são algumas dessas maneiras.

CRESCIDOS
e
INDEPENDENTES

CAPÍTULO UM

Vida Familiar

Desde o início, a família exigiu muito de nós e nos consumiu.

Mais do que poderíamos imaginar, certo?

Em nossos dias como trabalhadoras solteiras, jamais poderíamos prever a atração irresistível que é ter um bebê pequeno para amar e acolher. Quem diria que aquelas crianças adoráveis de três anos ou que aquelas com dez anos poderiam ser, não só engraçadas, mas também perspicazes? E os adolescentes, que às vezes fazem jus à sua terrível fama, podem nos encher de orgulho ao chegar à idade adulta?

Lendo essas palavras, é claro que você sabe o que quero dizer.

Você sabe que, apesar dos altos e baixos, a vida familiar é a maior alegria de sua existência. Sabe que, cada um à sua maneira, seus filhos são mais extraordinários do que alguma vez sonhou. Você vivencia um amor tão feroz e protetor que faria qualquer coisa por aquelas pessoas. Aprende que ouvir todos os detalhes, aparentemente insignificantes, da vida de seu filho adolescente que até o que ele comeu no almoço pode ser fascinante. E você sabe que, enquanto sua família passa pelos anos do ensino médio, muito disso está prestes a mudar.

Para a maioria das famílias, a transição dos anos do ensino médio para a faculdade é um transtorno.

Os nossos filhos queriam passar menos tempo conosco e mais com os amigos. Eles se fechavam ou desconversavam, e nunca sabíamos por que ou quando estariam nesses estados. Eles podiam ser terríveis com os irmãos e conosco, além de nos afastar. Principalmente, se sentiam como se estivessem seguindo a ordem natural do Universo, mesmo que fosse dolorosa. Em alguns dias, parece que nada está funcionando. Entretanto, em outros, quando vislumbramos o adulto emergindo do adolescente, eles nos tiram o fôlego. Ocasionalmente, podíamos sentir as duas coisas no mesmo dia.

Duas palavras: "Tudo normal."

Essa montanha-russa foi impulsionada, em parte, pelo medo de como nossas famílias, nutridas com o melhor que havia em nós, estavam enfrentando mudanças inevitáveis e cataclísmicas.

Nosso maior medo era que, à medida que as suas vidas prosseguissem, simplesmente perdêssemos a proximidade das nossas famílias, com a diminuição do contato com os nossos filhos. Claro, estávamos preocupados com a segurança das nossas crianças e com sua capacidade de fazer amigos e encontrar caminhos para as suas vidas adultas. Nós esperávamos que fossem capazes de lidar com a carga acadêmica da faculdade, e usar o bom senso, para ser pelo menos amigáveis com seus colegas de quarto, se não amigos. Mas também tínhamos preocupações maiores. Estávamos preocupados que nossos filhos que mal ficavam em casa, aqueles que pareciam ter entrado por aquela porta e voltado a sair desde o verão depois do ensino médio, iriam para a faculdade e nós mal ouviríamos falar deles novamente.

Parte desse medo se baseia nas respostas que estávamos recebendo durante todo o ensino médio deles, comparando com nossas memórias, agora escassas, de mal nos comunicarmos com nossos próprios pais quando estávamos no ensino médio. Preocupava-nos que o contato mais próximo que tivemos com eles em casa fosse apenas porque estávamos literalmente na cara deles, e, uma vez que eles fossem embora, isso simplesmente acabaria. A maioria dos pais diz que esse não é o caso, e que muitos jovens aprendem muito mais em seus anos de faculdade do que em seus anos de ensino médio, por causa da maturidade e porque passam por novas experiências para compartilhar (mais do que uma pequena dose de saudades de casa). Estudos mostram que, aos 20 e poucos anos, eles querem se comunicar e permanecer mais próximos dos pais do que as gerações anteriores, e que a nossa própria experiência como adolescentes, ocorrida há décadas, não deve ser vista como referência.

Também temos medo de nos separarmos. Cada família tem sua própria dinâmica única, e, quando nossos filhos vão para a faculdade, nós nos desesperamos em perder as interações enriquecedoras. Esse sentimento familiar havia se desenvolvido durante décadas, e o pensamento de perdê-lo parecia doloroso. Temíamos que as nossas famílias nunca mais fossem as mesmas.

Um grande alívio veio pelo fato de nos lembrarmos da transição perfeita que todas as nossas famílias agora podem fazer da mesa de jantar real para a digital. Graças ao GroupMe, WhatsApp ou qualquer outro aplicativo de mensagens de texto instalado em todos os nossos telefones, nos reunimos virtualmente para nos provocar, rir e conversar; para compartilhar e enviar fotos; para mostrar vídeos idiotas e pensamentos aleatórios uns sobre os outros. Na mesa de jantar digital, nossa família faz planos para se encontrar, e compartilhamos o que estamos fazendo quando estamos separados. Permite-nos fazer tudo, menos comer dos pratos um do outro.

Ambas não temos certezas de como nossos papéis familiares — sejam eles entre pais e filhos ou entre irmãos — seriam redefinidos. É difícil não se perguntar que tipo de pai você é para um adolescente que não vive em sua casa. Ou que tipo de pai você é para um adolescente que vive em sua casa, mas é tecnicamente um adulto e não está mais sob seu controle. Somos menos como pais? Qual é nosso papel, nossa autoridade? Se o nosso trabalho é proteger e cuidar dos nossos filhos, como podemos fazer este trabalho se os nossos filhos nem sequer estão lá? Que papéis vamos desempenhar na vida dos nossos filhos recém-independentes e que papéis eles desempenharão na vida um do outro?

IRMÃOS SEM RIVALIDADE

Crescendo juntos, como na maioria das famílias, nossos filhos eram constantemente estimulados a ficar com seus irmãos. Pegavam o ônibus da escola duas vezes por dia. Estavam sempre juntos no carro nas férias da família. Reuniam-se à mesa de jantar, juntos o tempo todo. Seguiam os outros nas mesmas escolas, compartilhando muitos dos mesmos professores. Mas o que aconteceria, nos perguntávamos, quando eles estivessem em diferentes colégios ou em diferentes caminhos? Permaneceriam próximos tempos mais tarde, quando trabalhassem em cidades diferentes? Lisa estava obcecada com a relação entre os seus filhos, mas não compreenderia completamente, até que os seus filhos quase crescessem, por que isso era tão importante para ela. Aqui ela explica:

> "Há um aspecto da parentalidade ao qual dou mais importância do que outros. Quero que os meus filhos sejam próximos — melhores amigos, sempre presentes uns para os outros. Quero que tenham o tipo de intimidade que vem de ter passado uma vida inteira juntos, e quero desesperadamente que isso dure. Mas não sei dizer por que eu sinto isso tão intensamente, por que está no topo da lista das coisas que desejo para a minha família."

Talvez seja porque acredito tanto que os irmãos são monumentais nas nossas vidas. E quando me deparei com esta passagem de Jeffrey Kluger no *The Sibling Effect: What the Bonds Among Brothers and Sisters Reveal About Us* ["O Efeito Irmão: O Que os Laços Entre Irmãos Revelam Sobre Nós", em tradução livre], eu tinha evidências que sustentavam essa conclusão:

> "Desde o momento em que nascemos, nossos irmãos e irmãs são nossos colaboradores e coconspiradores, nossos modelos e histórias de alerta. Eles são nossos juízes, protetores, válvula de escape, atormentadores, companheiros de brincadeira, conselheiros, fontes

de inveja, objetos de orgulho. Ensinam-nos a resolver conflitos e a deixá-los de lado; a fazer amizades e a nos afastarmos delas."

Quando uma criança tem 11 anos, já passou um terço de seu tempo livre com os irmãos, mais do que com qualquer outra pessoa. Como nos recorda Kluger, a relação entre irmãos é, muitas vezes, a mais duradoura das nossas vidas.

Os irmãos socializam-se uns com os outros. Os meus três rapazes compartilharam um quarto individual e um banheiro ao crescerem. Aprenderam uns com os outros, naqueles dois cômodos, tudo sobre revezar-se, respeitar o espaço individual, e acomodar as necessidades e desejos dos outros. (Para que eu não me estenda muito, tudo sobre bater, morder, machucar e entrar no último combate, verbal ou físico, eles também aprenderam lá.) Muitas vezes sinto que eles preparavam um ao outro para o mundo exterior, talvez mais do que eu fosse capaz. Kluger descreve a si próprio e aos seus três irmãos como formando "uma unidade barulhenta, confusa, briguenta, leal, amorosa e duradoura". E isso me parece correto.

Será que eu quero os meus filhos próximos porque acredito que, em grande medida, eles cuidarão uns dos outros? Os psicólogos chamam isso de "desidentificação", mas nós, pais, conhecemos esse fenômeno em sua forma mais familiar: nossos filhos se esforçam muito para não serem parecidos uns com os outros. Quantas famílias conhecemos em que os irmãos mais novos são menos cautelosos, seja porque não querem ser como os mais velhos, seja porque, como suspeito que aconteça com meus filhos, eles sabem qual é o problema — ser mais velho é ter que ser controlado? Os irmãos ampliam nosso mundo trazendo os seus interesses e amigos através da nossa porta da frente. Se forem mais velhos, podem ser um exemplo, bom ou mau, ou como um mapa de estradas. Se são mais jovens, oferecem um desafio, uma maneira diferente de fazer as coisas, um motivo para reflexão.

O meu desejo de proximidade entre os meus filhos começou quando eram pequenos. Os nossos três rapazes nasceram no período de quatro anos. E embora, talvez, eu tivesse uma fantasia de construir parceria e incentivar uma capacidade de eles se divertirem sem a intervenção dos pais, a realidade era, muitas vezes, bem diferente. Eles certamente se amavam, e, quando cada um chegava da escola, do futebol ou dos jogos, a primeira pergunta que fazia era onde os irmãos estavam. No entanto, lutavam com uma ferocidade física que, por vezes, me deixava espantada. Um jogo começaria, haveria uma pausa na qual eles aparentemente tentariam se matar, e então o jogo continuaria — como se surtos aleatórios de violência fossem esperados.

Meus filhos compartilhavam apelidos e piadas entre eles, que transmitiam carinho e ridicularização e, mais de uma vez, ok, mais de cem vezes, meu marido teve que me tranquilizar, dizendo que os irmãos fazem coisas terríveis uns aos outros como sinal de afeto. Ele me lembraria de que isso não significava que eles se odiavam; as palavras cruéis que jogavam para os outros eram um símbolo do seu amor, e não havia nada com que eu me preocupar.

"A visão tradicional é que ter um irmão ou irmã leva a muita competição pela atenção e amor dos pais", escreve a Dra. Claire Hughes em seu livro *Social Understanding and Social Lives* [Compreensão Social e Vidas Sociais, em tradução livre]. "De fato, o equilíbrio da nossa evidência sugere que a compreensão social das crianças pode ser acelerada pela sua interação com os irmãos."

Talvez minhas esperanças de que meus filhos fiquem por perto venham do meu carinho por meus próprios irmãos — dois dos homens mais bondosos e amorosos que já conheci. Eles foram companheiros de brincadeira e meus aliados, e têm sido tios maravilhosos para os meus filhos, desde que nasceram. Em nenhum momento da minha vida eles me decepcionaram quando precisei deles. Então, é possível que eu possa estar "projetando" um pouco aqui: quero que meus filhos desfrutem do mesmo esforço de lealdade que meus irmãos e eu fomos capazes de construir.

Quando meus filhos foram para a faculdade, comecei a entrar em pânico. Sua proximidade emocional teria sido puramente em função da sua proximidade física? Como muitos irmãos, eles são personalidades muito diferentes, com interesses muito divergentes. Suas interações diárias formaram uma "cola" que os une? Sem a rotina de irem juntos para a escola, se sentar lado a lado na mesa de jantar, tudo simplesmente evaporaria?

Até agora, ao que parece, não preciso me preocupar: eles conversam por texto e vídeo e enviam uma sequência interminável de mensagens. Ainda assim, a pergunta incômoda permanece: por que ainda me importo tanto?

Depois de refletir sobre os meus melhores motivos para incentivar sua amizade duradoura, analisei profundamente a mim mesma, pois, como Kluger disse claramente: "Reproduzir é um ato geneticamente narcisista." Talvez isso fosse uma questão minha.

Meus filhos, meu marido e eu — todos nós — tivemos, por um período, um relacionamento amoroso de duas décadas, que, na verdade, nunca mais seria o mesmo. Por enquanto, haverá parceiros e estudos; mais tarde, serão seus cônjuges, netos e carreiras; e essas décadas mágicas só existirão em nossos corações. Mas, se permanecermos unidos de alguma forma um ao outro, teremos sempre os cinco de nós juntos.

Enquanto eles ficarem unidos, nas décadas em que seu pai e eu ainda estivermos aqui com eles, e também nas muitas em que não estaremos, meus filhos poderão, a qualquer momento, relembrar nossos habituais jantares de domingo à noite, com frango assado, cenouras, cebolas e batatas assadas. Serão remetidos ao tempo em que íamos à praia no verão com nossos amigos mais próximos. Eles se lembrarão das mudanças de casas e países juntos, e das escolas e professores que compartilharam durante muitos anos. Enquanto os três estiverem próximos, nós cinco estaremos próximos também, seja daqui a um ano ou daqui a 50. O amor um pelo outro recria o que o meu marido e eu criamos.

Eles alimentam a infância um do outro, e com uma palavra ou frase a família volta a estar junta novamente. Disse-lhes do desejo de que estivessem juntos para sempre, pois no final sempre teriam como contar um com o outro, porque é verdadeiramente uma bênção na vida ter alguém com quem se possa contar, a qualquer momento. Mas agora percebo que estava sendo muito mais egoísta, porque, enquanto eles estiverem disponíveis um para o outro, eles sempre nos terão.

EM DISCUSSÕES ENTRE IRMÃOS, QUAL É O NOSSO PAPEL?

Quando se está na batalha da criação de nossos filhos, as brigas constantes e a rivalidade interminável entre as crianças estão além de nossa compreensão. Nossos adolescentes voltam para casa e criam um ambiente venenoso, lançando ironia e atitude, a maioria direcionada aos irmãos, desde o momento em que entram em casa. Pedimos à psicóloga Dra. Lisa Damour, diretora do Laurel School's Center for Research on Girls, autora dos *best-sellers* do *New York Times Descomplicadas* e *"Under Pressure: Confronting the Epidemic of Stress and Anxiety in Girls"* ["Sob Pressão: Confrontando a Epidemia de Estresse e Ansiedade em Meninas", em tradução livre] e mãe de dois filhos, para nos ajudar a desconstruir essa situação, entender o que está acontecendo e como desfazê-la.

Ela explica:

É fácil imaginar a cena. Uma aluna do quinto ano se senta à mesa da cozinha fazendo os trabalhos de casa, enquanto espera ansiosamente que a irmã, do primeiro ano do ensino médio, regresse da escola. Mas, quando a porta se abre, a atmosfera muda abruptamente. Pela maneira como entra na casa, fica imediatamente claro que a adolescente teve um dia terrível.

Antes que alguém possa dizer uma palavra, a adolescente se volta para a irmã mais nova e diz: "Você fuçou a minha bolsa essa manhã? Fiquei sem o marcador de que precisava para a aula." Ela acrescenta, duramente: "Além disso, por favor, diz que você não andou com seu cabelo assim o dia todo. Parece uma idiota."

A adolescente, então, vai para seu quarto e deixa uma irmã gravemente ferida, e pais chocados e furiosos com seu comentário.

O que aconteceu?

O que deve acontecer agora?

E como é que evitamos uma repetição desse espetáculo?

Eis o que aconteceu. A adolescente exercia uma defesa psicológica antiga e desagradável, chamada "tornando o inocente culpado". As pessoas que se utilizam dessa defesa jogam a carga psicológica na conta de outra pessoa, invertendo a situação, quando estão sofrendo. Nesse cenário, a adolescente pode ter sentido que foi gravemente maltratada o dia todo. Provavelmente, isso não foi verdade, mas sabemos que as emoções dos adolescentes estão à flor da pele, e a objetividade se perde.

Sentindo-se vítima de maus-tratos, a adolescente busca alívio tornando-se a única a denunciar o abuso. Infelizmente, sua irmã mais nova estava no lugar errado e na hora errada.

O que deve acontecer agora? Idealmente, o pai, nesse cenário, tentaria defender a irmã mais nova, mesmo quando a adolescente se afasta da discussão. Pode ser suficiente para o pai dizer (ou gritar): "Ei, espere um minuto. Ninguém aqui a trata assim, não trate sua irmã desse jeito." Em seguida, os pais podem procurar dar à irmãzinha um pouco de apoio e explicação, consolando-a com estas palavras: "Você não esperava por isso, e lamento que ela tenha tratado você assim. Seus dias são longos e ela provavelmente está estressada, mas não tem o direito de agir dessa forma."

Como evitar que essa situação se repita? Depois de os ânimos se acalmarem, os pais podem encontrar um momento para conversar com a adolescente sobre o que aconteceu. Sem esperar um acordo, ou mesmo uma resposta, os pais poderiam dizer gentilmente: "Sua irmãzinha adora você, e, quando você é dura com ela, a magoa profundamente. Significaria muito para ela, e para mim, se você se esforçasse para ser gentil com ela, quando estiver pronta." Em outro momento, os pais podem acrescentar: "Sei que seus dias são difíceis e que você chega em casa bem cansada. Tem alguma ideia de como pode desabafar de uma forma que não a faça se sentir mal depois?"

A questão principal é a seguinte: a maioria dos adolescentes está bem consciente de quando magoa o irmão ou irmã, e não se sente bem com isso. Ao lidar com as consequências desses momentos, devemos trabalhar com o entendimento de que os adolescentes têm impulsos emocionais poderosos, que às vezes os dominam. Mesmo assim, eles quase sempre querem consertar as coisas e estão procurando nossa ajuda para fazer isso.

Como pais de adolescentes, uma das coisas mais importantes que tivemos de aprender foi não alimentar a briga, afastarmo-nos das provocações e encontrar aqueles momentos de silêncio para procurar soluções reais e duradouras para o conflito familiar, como sugere Damour. Às vezes, isso significava deixar passar o mau comportamento, de um golpe físico ou verbal em um irmão, e lidar com isso após as emoções se acalmarem. Fácil? Não. Mas, quando conseguimos isso, não só ensinamos nossos filhos a se dar bem com a família no momento, mas também, e talvez ainda mais importante, modelamos maneiras de resolver conflitos com aqueles que eles amam, agora e ao longo de suas vidas.

SENTIMENTO DE FAMÍLIA

A relação entre irmãos é essencial, tanto para a proximidade da família como para uma vida familiar pacífica, tal como a relação entre pais e filhos. Susan Bonifant, colaboradora do *Washington Post* e mãe de quatro jovens adultos, oferece uma maneira de estruturar nossa relação com nossos jovens adultos e preservar a proximidade que passamos décadas tentando construir. Susan explica:

> Há um tempo, escrevi um artigo para o *Washington Post* sobre ficar perto de nossos filhos mais velhos na transição para a vida adulta. No artigo, compartilhei uma estratégia de aproximação que usei com meus próprios filhos, que chamei de "seja o vizinho". Usando um ponto de vista de vizinho, aprendi a ver meus filhos mais velhos da forma como um estranho os enxerga: sem preconceitos ou suposições, sem um interesse pessoal em suas escolhas e questões, mas com interesse em quem eles são, o que sabem, o que pensam, o que esperam e querem de suas vidas. Como o "pai vizinho", perdi a

inclinação para julgar e aprendi a perguntar mais do que presumir. Mais importante ainda, aprendi que os interesses pessoais dos meus filhos nas decisões que tomam são a única coisa que importa. Isso muda tudo.

Os leitores do *Washington Post* gostaram dessa ideia de estabelecer distância e objetividade para entendê-los melhor, mas a verdade é que, embora seja necessária uma distância consciente para proteger nossas relações próximas, é necessário muito esforço para criar relações próximas desde o início.

O que faz com que as famílias se aproximem? E, o mais interessante para mim, como é que ficamos assim à medida que os nossos filhos saem do nosso ninho e encontram o seu próprio?

Levei essas perguntas para Brenda Quinn, uma reconhecida psicoterapeuta em nossa comunidade, que passou duas décadas ajudando famílias a permanecerem próximas, apesar das demandas de um mundo ocupado — nosso trabalho, os estudos e esportes deles, e a constante distração das mídias sociais.

"A proximidade da família depende de uma cultura de amor com limites", diz Quinn. "Quando penso na proximidade da família, penso na vinculação saudável caracterizada por uma comunicação consistente, expectativas claras e um foco na personalidade individual [...] todos mergulhados em uma cultura de amor e respeito."

"Nos primeiros anos, o foco deve estar na formação das 'raízes'", acrescentou Quinn. "As raízes são aprofundadas à medida que as crianças se sentem amadas e apreciadas dentro da estrutura dos limites."

Para explorar essa ideia de "raízes" e estruturas, falei com quatro amigas que conheci, quando nos encontramos em um parque infantil com nossos filhos, há duas décadas. Cada uma de nós tem quatro filhos, que agora têm entre 17 e 34 anos.

Em suas realidades, nossos filhos são bem-sucedidos. Os que estão na faculdade estão indo bem, e os que estão vivendo de forma independente estão pagando as próprias contas. Todos eles adoram "voltar para casa", mesmo que sua verdadeira casa seja em outro lugar. Perguntei a cada amigo o que eles faziam para ficarem próximos como família e como eles se mantinham próximos ao longo das transições, e os indicadores da Quinn, sobre vínculo familiar, estavam fortemente envolvidos em suas reflexões.

Dennie e o marido queriam criar filhos com uma sólida ligação à família e uma forte ética de trabalho. O tempo da família estava firmemente estabelecido, e ninguém optou por sair. Quando tinham idade suficiente, os jovens eram encorajados a trabalhar. "Nós ensinamos aos nossos filhos que o mais inteligente nem sempre é o mais bem-sucedido, mas o mais trabalhador é sempre bem-sucedido", disse Dennie.

Jane e o marido queriam que seus filhos desenvolvessem responsabilidade pessoal e um respeito saudável pela comunidade. Todas as crianças foram obrigadas a frequentar a igreja e a retribuir por meio do voluntariado e da angariação de fundos. Todos foram ensinados a lidar com as "consequências lógicas" de suas escolhas. "Meu filho disse que na minha lápide estará escrito 'consequências lógicas', de tanto que uso o termo", disse Jane.

Stuart e o marido queriam que os filhos obtivessem um senso de força e compaixão uns para com os outros a partir de sua identidade familiar única. Tradições diferentes evoluíram à medida que as crianças cresciam — lanches especiais para viagens de carro, diálogos antes do jantar, todas as crianças dormindo em um quarto na véspera de Natal — e foram modificadas à medida que cresciam. Essas tradições, diz Stuart, criaram uma identidade familiar.

Maureen e o marido queriam que os filhos entendessem outras culturas e pontos de vista. Uma paixão familiar por viagens e um amplo círculo social de famílias com interesses semelhantes e crianças das mesmas idades possibilitaram essas orientações culturais e sociais. "Vejo agora como as crianças podem participar de qualquer situação social com facilidade", diz Maureen.

"Com o tempo, cresce a necessidade de autonomia e começa o processo gradual de remoção da estrutura", diz Quinn.

Quando seus filhos fizeram escolhas que criaram distância, os pais com quem conversei reagiram com mudanças nas próprias ações. E, quando a estrutura caiu, seus filhos se saíram bem.

É difícil não detectar uma correlação entre tempo de família e proximidade, em longo prazo. Mas qual é a fórmula para a proximidade se os horários não permitem jantares noturnos, ou os recursos não permitem férias caras, ou a energia para sempre "encontrar nossos filhos onde eles estão" se esgotou às 4h da tarde? E se o tempo em família consistir de um jantar fora ocasional ou um sorvete em uma noite quente de domingo?

Na observação de Quinn sobre a proximidade entre irmãos, há outra fórmula.

"A proximidade da família é promovida pelos pais que assumem alguma responsabilidade pela relação entre os filhos. Regras que esclarecem a sua expectativa de que os irmãos respeitem uns aos outros criam segurança e reduzem a mágoa. Conscientemente, nutrir e moldar o relacionamento entre irmãos é um papel parental crítico. Os pais não podem forçar seus filhos a estarem próximos, mas podem reduzir as barreiras que os irmãos poderiam criar por meio de palavras e ações indelicadas."

Isso fala comigo, em particular. Quando meu marido e eu começamos a nossa família, tinha certeza de duas coisas. Eu ensinaria nossos filhos a verem seus irmãos como amigos incondicionais. Não haveria ataques pessoais, não haveria zombaria, não haveria "cala a boca" ou xingamentos. Não esperava que eles apenas se desculpassem se cometessem excessos, mas que também discutissem sobre isso.

E como sei que uma criança amada será quem ela é, até que seja desencorajada, procurei conhecer meus filhos tão bem quanto poderia. Eles aprenderiam que poderiam confiar em mim sobre qualquer coisa que me dissessem, e eu não destruiria a confiança comparando meus filhos uns com os outros, fofocando sobre eles ou encorajando a competição entre eles.

Eu me preocupava com ser suficiente, mas não me preocupava com a proximidade.

As nossas filhas, com três anos de diferença, entraram em conflito desde o início. Não eram nada parecidas e, como uma delas disse, não queriam ser. Havia lutas e bateção de portas, reclamações e batidas de pé. Uma chorou quando se zangou. A outra, "a advogada", nunca fez afirmações, mas fazia perguntas até que sua irmã exasperada se condenasse.

Pela primeira vez, preocupei-me com a proximidade.

Uma noite, a mais velha buscou a mais nova em um ensaio de teatro. Nossa filha mais nova saiu soluçando, caminhando letárgica em direção ao carro. A irmã a encontrou no meio do caminho e descobriu que um valentão do coro a atormentava há semanas.

"Qual deles?", disse a minha filha mais velha, zangada, com os olhos encarando a multidão.

"Vamos embora", disse a mais nova. "Por favor."

Foi o que fizeram, minha filha mais nova se abrindo, com a mais velha percebendo, em silêncio, que ouvir não acalmava a raiva que sentia, mas ajudava a acalmar a agonia da irmã.

Os nossos filhos, nascidos com oito anos de diferença, eram inseparáveis. Quando o mais velho foi para a faculdade, o mais novo colocou um calendário na porta do seu quarto para marcar os dias até o seu regresso. No seu quarto, ouvia a música do irmão e seguia as suas equipes. Eventualmente, ele fez os próprios amigos, encontrou sua própria música e parou de chutar bolas voadoras sozinho no gramado.

Mais uma vez, pensei na proximidade.

Uma noite no ano passado, eu os ouvi falar, calmamente. Eles compartilharam histórias de seus primeiros anos na faculdade, longe de casa pela primeira vez, histórias sobre a luta para encontrar apoio, sobre a solidão, a desorientação entre estranhos de todos os lugares, sobre encontrar aceitação ou não. Eles nunca haviam me falado sobre as suas experiências dessa maneira, mas, 11 anos depois de terem sido separados pela transição, disseram um ao outro.

Há uma expressão: os melhores amigos sabem tudo sobre você e o adoram de qualquer maneira. O mesmo se pode dizer dos pais, filhos e irmãos.

Perguntar às famílias o que as torna próximas é semelhante a perguntar a alguém por que estão apaixonados. É como conversar sobre como aquilo nos consome além da conta e tão profundamente.

Mas na minha família, e provavelmente em todas as famílias que não permitiram que crescer significasse se distanciar, é justo dizer: as famílias próximas conhecem umas às outras e se amam de qualquer maneira, não importa o que aconteça, não importa quando.

CONFIANÇA E MONITORAMENTO

Uma maneira pela qual os pais, muitas vezes, sentem que podem manter suas famílias mais próximas ou, pelo menos, vinculadas, é por meio de aplicativos de rastreamento baseados em localização. Algumas famílias adoram esses aplicativos, já que os filhos sabem onde seus pais estão (quanto tempo até voltarem da mercearia), e os pais podem verificar se seu motorista recém-habilitado chegou à escola ou ao treino de softbol. Os aplicativos podem simplificar os canais de comunicação, fornecendo uma conexão tecnológica e informações de localização atualizadas o tempo todo. No entanto, poucos temas suscitam um debate mais rancoroso. Isso é proximidade ou uma indesejada invasão de privacidade? Esse tema é a fonte de tanta angústia porque trata o próprio núcleo da questão da parentalidade: liberdade, conectividade familiar, e como nós demonstramos confiança e amor.

De um lado, estão os argumentos sobre segurança. Usar os sinais emitidos pelos telefones de seus filhos para manter o controle do seu paradeiro aumenta a capacidade dos pais de manter seus filhos seguros. Se eles forem a algum lugar aonde não deveriam ir, tiverem problemas com o carro ou perderem a noção do tempo, um aplicativo de mapa pode nos ajudar na sua localização e corrigir a situação. Monitorar os nossos filhos alivia não só os seus medos, mas também os nossos.

Por outro lado, há o argumento que se assenta na privacidade, na confiança e nas dúvidas sobre se podemos realmente mantê-los seguros. Eles não são mais crianças, longe disso, e seus movimentos não devem ser vigiados por adultos o tempo todo. Como adolescentes e estudantes universitários, a maioria de nós tinha liberdades abundantes, que nossos filhos nunca conheceram. Seria correto, ou justo, tirar-lhes a pouca liberdade que têm com o rastreio eletrônico? Ao não os seguirmos e ao lhes dar essa liberdade, estamos pedindo a eles que assumam a responsabilidade pelos seus atos. Descobrimos que muitos pais acompanham seus estudantes universitários, adultos legítimos, o que nos leva a pensar em que ponto da vida isso deve parar. Como saberemos quando poderão assumir mais responsabilidade por si próprios?

Isso pode provocar um efeito bola de neve, e temos de descobrir onde começa e termina esse monitoramento. Podemos rastrear seu paradeiro em seu telefone, mas também podemos ler seus textos, e-mails, redes sociais e seguir sua trilha pela internet. Devemos seguir os carros e medir a sua velocidade durante a condução? Como é que qualquer uma dessas atividades é significativamente diferente das outras — e, se algumas delas são desejáveis, onde traçamos o limite? Não há dúvida de que o monitoramento de nossos filhos muda nosso relacionamento com eles, mas de que forma — ela é prejudicial?

Damour explica que, como esta é uma questão para muitos pais, não tem uma resposta universal. Ela explica que seguir, eletronicamente, nossos filhos torna obscuro quem é responsável por manter um adolescente seguro. As crianças podem ter uma ilusão de que os pais podem magicamente protegê-los, que eles têm o poder de corrigir todos os seus problemas, e que o rastreamento ajuda um pai a fazer isso. Ao não rastrear seus adolescentes, explica Damour — ou desligando o rastreamento e informando-os sobre a mudança —, você pode enviar uma mensagem empoderadora para seus filhos: "Quero que você entenda que é responsável pela sua segurança."

Cada adolescente lida com sua nova autonomia de uma forma diferente, é claro. Alguns são caçadores de emoções, propensos a ignorar as diretivas dos pais ou a ocultar o seu paradeiro. Só um pai, diz Damour, pode julgar o que vai funcionar para a família e os adolescentes. Alguns podem decidir que ler o que os adolescentes escrevem ou seguir os seus movimentos constitui uma violação da privacidade, ao passo que a instalação de um dispositivo de medição de velocidade no seu automóvel é simplesmente uma questão de segurança — e um reconhecimento de que os adolescentes são os condutores menos responsáveis na estrada.

Embora não ofereçamos uma resposta definitiva, há questões importantes, que atingem tanto o cerne da proximidade da família como o debate de acompanhamento. Até que ponto devemos manter a privacidade de um filho adolescente? Eles deram razões suficientes para desconfiar deles? Você pode agir previamente em prol de sua segurança, ou apenas avisá-los, se estiverem em apuros? Você vai dialogar com eles a forma como os segue? Como é que isso vai afetar seu relacionamento?

Não há dúvida de que todas essas pequenas questões sobre tais softwares falam ao cerne da paternidade: liberdade, permanecer conectados e demonstrar confiança e amor, para ambos os lados envolvidos. Uma abordagem pode ser encarar a questão de frente: diga ao seu filho que tem fé na sua capacidade de salvaguardar a sua própria segurança. A confiança pode ser o dispositivo definitivo de localização.

Se há uma mensagem sobre a proximidade familiar que transcende cada questão, esta é a comunicação. Os pais, muitas vezes, nos dizem que o que define a diferença entre seu relacionamento com os filhos e o que eles tinham com os seus pais é a comunicação. Os nossos filhos nos contam coisas. Somos muito mais transparentes com eles. A nossa comunicação é desimpedida pelo tempo ou pela geografia. Acreditamos que permanecemos próximos de nossas famílias porque nunca paramos de nos ouvir, solidarizar, apoiar e compartilhar. E, embora tudo isso seja inquestionavelmente bom, Jennifer Breheny Wallace, jornalista e mãe de três filhos, explica os pontos que, segundo as pesquisas, podem dar errado.

SOLIDARIZE-SE COM SEU FILHO ADOLESCENTE

De Wallace:

Sua filha e sua melhor amiga podem conversar por horas sobre as garotas mais populares da escola ou sobre o comportamento ambíguo de uma paixão. Ter um amigo que o apoie e para confiar em problemas na adolescência é importante para construir o senso de autoestima do adolescente e amenizar a depressão.

Mas cada vez mais pesquisas sugerem que algumas formas de apoio social podem realmente causar mais danos do que benefícios. As próprias qualidades que constroem proximidade nos relacionamentos, como compartilhar pensamentos e sentimentos pessoais, podem ser prejudiciais à saúde mental de um adolescente se forem predominantemente negativas e ocorrerem excessivamente.

Quando os adolescentes se envolvem rotineiramente em corruminação[1] — refazendo e especulando sobre problemas com um amigo ou pai —, isso amplifica o estresse e aumenta o risco de desenvolver ansiedade e depressão.

As adolescentes, em particular, são propensas a corruminar: Por que ela não me convidou para a festa dela? Será que ele vai terminar comigo? Concentrar-se nos aspectos negativos, de acordo com um estudo de 2016 do *Journal of Abnormal Child Psychology*, pode fazer com que um adolescente perceba seus problemas como maiores e mais graves do que são e pode levá-lo a se comportar de forma que piore ainda mais uma situação difícil.

Os pesquisadores analisaram 628 alunos entre a sétima série e o segundo ano do ensino médio, e perguntaram sobre sintomas de depressão (como tristeza ou sensação de tristeza), experiências de estresse (com colegas ou em relacionamentos românticos, por exemplo) e corruminação com um melhor amigo (especificamente,

---

[1] N.T.: Do inglês, *Co-rumination*. O termo aqui no Brasil é usado pelos psicólogos com significado de compartilhar problemas negativos. A corruminação é o incentivo mútuo para discutir excessivamente os problemas, repassando repetidamente os mesmos problemas, antecipando problemas futuros e concentrando-se em sentimentos negativos. É mais sobre morar em problemas do que resolvê-los.

com que frequência repetiam os problemas, encorajavam discussões sobre problemas ou insistiam em sentimentos negativos).

"Nove meses depois, avaliamos esses adolescentes novamente e descobrimos que aqueles que corruminaram com um melhor amigo e se sentiram ainda um pouco tristes relataram ter ainda mais problemas com os colegas meses depois", diz a coautora Dra. Amanda Rose, professora de ciências psicológicas na Universidade de Missouri, que desenvolveu o conceito de corruminação, em 2002. Em vez de deixar um problema se resolver, Rose teoriza, a corruminação pode fazer com que os adolescentes ajam de forma contraproducente com os colegas, o que gera ainda mais estresse.

Os adolescentes podem aprender esse estilo insalubre de se comunicar com pais bem-intencionados, principalmente com as mães. Em um estudo de 2013 publicado no *Journal of Adolescence*, Rose e colegas pesquisaram 400 alunos da quinta e oitava séries e do segundo ano do ensino médio, e descobriram que adolescentes que corruminavam com suas mães eram mais propensos a apresentar sintomas de ansiedade e depressão, e a corruminar com os amigos.

Falar sobre seus problemas com moderação é saudável, diz Rose, mas se você e seu filho tendem a repetir continuamente detalhes ou sentimentos sobre uma situação, habitar ou especular sobre um problema quando nenhuma nova informação está sendo introduzida, você provavelmente está cruzando a linha da corruminação.

"Os pais que corruminam com seus filhos estão no caminho certo para construir calor e proximidade em suas relações", diz ela. "Eles só precisam aprender a parar algumas conversas mais cedo."

Os pais às vezes mantêm viva uma situação negativa, levantando um tema doloroso muito depois que seu filho a resolveu, diz o psicólogo Dr. Michael Thompson, autor de *Best Friends, Worst Enemies: Understanding the Social Lives of Children* ["Melhores Amigos, Piores Inimigos: Compreendendo a Vida Social das Crianças", em tradução livre]. Se seu filho tem uma briga com um colega, como ele diz, resista ao desejo de fazer muitas perguntas de sondagem dia após dia, como: "Ele provocou você de novo hoje?"

"Cutucar a dor é um desserviço ao seu filho", diz Thompson. "Concentra-se no negativo, pinta-os como vítimas e planta as sementes da corruminação insalubre. Em vez disso, escute e responda com empatia como: 'Sinto muito que você tenha que lidar com esse comportamento maldoso'", diz Thompson. "Então, depois de ter absorvido alguma dor e impotência dele", diz ele, "redirecione a conversa de vítima para a forma como eles vão se empoderar, tal como: 'Então, como você acha que deve lidar com isso?'".

Uma das maneiras mais eficazes de quebrar o hábito da corruminação é estar ciente de que você está fazendo isso, diz Rose. Quando as conversas se tornam circulares, os pais podem sugerir uma caminhada ou fazer outra coisa para distrair. Ela diz que é útil compartilhar a pesquisa com seu filho adolescente e que é importante ser explícito sobre por que você está mudando de assunto: "Não é que eu não me importe, é que quero que se sinta bem e não fique preso pensando em coisas negativas." Encoraje seu filho a fazer o mesmo com os amigos.

"Vivemos em uma sociedade que associa 'mais' a 'melhor'", diz Rose. "Mas, quando se trata de ser pai, 'mais' nem sempre é melhor — na verdade, pode sair pela culatra."

Dez Coisas que Devem Ser Feitas com Seu Filho Adolescente Quando Ele Mal Está Falando com Você

As emoções dos adolescentes pegam fogo, exceto, claro, quando eles estão lhe dando um gelo. Parece que eles mal querem compartilhar o mesmo espaço, e que o sentimento começa a ficar recíproco, então aqui estão dez maneiras de se reaproximar de seu filho adolescente.

1. **Redescubra um sabor da infância**. Cozinhe, peça comida ou saiam para comer algo que eles amavam quando eram crianças e, talvez, tenham esquecido recentemente. Pode ser um sanduíche, sua massa favorita ou um doce de Halloween de que já não se lembram. Quebre o gelo e faça as memórias fluírem com a ajuda de um sabor que trará a infância de volta.

2. **Assista a um jogo com ele**. Esportes transcendem a raiva, e discutir o jogo pode ser um bom descanso de falar sobre notas, admissões na faculdade e horários de retorno para casa.

3. **Ouça um pouco de música**. A comida pode fazer as memórias reviverem, assim como a música. Ouçam canções que costumavam dançar na sala de estar e compartilhem memórias e gargalhadas.

4. **Pratique exercícios**. Peguem uma bicicleta, corram, batam uma bolinha. Claro, eles são maiores, mais rápidos e mais fortes do que você, mas é uma maneira de fazer algo juntos que não envolva muitas palavras.

5. **Assista a um filme com ele**. Passem um tempo juntos, sem muita conversa.

6. **Deixe o assunto para mais tarde**. Nada de falar sobre a preparação para o ENEM, até amanhã de manhã ou em um horário mutuamente acordado; nada de lembretes sobre inscrições até este fim de semana. Pense nisso como um momento de relaxamento.

7. **Divida a atenção com os irmãos ou amigos**. Diminua a intensidade diluindo sua presença. Trata-se de dar um tempo, pois os problemas ainda estarão lá amanhã, e vocês dois podem estar com um humor melhor.

8. **Leve-o às compras**. Claro, não devemos comprar os afetos e o respeito dos nossos filhos, mas eles podem sempre usar meias e cuecas novas. Faça um passeio que o tire de casa e se concentre em um tema ameno, como modelos e cores.

9. **Encare-o**. Precisa ter coragem e, muitas vezes, rolam lágrimas, mas vá direto na jugular. Diga-lhe que sabe que as coisas estão difíceis neste momento. Fale para ele que o ama. Que se lembra de ter sido uma verdadeira dor para os seus

avós. Neste momento, não falar é inaceitável. Compartilhe verdades duras e entenda o lado dele.

10. **Deixe-o a sós.** Às vezes todos nós só precisamos aguardar, e os adolescentes talvez ainda mais. Deixe-o sentir toda raiva, dizer a seus amigos que tem os piores pais do mundo e chegar ao fim de sua raiva. E, depois, esteja lá quando ele estiver pronto para recomeçar.

MAMÃE É O MEU MAIOR TRUNFO

Depois do infortúnio de um colegial no ano passado em casa, e da culpa de se sentir como se fosse a hora de eles saírem — intercalados com o medo de que eles estão realmente saindo —, precisamos descobrir como o nosso relacionamento evoluirá. Eles precisam de nós, mas não "precisam" de nós. Eles compartilham seus problemas, mas não querem que nós os ajudemos a resolvê-los (nem devemos). Eles querem estar perto, mas precisam que saibamos que agora são adultos totalmente independentes e funcionais – até que, evidentemente, não sejam mais. Sentimos esses altos e baixos, e eles também. Uma estudante do segundo ano da faculdade, Sophie Burton, refletiu sobre esse dilema e nos explicou por que uma mãe, ou qualquer figura paternal, era o ativo mais valioso nos tempos da faculdade. Essa é uma lição importante a ter em mente à medida que a nossa relação com os nossos filhos avança para a vida pós-ensino médio.

Depois de dois dias de idas à Target e Bed Bath & Beyond, minha mãe finalmente concordou que eu tinha tudo o que eu precisava, e que era hora de ela e meu pai voltarem para o hotel. Chegamos ao estacionamento do dormitório e ela me puxou para um último abraço. Depois do que pareceram ser horas, ela soltou seu punho, limpou suas lágrimas e subiu no banco do passageiro do carro alugado. Voltei para o meu dormitório, lutando para conter minha empolgação. Nunca antes na minha vida me senti tão livre.

Minha mãe e eu temos o que gosto de chamar de um relacionamento "complexo e em constante mudança", que consiste em alguma briga, alguma insolência de ambas as partes, mas, principalmente, um fluxo constante de apoio inabalável e amor uma pela outra.

Nós costumávamos rir como irmãs quando víamos Kristen Wiig no *Saturday Night Live* e gritávamos uma com a outra, ao telefone, quando discordávamos — o que é comum. É uma montanha-russa emocional, como minha mãe costuma descrever.

Mesmo que eu amasse minha mãe e soubesse que sentiria falta dela, às vezes, vê-la sair parecia que um peso estava saindo dos meus ombros. Eu me sentia como o Kevin em *Esqueceram de Mim*, quando ele percebe todas as liberdades que vêm com a total falta de supervisão dos pais.

Finalmente, não havia ninguém para me repreender por chegar tarde em casa (ou em um estado questionável), por comer frutas não orgânicas, ou por maratonar Netflix quando eu tinha coisas muito mais importantes para fazer.

Nas primeiras semanas de faculdade, mal nos falamos, e, quando liguei para ela, foi porque senti que ela ficaria zangada comigo se não o fizesse. Ela manteve a distância maravilhosamente, permitindo que eu desfrutasse dessa nova independência. As coisas estavam ótimas. Mas, depois, veio o inevitável estresse do primeiro ano. Comecei a me apressar, minhas aulas começaram a ganhar ritmo e carga de trabalho, e comecei a me perguntar sobre todas as coisas que a maioria dos calouros perguntava, em algum momento: Como é que entrei nessa faculdade? É fisicamente possível reter tanto conteúdo?

Por que estou fazendo a admissão?

Eu estava nervosa por descarregar tudo isso na minha mãe, porque, até então, eu estava indo muito bem por conta própria. *Sou adulta*, racionalizei, *devia ser capaz de lidar com essas coisas sem que a mamãe me dissesse como.*

As pressões continuaram a se acumular. Finalmente cedi. Chamei-a em pânico, espalhando todos os meus medos, estresses e preocupações. Ela ouviu atentamente. Ela me disse que eu era inteligente o suficiente para estar aqui, que eu poderia gerenciar todo o material, e que o processo de admissão funcionaria como deveria. Embora eu provavelmente pudesse ter chegado a essa conclusão sozinha, foi a certeza que só uma mãe pode me dar que me permitiu ultrapassar essas lutas como caloura.

Como estudantes universitários, gostamos de nos ver como seres humanos capazes e autossuficientes. E, na maior parte das vezes, somos.

Para aqueles de nós que são mais teimosos, pode ser difícil admitir que, às vezes, só precisamos que nossas mães nos apontem na direção certa.

Ela pode não saber o que uma aula de comunicação realmente implica, mas ela pode lhe dizer, com certeza, que você vai se sair bem na primeira tarefa. Ela lhe enviará meias quando você descobrir que você não trouxe nenhuma; enviará guloseimas deliciosas no seu aniversário; e dará um banho de positividade — incluindo todas as variações do coração em forma de emoji — quando você perceber que não tem tempo para formalidades.

Não tenho vergonha em admitir que estou no segundo ano da faculdade e que minhas mensagens para minha mãe, na semana passada, incluem: "Devo ir para a cama agora e levantar cedo para fazer os trabalhos de casa ou devo fazer os meus trabalhos de casa agora?" "Acabei de festejar com a filha da Madonna!" e "Iogurte natural agride o estômago?"

Se eu pudesse voltar àquela noite melancólica de agosto passado no estacionamento, eu abraçaria minha mãe um pouco mais, e um pouco mais apertado, e talvez até derramasse algumas lágrimas para combinar com seus soluços. Porque, apesar de eu não ter percebido isso na época, nada – nem mesmo mochas de soja, horário de trabalho ou seu melhor amigo — pode apoiá-lo na faculdade como sua mãe pode.

MUITO PERTO?

Alguns dos pensamentos mais claros sobre parentalidade vêm daqueles que veem suas nuances de uma perspectiva pessoal e profissional. Professores do ensino médio, professores universitários, psicólogos e médicos trazem o coração de um pai e a cabeça de um profissional, sobre muitas das questões que envolvem a parentalidade dos adolescentes. Aqui, Lori Smith, mãe e profissional do ensino superior, compartilha seis coisas que você pode querer evitar quando se trata de envolvimento na vida de seus filhos. E, embora ela tenha o ponto de vista de uma profissional no espaço universitário, estes pontos são igualmente verdadeiros para aqueles com adolescentes ainda no ensino médio.

Como mãe, sei como pode ser difícil deixar ir e permitir que os nossos filhos administrem os altos e baixos da vida. Desejo poder proteger a minha filha de todas as dificuldades e protegê-la de todas as mágoas. No entanto, como profissional do ensino superior, sei que não posso, e não devo, ser pai, tendo isso como prioridade.

No meu trabalho, vejo os efeitos de pais hiperenvolvidos, que têm estado mais preocupados em preparar o caminho para o seu filho do que em preparar o seu filho para o caminho. Sem dúvida, o seu envolvimento excessivo deriva do amor, mas, no final, pode não conseguir moldar adultos confiantes e capazes. Aqui estão cinco sinais que você pode estar superprotegendo seu aluno — e algumas sugestões alternativas para modos de ação.

1. **Não entre em contato com os professores ou orientadores do seu filho porque não gostou de uma nota / quer pedir esclarecimentos sobre uma tarefa / quer pedir para uma ausência ser dispensada / quer pedir uma extensão de prazo para uma tarefa.**

   A menos que o seu filho esteja incapacitado (Deus nos livre), isso não está correto. Não importa se você está pagando a mensalidade do curso; professores e professores universitários não querem escutar isso dos pais. Eles querem ouvir diretamente dos seus alunos e envolvê-los nessas conversas.

Talvez você ligue porque seu filho está ocupado e você só quer ajudar, certo? Vamos refletir sobre essa desculpa, por isso não tome essa decisão. Seu filho pode cuidar dessas coisas sozinho. (E se ele não puder, por favor, ensine-o.) Pegue o telefone, com certeza —, mas, em vez de discar para um professor, converse com seu filho sobre o que está acontecendo. Certifique-se de que ele pensou nas suas preocupações. E ajude-o a pensar na solução que procura. Incentive-o a consultar o programa de estudos; ele pode conter informações que esclareçam o assunto. Em seguida, ajude-o a pensar em como abordar o professor universitário, ou professor do ensino médio, e pergunte o que ele quer. Esse processo de ensinar adolescentes a lidar, por si mesmos, com desafios na sala de aula precisa ser aprendido no ensino médio ou até mais cedo.

2. **Não diga "nós" e "nosso", quando fala sobre as experiências escolares dos seus filhos. ("Recebemos uma oferta da nossa fraternidade de primeira escolha", ou "Esperamos mesmo entrar na classe das 11h da turma de Biologia 101". Ou aquilo que ouvimos com maior frequência: "Nós nos candidatamos a seis faculdades, mas só recebemos resposta de três.")**

Você não está ingressando em uma fraternidade, ou entrando na turma de Biologia 101, ou se candidatando à faculdade, então pare com isso! Essa escolha sutil de pronome comunica muito a seu filho. Pode fazer com que se sinta pressionado a alcançar as coisas que farão você feliz. Por outro lado, pode dar a seu filho uma chance de fugir da responsabilidade de fazer as coisas acontecerem. Afinal, se "nós" queremos alguma coisa, "nós" tratamos disso. Além disso, transmite a ideia de que você está pessoalmente envolvido nessas experiências a um nível que vai além da preocupação com seu filho. E transmite a mensagem de que essas coisas têm a ver com você, quando, na verdade, não têm. (Por outro lado, esses pronomes em primeira pessoa são bandeiras vermelhas para os profissionais do ensino superior, pois indicam que você está excessivamente envolvido na vida universitária do seu filho.)

3. **Não leia os e-mails deles e nem verifique suas notas das tarefas regularmente.**

Afaste-se das senhas, por favor; você não precisa saber o que eles alcançaram em cada teste e não tem o que opinar sobre o que seus professores e amigos enviam por e-mail para eles. Se você está apoiando seu filho universitário financeiramente, é razoável solicitar as notas finais do curso ao término de cada semestre. Além disso, não se atenha a minúcias. Alguns pais argumentam que ficar ciente das notas do curso ao longo do semestre permite que eles ajudem o filho a voltar aos trilhos, antes que seja tarde demais. Mas, em 17 anos de carreira, nunca vi isso acontecer.

Se um aluno não for responsável o suficiente para fazer mudanças depois de fazer um teste e tirar uma nota ruim, ele não desenvolverá essa habilidade por você estar verificando-as e tentando fazê-lo administrar a situação da maneira que você acha melhor. Ele aprenderá por meio da experiência, das consequências das suas escolhas e aprendendo a pedir ajuda. Um pouco de adversidade vai muito além — e, certamente, muito mais longe do que o excesso da parentalidade — do que levar o aluno a bons hábitos. Se as notas finais do curso não forem desejáveis, converse com seu aluno sobre as mudanças que ele precisa fazer para evitar os mesmos erros. Certifique-se de que eles estão cientes dos recursos do campus, tais como coaching acadêmico, tutoria e horário de expediente do professor. Reitere suas expectativas para seu desempenho no próximo semestre.

4. **Não ligue para eles para acordá-los para as aulas.**

Se eles são brilhantes o suficiente para entrar na faculdade, eles também o são para descobrir como sair da cama. Esta é uma habilidade básica de vida. Se não o aprenderam no ensino médio ou na faculdade, já é hora de fazê-lo. De alertas superaltos aos que vibram na cama, aos dispositivos que voam em torno do quarto até que você os pegue, todos os tipos de dispositivos esquisitos se encontram no mercado. Fale com seu filho para comprar um desses, caso seu despertador antigo ou celular não estiver dando resultado.

5. Não implore para que ele volte para casa frequentemente (com o "benefício" de lavar suas roupas).

De todos os itens desta lista, este é, provavelmente, o mais difícil para mim como mãe. Minha filha ainda está a poucos anos de se tornar maior de idade, mas eu já sei que a parte "mãe" em mim vai querer que ela volte para casa para visitar, sempre que possível. Ao mesmo tempo, a parte "profissional da faculdade" em mim sabe que é uma ideia terrível. Os alunos que saem do campus frequentemente não se conectam também com sua instituição e outros alunos — um fator crítico para o sucesso e conclusão da faculdade. Os alunos que saem frequentemente também não estudam o suficiente. Especialmente durante seu primeiro ano, incentive o aluno a se envolver no campus e passar o tempo nos finais de semana estudando e trabalhando, antecipadamente, nas disciplinas. (E diga a seu filho para lavar a própria roupa. Você já fez o suficiente.)

Quanto mais suavizarmos a maneira como nossos alunos encaram os desafios que eles encontram, mais os privamos de oportunidades, principalmente de aprender a lidar com problemas e lidar com a adversidade. De igual maneira, encurtamos a confiança de que, no futuro, terão de abordar conjuntos de questões totalmente diferentes. O resultado final é que nossos filhos precisam ter as próprias experiências, separadas e distintas das nossas. Precisamos amá-los o suficiente para sairmos do seu caminho e sabermos que podem lidar com suas vidas. Confie neles para fazer bem, mas saiba que erros serão cometidos. Confie neles para sobreviver a esses erros, aprender com eles e emergir como adultos confiantes e capazes.

Mantivemos contato com Janet, a mãe que se tornou a primeira a fazer uma pergunta anônima em nossa comunidade, e ela nos informou que havia ligado para a diretora da faculdade de sua filha Kate e para a escola de ensino médio de seu filho Michael, para que eles soubessem o que estava acontecendo na vida de seus filhos. Ela estava fazendo todos os esforços para manter suas vidas o mais normal possível, mas o pai de Kate tinha câncer em estágio IV, e ela sabia que seus filhos poderiam precisar de ajuda. O reitor da Kate foi incrivelmente gentil, oferecendo-se para encontrar com Janet e Kate em sua residência e providenciar para que Kate fosse levada para casa se surgisse uma emergência. Janet tinha agora alguém com quem podia falar, se estivesse preocupada com a filha por estar longe de casa durante esse momento difícil e doloroso. E Kate tinha alguém que sabia e se preocupava com o que estava acontecendo em sua vida, antes de colocar os pés no campus, se ela precisasse. Mas nunca tínhamos falado com Kate, nunca tínhamos aprendido sobre a sua experiência de sair de casa. Aqui ela conta sua história:

> Só no verão, antes do meu primeiro ano, é que o câncer se tornaria oficialmente parte da minha vida para sempre.
>
> Lembro-me de me sentar à mesa de jantar com a minha família e de mudar de humor. O ar na cozinha ficou pesado. Minha mãe e meu pai olharam um para o outro e tentaram explicar que: "Papai está doente, mas nós vamos lutar juntos como uma família."
>
> Lutar pelo quê, juntos? Como me preparo para essa batalha? O que é isso? Isso só acontece nos filmes e programas de TV que vejo. Os médicos estão errados. Isso não é verdade. Não quero isso. Retire o que você disse. Volta atrás. Não.
>
> Estava tão confusa. Para onde vou a partir daqui? Como se reage quando se descobre que seu pai tem câncer? Como lutar contra isso? Eu tinha todas aquelas perguntas e mais perguntas na minha cabeça e, mesmo assim, ninguém tinha respostas claras.
>
> Acabei por ir para a faculdade para começar o meu primeiro ano em setembro. Quando eu estava me mudando e começando

as aulas, decidi que manteria em segredo o que estava acontecendo com meu pai. Detestava pensar nisso e não queria que ninguém soubesse. Talvez se ninguém soubesse, de alguma forma, não seria real. Acabei por confessar o que se passava em casa a alguns amigos, em dezembro. Finalmente, senti-me confortável e aceitei o suficiente para lhes contar.

Voltar para casa para as férias de inverno não era o que eu esperava. Em uma manhã de janeiro, acordei cedo para sair e comprar um bolo de aniversário para o meu irmão. Lembro-me muito bem de receber um texto, enquanto estava no corredor da loja, dizendo que precisava voltar para casa agora. Não sei como, mas eu sabia. Corri para casa.

Naquele dia, o meu pai, Wayne, faleceu. A luta dele contra o câncer tinha acabado.

Não só perdi o meu pai, mas o mundo perdeu um marido, um amigo, um mentor, um colega de trabalho, um religioso, um voluntário. Naquele dia, o mundo perdeu o homem mais forte que já conheci. O meu pai era a pessoa mais doce, engraçada e carinhosa, e eu não conseguia entender por que ele tinha de ir. Ainda tinha tanto para aprender com ele. Havia tantas coisas de que ele não ia fazer parte agora.

Esses últimos três anos foram os mais difíceis de toda a minha vida. Mal sabia eu, naquela altura, que o meu pai tinha estabelecido uma base sólida para a minha família. Ele sabia que ficaríamos bem. E, nos dias em que não estamos bem, ele envia pequenas mensagens e sinais do céu.

Aspirarei, para sempre, tentando ser apenas 1/4 da pessoa que o meu pai era. Vou continuar a crescer e a aprender com a minha mãe, a mulher mais forte que já conheci. E vou continuar a rir e a aprender com o meu irmão, que é o cara mais honesto e engraçado.

Sei que o meu pai está olhando aqui para baixo, sorrindo para a minha família, e sei que ele está muito orgulhoso de nós.

CAPÍTULO DOIS

Felicidade, Ansiedade e Saúde Mental

Nós só queremos que os nossos filhos sejam felizes. Dizemos isso habitualmente, repetimos essa frase tantas vezes que é difícil saber quando estamos falando sério. É a única verdade inabalável da parentalidade. Mas a adolescência e a juventude podem ser uma época tumultuada. No meio de muita alegria, os adolescentes podem quase que visivelmente "ferver" de ansiedade e estresse. Um dos filhos de Lisa descreve esses anos como "altos e baixos extremos".

Uma das coisas mais importantes que eles precisam aprender na transição da adolescência para a idade adulta é serem os guardiões da própria felicidade. Para alguns jovens, isso parece vir naturalmente, pois eles têm sido otimistas e alegres, desde o nascimento. Mas mesmo aqueles que têm uma fonte natural de alegria têm muito a aprender sobre como lidar com o estresse, a decepção, as rejeições e a montanha-russa com que muitas vezes se surpreendem ao conduzir suas emoções.

Quando os nossos filhos nasceram, não pensávamos muito em ensiná-los sobre a felicidade. Esperávamos que fossem felizes. Moveríamos o céu e a Terra para ajudar a fazê-los felizes e, se eles ainda não estivessem felizes, chamaríamos os profissionais que sabiam dessas coisas. O que haveria para um pai ensinar?

Como acontece com mães de 20 e poucos anos, essa visão parece irremediavelmente ingênua. Parte do nosso trabalho como pais é mostrar aos nossos filhos como administrar o estresse, encontrar a alegria e entender como essas duas coisas funcionam melhor para eles. Algumas dessas coisas são feitas explicitamente, mas muito mais do que isso é transmitido pela modelagem de nossa própria capacidade de experimentar a alegria, mesmo diante do estresse e da frustração.

É evidente que a ansiedade e a depressão têm se tornado cada vez mais presentes na vida dos jovens. No capítulo seguinte, falaremos sobre como ensiná-los a lidar com o estresse, a encontrar ajuda de professores, orientadores universitários ou profissionais da saúde quando precisarem, a estabelecer expectativas realistas e a compreender as maneiras pelas quais os pais podem ajudá-los.

ENSINANDO SOBRE FELICIDADE

Para começar a coletar algumas respostas práticas para a questão de como ensinar nossos filhos sobre a felicidade, consultamos alguns especialistas, entre eles, um professor de neurologia, um professor de ensino médio e uma dupla instrutores que ensinam a disciplina eletiva mais popular da Universidade de Nova York.

Começamos com o palestrante e coach de desempenho Daniel Lerner e o Dr. Alan Schlechter, um professor-associado, clínico da Universidade de Nova York e diretor da Clínica de Psiquiatria da Criança e do Adolescente do Hospital Bellevue, que compartilham uma sala de aula de 475 alunos de graduação da NYU a cada semestre. Depois que a equipe ensinou sua disciplina de Ciência da Felicidade, apenas em sala de aula, por muitos anos, eles transformaram seu curso em um livro popular, chamado *U Thrive: How to Succeed in College (and Life)* ["Prosperar: Como Ter Sucesso na Faculdade (e na Vida)", em tradução livre], um guia para o campus e além dele.

Pedimos a Lerner e Schlechter que compartilhassem algumas de suas pesquisas e descobertas a respeito de como os pais podem ajudar adolescentes e universitários a cultivar a felicidade.

Embora queiramos que nossos filhos sejam felizes, porque os amamos e nos preocupamos profundamente que encontrem alegria no mundo, Lerner e Schlechter sugerem que há uma razão adicional para que nos preocupemos. "Há uma abundância crescente de estudos que falam do efeito direto das emoções positivas na forma como atuamos", explica Lerner. "Olhamos para os estudos com estudantes universitários que têm 45 segundos de emoções positivas. Nós os preparamos pedindo-lhes que pensem no momento mais feliz que puderem antes de tentar completar uma tarefa designada. E o que vemos quando os alunos estão cheios de emoções positivas é que eles retêm mais palavras quando aprendem uma língua estrangeira. Fazem melhor os testes criativos, bem como se saem melhor nos testes padronizados."

Nesses estudos, foi pedido aos alunos que pensassem na memória mais feliz que tinham, e, ao fazer essa coisa simples antes de empreender uma tarefa, eles objetivamente tiveram um melhor desempenho nos exames. Como se parecesse "condicionar com emoções positivas", entende? "Para alguns, pode ser um momento de alegria, como lembrar o quão incrível foi receber sua carta de aceitação na faculdade", explica Lerner. "Para outros, pode ser uma lembrança de férias com a família, talvez sentados na praia, algo que é um momento muito mais tranquilo. Para cada um deles é diferente, mas é importante que os alunos compreendam que as emoções positivas funcionam para cada um de nós, individualmente. Como estamos vendo na pesquisa, há benefícios cognitivos e físicos reais para vivenciar essas emoções positivas."

Schlechter sugere que podemos encorajar a felicidade dos nossos filhos e, consequentemente, seu sucesso, mesmo com as nossas interações menores com eles. "A maioria dos pais telefona aos filhos e pergunta: 'Como você está?' Mas rapidamente chega à pergunta: 'Como vai o seu trabalho?'"

"'Como está indo nas aulas?', quando a primeira pergunta deveria ser: 'O que tem feito para se divertir? Quantas vezes você se sentiu feliz hoje?' E, se você começar sua conversa com seus estudantes universitários com uma pergunta como essa, você está realmente preparando-os com emoções positivas ao telefone. Depois disso, é muito mais provável que eles queiram falar das coisas mais desafiadoras de suas vidas. Quando nos condicionamos, mutuamente, com emoções positivas, aumenta o desejo de negociar, comprometer-se e confiar uns nos outros."

Quando nossos filhos vão para a faculdade, podemos questionar se estão preparados academicamente e se sabem o suficiente sobre a vida adulta para viverem de forma responsável e por conta própria. E, embora ambas as coisas sejam importantes, Schlechter explica que a pesquisa aponta para algo ainda mais importante: "O fator número um que prediz se você vai conseguir passar pelo primeiro ano na faculdade é a sensação de integração do lugar onde você está", explica ele. Assim, depois que os pais discutem as coisas que podem ter trazido alegria nos dias de seus filhos, devem perguntar a eles sobre suas conexões no campus.

Ouvimos de leitores, o tempo todo, que seus filhos começaram a faculdade, estão no lugar que desejavam estar e estavam animados o verão todo, e que, agora, estão sentados em seu dormitório e não sairão de lá. Eles estão assustados. Se sentem sozinhos e estão certos, sem sombra de dúvida, de que estão tendo a pior experiência de qualquer estudante, em qualquer campus. Eles se exilaram em seus quartos e de qualquer outra conexão social, e agora estão se apoiando em nós, seus pais, por meio de chamadas, textos e qualquer outra forma moderna de comunicação para fazer o que é certo — ou, pelo menos, ouvir o que está errado.

Schlechter sugere que a solução para esse problema começa antes mesmo de os jovens colocarem o pé no campus. Eles precisam ter a mentalidade de que, de alguma forma, se envolverão na vida do campus. Certamente, haverá tentativa e erro para encontrarem seu caminho e descobrirem onde se integram, mas Schlechter diz que prosperar na faculdade "não se trata de olhar a lista de cursos, e sim de olhar através das atividades internas". É sobre as fraternidades no campus. Pode ser sobre a "vida grega"[1].

---

[1] N.T.: Fraternidades e irmandades, ou organizações de letras gregas (Greek letter organizations — GLOs) (coletivamente denominadas "vida grega"), são organizações sociais em faculdades e universidades. Uma forma de fraternidade social, são proeminentes nos Estados Unidos, Canadá e Filipinas, com números muito menores existentes na França e em outros lugares. Fraternidades e irmandades individuais variam em organização e propósito, mas a maioria compartilha cinco elementos comuns: 1. segredo; 2. associação entre pessoas do mesmo sexo; 3. seleção de novos membros com base em um processo de verificação e estágio em duas partes, conhecido como pressa e compromisso; 4. propriedade e ocupação de um imóvel residencial onde os alunos de graduação moram; 5. um conjunto de símbolos de identificação complexos que podem incluir letras gregas, realizações de armaduras, cifras, emblemas, alças, sinais de mão, senhas, flores e cores. As fraternidades e irmandades participam de atividades filantrópicas, organizam festas, fornecem treinamento "final", para novos membros, como instruções sobre etiqueta, vestuário e boas maneiras, e criam oportunidades de networking para seus membros recém-formados.

Se você quer ter sucesso na faculdade, a pergunta número um é: "Como você se conectará com seu campus? E como encontrará os recursos que o farão se sentir confortável no campus?"

Ele explica melhor: "Sabemos que os alunos que mergulham profundamente no trabalho e só trabalham são os que acabam por se sentir isolados. São eles que têm um primeiro semestre ruim, mas não se ouve falar nisso."

Os pais precisam observar a si mesmos e a mensagem que transmitem ao conversar com seus filhos adolescentes. "As expectativas dos pais e o que eles dizem versus como agem nem sempre se alinham", diz Lerner. "Eles dizem: 'Você deve sair e se juntar às fraternidades, e se envolver no campus', mas, pelo contrário, a primeira pergunta é: 'Como estão suas notas?' É um padrão, porque foi o que levou a maioria deles à faculdade."

Os pais, argumenta Lerner, não devem se concentrar apenas no progresso acadêmico de seus filhos no ensino médio. Para que seus filhos sejam felizes, estudantes universitários bem ajustados ou bem-sucedidos em tudo o que fizerem depois de concluir o ensino regular, os pais precisam lembrá-los de que estão no ensino médio, do orgulho que sentem por terem uma vida equilibrada, por terem participado de atividades e passado o tempo com seus amigos, além de terem feito seu trabalho. Eles podem privilegiar seus adolescentes com emoções positivas com o tipo de perguntas que fazem, como uma forma de estabelecer uma comunicação real e significativa. Se apenas elogiarmos nossos filhos por suas conquistas acadêmicas, enviamos uma mensagem de que essas outras coisas que nos trazem alegria não são importantes, quando, ironicamente, são elas que permitirão aos nossos filhos (e até a nós mesmos) ter um melhor desempenho.

OS JOVENS E O ESTRESSE

Depois da preocupação com a felicidade dos nossos filhos, a segunda questão que os pais nos trazem é o estresse intenso a que os adolescentes são submetidos. Os críticos dizem que nós mimamos nossos filhos, deficientes de uma geração de ser capaz de suportar a pressão e caminhar para a idade adulta com independência. Mas nós vemos as coisas de forma diferente. Os pais têm visto seus filhos suportarem mais estresse do que suportavam quando tinham a mesma idade deles, e para muitos isso é uma fonte de preocupação. Nossos filhos fizeram mais testes, tiveram aulas mais difíceis, precisaram de pontuações mais altas e aguentaram uma competitividade maior — enquanto nós mesmos tropeçamos, reconhecidamente, na maioria das faculdades que, hoje, nunca nos aceitariam. Em *U Thrive*, os autores observaram que 85% dos estudantes universitários sentiam-se estressados todos os dias. E, em algum momento, 60% disseram que estavam tão estressados que não podiam fazer seus trabalhos.

Então, nós vivemos com o estresse de nossos filhos durante o ensino médio, assistimos à sua exaustão ou até mesmo ao seu desgaste, e agora, quando os mandamos embora, nos preocupamos que eles estejam apenas entrando a fundo no estresse. Mas Lerner e Schlechter sugerem que os pais reformulem a noção de estresse.

Nosso objetivo na vida, explicam, não é tirar o estresse dos nossos filhos ou, por sinal, de nós mesmos. Nosso trabalho é ajudá-los a entender o nível ideal de estresse para si mesmos e repensar o que significa estresse. Até agora, podíamos estar encarando o estresse de uma forma errada.

Geralmente, o estresse tem conotações negativas, quando, de fato, o estresse pode, muitas vezes, ser uma força positiva. "Precisamos de uma quantidade ideal de estresse para aprender, ter o melhor desempenho ou mudar", explica Schlechter.

"Algumas pessoas estão vivendo uma vida com tanto medo de sofrer qualquer nível estresse que nunca atingem seu auge. Elas podem ter um ótimo desempenho, mas nunca descobrem, realmente, qual é o seu potencial, porque evitam o estresse. Algumas pessoas ficam tão sobrecarregadas com o estresse que ultrapassam seu auge e acabam se sentindo confusas ou sobrecarregadas." Cada pessoa precisa encontrar o nível de estresse que melhora seu desempenho sem reduzi-lo. O estresse que conseguimos gerir pode melhorar o nosso desempenho e nos capacitar; no entanto, à medida que extrapola esse ponto, pode se tornar insalubre. Mas como podemos ajudar os nossos filhos a descobrir o nível ideal de estresse?

"Acho que, quando se atinge o nível certo de estresse, isso se torna um desafio, mas não opressivo, e depois deve haver algum nível de satisfação — como após uma boa corrida", diz Schlechter. Mas, como acontece em uma boa corrida, às vezes tudo parece estar indo bem, e você pode estar respirando pesadamente pelo esforço, mas seu nível de energia permanece alto. Em outras vezes, a corrida é simplesmente cansativa.

"A primeira coisa é ajustar a sua atitude mental", explica Schlechter. "Temos de compreender que o estresse não é o inimigo. Jeremy P. Jamieson fez um estudo mostrando que, quando as pessoas leem um parágrafo sobre o fato de que o estresse realmente lhes permite um melhor desempenho, marcam 50 pontos a mais em uma simulação do GRE [graduate school entrance exam] (exame de admissão à pós-graduação). Mas a parte realmente interessante do estudo é que, dois meses depois, quando realizaram o verdadeiro GRE, conseguiram melhorar em 70 pontos comparados aos seus pares que não souberam que o estresse poderia ajudá-los quando o exame se aproximava. Simplesmente mudar a atitude mental, em relação ao estresse, pode ter impacto no desempenho."

A chave parece estar em ver o estresse de uma forma diferente. "Os jovens precisam aprender que, embora estejam sentindo um pouco de nervosismo em uma determinada situação, também estão empolgados", lembra Schlechter aos pais. "O trabalho de Alison Wood Brooks, de Harvard, mostrou que, quando as pessoas diziam 'Estou entusiasmado' versus 'Estou estressado', elas realmente se saíam muito melhor — seja falando em público ou resolvendo problemas matemáticos."

Olhar para o estresse como empolgação e medo, alegria, apreensão e nervosismo misturados com antecipação ansiosa muda a forma como nos sentimos e reagimos. Como Lerner e Schlechter explicam, dizer apenas as palavras "Estou entusiasmado" nos ajudam a perceber a sensação como algo muito mais positivo do que simplesmente estresse.

GERENCIANDO O ESTRESSE NO ENSINO MÉDIO

Mesmo que você tenha um filho que parece administrar bem o estresse e é capaz de manter o equilíbrio, há momentos em que o ensino médio os colocará à prova. Lisa encontrou algumas formas confiáveis de ajudar os filhos sempre que isso acontecia.

O estresse em minha casa aumentou no segundo ano do ensino médio, um ano que parecia o sétimo círculo do inferno, um lugar tão sinistro e sem alegria que me desesperei com meus filhos a ponto de desistir deles. Embora, francamente, eu possa ter sentido o estresse deles de forma mais aguda do que realmente era.

Preocupava-me com os meus rapazes. Quando o ensino médio começou, eles eram cuca fresca, fazendo o que precisavam fazer: estudar, praticar esportes, criar arte, divertir os amigos e compartilhar o tempo em família. Não demorou muito, porém, quando a preparação para o SAT[2] iniciou e eles começaram a se reunir com seus orientadores, o nível de estresse que sentiram na escola e entre seus colegas aumentou.

Eu tinha duas escolhas naquele momento. Alimente a fera da ansiedade, pule a bordo com eles e se preocupe como se não houvesse amanhã (e eu mentiria se não admitisse fazer isso algumas vezes) — ou desse um passo para trás e tentasse lembrar que eles eram jovens e, enquanto eu tinha aprendido mecanismos para lidar

---

[2] N.T.: O Scholastic Aptitude Test (Teste de Aptidão Escolar), ou como é mais conhecido — SAT, é um dos exames mais comuns dos EUA, utilizado pelas universidades estadunidenses em seus processos de admissão para graduação. Administrado pelo College Board, ele também pode ser chamado de SAT Reasoning ou SAT-I. O teste é aplicado em escala nacional e é uma espécie de ENEM. Isso porque ele funciona como um exame unificado, aceito em todas as instituições e tornando-se parte do processo de admissão. O exame tem o objetivo de avaliar os conhecimentos e habilidades de raciocínio crítico do aluno por meio de três áreas: matemática; linguagem e interpretação de textos; e escrita. Cada seção da prova tem uma pontuação máxima de 800 pontos. No total, a nota máxima é de 2.400. Uma pontuação perfeita no exame é de 1.600, enquanto uma pontuação composta média no exame é de 1050.

com o estresse ao longo da minha vida, eles ainda estavam encontrando seu caminho.

Percebi que meu trabalho, como mãe, era duplo. Como uma das duas pessoas que mais os amaram neste mundo, eu queria ajudá-los nesse período, apoiando-os em pequenas coisas. Não aderi ao pensamento escolar que diz que, se eles podem fazer isso sozinhos, eles devem fazê-lo. Fiquei mais do que feliz por fazer pequenas coisas para diminuir a pressão. Entretanto, muito mais importante, eu precisava mostrar a eles o que eu tinha aprendido sobre como lidar com o estresse, desde os anos que eu ficava na cola deles. Pesquisas revelam que os adolescentes de hoje sentem mais agudamente o estresse do que seus pais, então ensiná-los a lidar com isso é uma parte crucial da parentalidade. Aqui estão as maneiras pelas quais eu tentei diminuir o estresse e ensinar lições que eles podem ser capazes de usar por toda a vida.

ENCONTRE UMA ZONA LIVRE DE ESTRESSE. Todo mundo tem um lugar onde pode tirar seu estresse, um lugar onde a pressão parece se aliviar, se não desaparecer. Os adolescentes podem não reconhecer seu lugar tão claramente. Para um dos meus filhos, era fazer trabalhos manuais; para outro, ouvir música; e, para o terceiro, lamento dizer, jogos de computador. Nosso trabalho como pais é reconhecer onde está esse lugar, se eles não podem percebê-lo e, de vez em quando — contanto que não seja destrutivo —, encorajá-los a fazer uma visita, quando o caminho se torna difícil.

LEMBRE-SE, ESTAMOS FALANDO SOBRE ESFORÇO, E NÃO SOBRE RESULTADOS. Os especialistas em esportes dirão que podemos dominar e controlar o processo, mas não o resultado. Qualquer bom treinador dirá que o foco deve estar na prática e no domínio das habilidades, não no resultado de um jogo. A cada exame no meio do ano e nos exames finais do ano letivo, um dos meus rapazes e eu tínhamos a mesma conversa. Ele perguntava se eu achava que ele estudava tanto quanto podia e devia. Eu reconhecia seu esforço, e depois nós dois concordávamos que o resto estava fora do seu controle e, por conseguinte, não seria discutido. Se ele se esforçasse e se dedicasse muito aos exames, eu cumpriria minha promessa de me calar. Isso foi muito mais difícil para mim do que parecia, mas fui bem treinada por um garoto que entendeu que os adolescentes precisam de elogios não pelo que eles conseguiram, mas pelo que eles se esforçaram para fazer.

AS PEQUENAS COISAS IMPORTAM. O helicóptero da parentalidade caiu. Ao nosso redor, ouvimos o grito de mobilização para que não façamos as coisas para os nossos filhos que eles são perfeitamente capazes de fazer por si mesmos.

A maior parte do tempo, eu fico pensando sobre isso. Mas, às vezes, a melhor maneira de ajudar alguém com estresse é tirar um pouco do seu peso. Fiz isso deixando meus filhos tomarem café da manhã no carro pela manhã, ou enchendo o tanque de gasolina que eles deixaram quase vazio. Fiz as mochilas da academia, quando se esqueceram de fazer na noite anterior.

Há duas maneiras de ver isso. Eu às vezes refletia sobre parar de mimar os marmanjos que estavam a meses de sair de casa. No entanto, também pensava, é assim que os adultos demonstram amor e cuidam uns dos outros, fazendo aquelas pequenas coisas que tornam o dia da outra pessoa um pouco mais fácil. Não era esse o tipo de comportamento que eu queria modelar? Não quero que eles saiam pelo mundo e tratem seus parceiros, amigos e uns aos outros com pequenas gentilezas para demonstrar amor e carinho?

Sim, eles são adolescentes e poderiam fazer isso sozinhos — e, com certeza, algumas dessas ações podem ser interpretadas como capacitadoras e, possivelmente, até mesmo incapacitantes, para os jovens que estão aprendendo a assumir responsabilidades. Mas a questão é esta: eles se afastarão em breve. E nossas oportunidades de fazer esses pequenos gestos que demonstram o nosso amor e apoio também desaparecerão.

ENSINE-OS A FALAR COM OS PROFESSORES. Muito do estresse escolar vem da preocupação com o que um professor pensa, quer ou espera. Muito da ansiedade é produzida pela suposição. Aprender a falar e a fazer perguntas a um professor, quer se trate de uma explicação sobre uma tarefa, uma revisão de uma nota ou um pedido de mais tempo, reduz o estresse. Você nunca poderá lembrar ao seu filho adolescente por muitas vezes que os professores gostam realmente de falar com os alunos. E que, embora falem com professores agora, mais tarde falarão com seus orientadores e patrões. Aprender a expressar suas preocupações para uma figura de autoridade é uma habilidade da qual sempre precisarão.

AS GULOSEIMAS FUNCIONAVAM QUANDO OS ADOLESCENTES ERAM PEQUENOS, E AINDA FUNCIONAM AGORA. Recompensas não são o mesmo que subornos; elas são simplesmente sua maneira de reconhecer o esforço que você vê um adolescente fazer, em razão de qualquer desafio que eles estejam enfrentando no momento. Seja uma recompensa como um café especial, quando pegá-los no trabalho ou na escola, ou uma oferta para pagar por algo pequeno que você sabe que eles estão desejando, a mensagem é que você aprecia seu esforço, apoia sua dedicação e gosta de vê-los sorrir.

NÃO FALE SOBRE O PASSADO E COMO ERA SUA VIDA QUANDO ERA ADOLESCENTE. Os pais gostam de recordar os seus anos de adolescência e lembram-se de que as exigências feitas aos adolescentes em uma outra época eram mais leves ou diferentes. Às vezes, nós nos enganamos achando que as exigências que nossos filhos agora experimentam não deveriam ser assim. Mas já não vivemos mais nos anos 1980 ou 1990, e os nossos filhos não podem viajar no tempo. Dizer aos adolescentes que não devem fazer o que, claramente, devem fazer, está longe de ser útil. Então, em vez de desejar um mundo que nossos filhos nunca conhecerão, devemos ajudá-los a aprender a viver em um mundo real, no qual eles vivem agora.

PROPORCIONE UMA ZONA LIVRE DE JULGAMENTOS. A pressão dos pares é permanente e penetrante; os adolescentes sentem isso todos os dias, simplesmente andando pelos corredores de suas escolas ou digitando em seus telefones. O lar é um verdadeiro alívio para os julgamentos reais ou imaginários que eles percebem. Embora eu seja a primeira a reconhecer que é impossível e, provavelmente, não é útil guardar todas as nossas opiniões para nós mesmos, as palavras de um pai devem ser cuidadosamente ponderadas, devido à carga de julgamento que muitos adolescentes experimentam em outras partes de suas vidas. Nosso lar e nossas famílias precisam ser um refúgio da ansiedade do mundo exterior.

O EXERCÍCIO FUNCIONA COMO UM FATOR ANTIESTRESSE PARA NÓS, E TAMBÉM PARA ELES. A menos que seu filho adolescente faça parte de uma equipe esportiva, a atividade física pode ser uma das primeiras coisas a ser deixada de lado à medida que as suas pressões por tempo aumentam. Mas tem de ser uma das últimas e, idealmente, não seria abandonada. O exercício é um hábito para a vida toda, que não pode começar demasiado cedo, e as pesquisas demonstram que seus benefícios para a saúde mental são substanciais.

FAÇA UMA PAUSA PARA DORMIR COM ELES. Retiro o que disse. Dormir é a primeira coisa a fazer; logo depois vem o exercício. Os adolescentes precisam dormir muito mais do que conseguem, e parte do problema é a incapacidade de planejar seu tempo e reconhecer que, no final da noite, eles simplesmente não reservaram horas suficientes. "Faço isso mais tarde, tenho muito tempo", é o refrão familiar que resulta em uma enorme privação de sono. Já tentou discutir sobre o sono às 23h, com um adolescente que ainda não terminou os trabalhos de casa? Não é bonito. Os adolescentes precisam ser lembrados de que o sono não é uma coisa que fazemos com o tempo que sobra, mas que, como qualquer outra atividade, deve ser feito com tempo suficiente em seus dias. A sua própria segurança depende de um sono adequado, uma vez que tem impacto em tudo, de dirigir a avaliar riscos. O Dr. Jess Shatkin, professor de psiquiatria e pediatria infantil e adolescente na Escola de Medicina da Universidade de Nova York, diz: "Uma boa noite de sono reduz comportamentos de risco entre adolescentes, permitindo um controle pré-frontal melhorado sobre os centros emocionais do cérebro."

LEMBRE-OS DE QUE HÁ 168 HORAS EM UMA SEMANA. ISSO É O SUFICIENTE PARA FAZER TUDO, COM PLANEJAMENTO. Para um adolescente que está estressado por causa da sua má gestão do tempo, é tentador agir como seus organizadores pessoais. Uma sugestão melhor é ensinar o planejamento para eles. Abra um aplicativo de calendário e mostre como 24 horas por dia, ou 168 horas por semana, realmente é tempo suficiente para fazer o que eles precisam — ou, se não, ajude-os a decidir quais planos precisam ser abandonados. Fale sobre o tempo que eles estão perdendo e como isso pode ser cortado de sua agenda. Estabelecer prioridades e descobrir quais atividades são mais importantes. Às vezes, comprometer suas demandas de tempo com um pedaço de papel ou calendário eletrônico lhes permite visualizar formas de lidar com suas responsabilidades e organizar o tempo para fazer as coisas de que gostam.

> *A ansiedade nunca se vai, nunca desaparece totalmente. Por muito tempo, pensei que chegaria a um ponto na minha vida no qual me livraria das preocupações. No ensino médio, pensava que esse ponto seria a faculdade. Agora que estou na faculdade, caio em um padrão de pensar que minha data de formatura vai trazer uma doce liberação das minhas ansiedades. Essa é uma forma perigosa de pensar. Nos meus 19 anos, percebi que esse lugar não existe. Haverá sempre prazos a cumprir, projetos a concluir, contas a pagar. Na verdade, à medida que você envelhece, a lista de coisas que causam ansiedade aumenta cada vez mais. A chave para lidar com isso não é trabalhar em direção a um lugar onde a ansiedade é inexistente — o objetivo é estar bem com o que você tem, onde você está e o com que você está fazendo. As preocupações estarão sempre lá, mas você pode desenvolver maneiras de impedir que controlem sua vida. E, para todos os pais com filhos que sofrem de ansiedade, lembre-os de sair daquele dormitório e não parar de dizer o quanto você os ama. Nunca admitiríamos, mas perdemos essa oportunidade todos os dias.*
>
> — RACHEL, 19

PARTE DA CULPA É NOSSA

De onde vem todo esse estresse? Uma parte dele vem de fora das nossas casas. Nossos filhos veem marcadores de sucesso e definem suas próprias expectativas com base nas mensagens externas que recebem. Outra parte vem das redes sociais. Quando cada pessoa que você conhece está tendo a vida mais incrível, divertida, exagerada e perfeita, é difícil não elevar as próprias expectativas para uma vida assim. Mas é hora de sermos honestos sobre o nosso papel, como pais, na criação ou exacerbação do estresse em nossos filhos — porque as expectativas deles também vêm de nós.

Se não conseguirmos dar uma boa olhada no espelho, estamos ignorando nossa própria responsabilidade pela pressão aguda que muitos de nossos filhos sentem. E, se não podemos ser honestos conosco, não podemos ser os pais que esperávamos ser. Uma advogada que virou escritora e mãe de três filhos, Helene Wingens analisa essa dinâmica carregada.

Gostaria de pensar que foi o descuido e não a falta de consideração que me levou a criar uma cultura de destruição das expectativas dos pais. Mas temos de escolher cuidadosamente as nossas palavras, especialmente as que dirigimos aos nossos filhos. Ao longo dos anos desenvolvi o hábito de dizer coisas aos meus filhos como: "Faça coisas grandiosas" ou "Será apenas mais um, garoto". Manifestei esses sentimentos em um esforço para demonstrar que tinha confiança nos meus filhos e nas suas capacidades. Também disse essas coisas com pleno conhecimento da pressão prejudicial que a sociedade exerce sobre os adolescentes para que sejam grandiosos em tudo o que fazem.

A pressão para a excelência é onipresente. Não apenas uma pressão para se sobressair em nome da maestria, mas para ser "o melhor", em nome do reconhecimento. Há pressão no campo desportivo, nas atividades extracurriculares e, certamente, nos meios acadêmicos. E muitas vezes desconhecemos o peso das expectativas que impomos aos nossos filhos.

Criar fenômenos musicais nunca foi a minha aspiração. Um dos meus filhos teve aulas de piano durante dois anos. Ele nunca praticou. Nunca me importei. Eu queria que ele simplesmente desfrutasse de uma hora de aula por semana. O meu objetivo era expô-lo ao piano, não torná-lo pianista. Depois de dois anos em que eu o arrastava para as aulas, enquanto ele lamentava como se estivesse sendo cozido em óleo quente, cedi a seu desejo de parar. Se me preocupava com o abandono em série das atividades? Às vezes, mas não muito.

Eu estava igualmente pouco entusiasmada com os esportes. Eu achei que tinha dado sorte de meus filhos terem declarado desde cedo, muitas vezes, que nunca seriam exímios atletas. Outros pais me diziam, em tom sinistro, que, se eu não colocasse meu filho para jogar futebol aos três anos, suas "habilidades com os pés" sofreriam uma defasagem, bem como sua capacidade de competir com os outros garotos. Eu não me importava; se eles optassem por praticar um esporte, seria para aprender a fazer parte de uma equipe e fazer um pouco de exercício — nada mais.

Mas o ambiente acadêmico era diferente.

A escola era o nosso lugar preferido, e fui seduzida pela histeria das melhores notas, melhor escola, melhor emprego e melhor vida. A cada boa nota que recebiam, reafirmava aos meus filhos a minha convicção de que estavam destinados à glória.

E, depois, veio o dia em que o meu filho me perguntou ansiosamente: "Mas e se eu não fizer grandes coisas com a minha vida? E se eu me tornar advogado?" Percebi então que não fazia ideia de como as minhas palavras tinham sido insidiosas. Tinham tido um impacto, mas não como eu pretendia. Para meu filho, as palavras que eu tinha dito, tão arrogantemente, criaram uma expectativa parental, uma que ele sentia claramente que não poderia atender.

É por isso que já não digo aos meus filhos que espero grandeza deles, e já não lhes sugiro que ateiem fogo no mundo. Na verdade, não faço ideia do que o futuro deles trará.

Em vez disso, digo que tenho as seguintes expectativas:

Espero que você trabalhe com dedicação e aproveite as oportunidades que a vida lhe der. Espero que você falhe, mas, quando fizer isso, que se levante e se arrisque novamente — porque o sucesso é uma questão de encadear mais dias bons do que ruins, e a única maneira de fazer isso é esperar e aprender com os ruins. Espero que você valorize a bondade acima da grandeza, e que seja gentil e atencioso com todas as pessoas. Nesse sentido, espero que desenvolva seu lado filantrópico, mesmo se achar que não tem recursos para isso.

Espero que você aprenda por causa do conhecimento, que jogue por causa da alegria, que doe tempo e dinheiro para o bem dos outros, e que faça tudo para atender às próprias expectativas, e às de ninguém mais. De fato, amar e ser amado é a minha maior expectativa para você e a minha maior esperança.

EQUILÍBRIO DA VIDA ESCOLAR

Lori Stratton vive o debate sobre "equilíbrio da vida acadêmica": ensina literatura inglesa AP [Advanced Placement, equivalente a uma especialização de ensino médio para alunos com notas altas] e é mãe de um rapaz e de duas moças, já adultos, então ela vê a pressão que nossos adolescentes enfrentam tanto na escola quanto em casa. Ela escreveu este artigo quando uma de suas filhas era sênior do ensino médio na mesma escola em que Stratton trabalha.

Como pais, queremos o melhor para os nossos filhos. Assim, quando os incomodamos com a obtenção de notas mais altas e quando perdemos o sono à noite, preocupando-nos com os resultados dos testes, atividades extracurriculares, horas de serviço comunitário e todo o processo de admissão na faculdade, isso decorre da melhor das intenções dos pais.

Como professora do ensino médio, vejo o peso de todo esse estresse parental, social e da escola nos rostos dos meus alunos de sucesso, todos os dias. E, como mãe, luto contra a vontade de pegar meus filhos nos braços, oferecer biscoitos fresquinhos com leite e colocá-los para tirar uns cochilos tão necessários.

Hoje em dia, os alunos do ensino médio estão sempre estressados, por vezes ao ponto de se esquecerem de que ser adolescente pode ser divertido. A vida para os adolescentes se tornou complicada, em razão do aumento das taxas de matrícula na faculdade, do desemprego assustador, das expectativas criadas pelas redes sociais e do excesso de atividades urgentes que exigem sua atenção. Como podemos ajudá-los a amenizar isso e a desfrutar dos últimos anos em casa? Como podemos enviar-lhes uma mensagem de que a vida deve ser saboreada e não conquistada?

Não entendi totalmente a extensão dos fatores estressores na vida dos adolescentes até que meus próprios filhos chegaram ao ensino médio. Então, finalmente tive a oportunidade de ver a vida dos adolescentes sob três dimensões. Meus próprios filhos não só enfrentaram estresse no ensino médio por causa de aulas, notas, esportes e atividades, como também tiveram o estresse adicional de manter uma vida social bem-sucedida e fazer com que parecesse, pelo menos nas redes sociais, que eles estavam dando conta.

Raramente, chegavam em casa a tempo do jantar, porque os treinos ou o trabalho atrapalhavam. Eles ficavam acordados até tarde da noite, estudando para um teste ou escrevendo um artigo, totalmente cientes do fato de que seus pais não podiam pagar 100% de suas despesas de faculdade, e as bolsas de estudo eram bem-vindas.

Nas raras noites em que não havia dever de casa, tinham que escrever para namoradas e namorados, tuítes, editar fotos do Instagram. Raramente chegaram perto de dormir o suficiente.

Este ano, quando minha filha mais nova se sentar na minha sala de aula sênior de Literatura AP, sei como tanto seus amigos quanto ela serão afetados quando eu designar um ensaio ou agendar um teste. Eu me sinto dividida entre saber o que preciso fazer como professora para preparar esses alunos para a faculdade, e o exame AP no final do ano, e não querer ver as mandíbulas dos meus alunos tensas e seus olhos ficando nublados quando o acúmulo de obrigações em suas agendas já está transbordando.

Enfrento o mesmo problema ao dar as notas ao trabalho dos alunos. Se um ensaio merece 82%, hesito antes de pontuá-lo, entendendo totalmente que essa nota fará com que o aluno se pressione para nunca tirar menos de 92%. Mas analisar literatura é difícil, e 82% é uma boa nota para os alunos apenas aprenderem essa habilidade. Então, como professora, o que faço?

Tento convencer meus alunos de que as notas não são tão importantes quanto sua saúde mental ou dormir o suficiente à noite. Discutimos como as notas nunca, jamais, os definirão. Digo a eles que as notas "B" são perfeitamente aceitáveis, e alcançar o equilíbrio na vida é o que realmente leva à felicidade. Mas vejo o ceticismo em seus rostos.

Todos a seu redor contam histórias de como é difícil entrar na faculdade, como é difícil pagar por ela, e como é difícil encontrar um trabalho significativo e bem pago após a formatura. E, depois, há os seus pais, que perdem o sono à noite, acrescentando o custo das mensalidades e do alojamento e alimentação nas suas cabeças, aumentando inadvertidamente a pressão. Muitas vezes ouço meus alunos dizerem: "Mas os meus pais esperam que eu tire uma nota A."

Talvez, como pais, possamos refletir e ensinar para os nossos adolescentes o que é uma vida equilibrada. Tenho que me autoanalisar. Se a minha filha chega em casa para jantar, uma rara ocasião, dada a sua agenda, tenho de pôr de lado qualquer trabalho que tenha planejado. Em vez disso, preciso passar um tempo ouvindo-a, rindo com ela e demonstrando como os adultos bem-sucedidos passam o seu tempo livre. Isso é difícil, quando eu poderia preencher meus dias e noites com trabalho.

Mas devemos isso aos nossos adolescentes, não devemos? Afinal, todos os pais que conheço querem que o filho seja feliz. Entretanto, muitos dos nossos adolescentes não estão felizes, em razão da quantidade de estresse e fadiga que sentem. Talvez, em vez de perguntar sobre sua nota do teste, possamos perguntar sobre sua banda favorita ou que filme ele quer ver. Não é fácil.

Estamos preparados para ser empreendedores e para criar empreendedores.

Estaremos junto desses jovens interessantes e criativos em nosso cotidiano por um curto período de tempo. Vamos dar permissão uns aos outros para desfrutar deles e do nosso tempo juntos. Vamos perceber que médias curriculares, uma grade curricular cheia de atividades extracurriculares e cartas de admissão na faculdade não são o único ponto de vista para uma vida bem-sucedida e feliz.

É TUDO QUESTÃO DE CONEXÃO MENTAL

Entender nossos adolescentes, e sua ansiedade e felicidade, é entender sua cabeça. Há muitas coisas que presumimos, incorretamente, sobre como eles pensam e funcionam. Nós ultrapassamos nosso próprio pensamento ou tentamos, com certo sucesso, lembrar nossa adolescência. A Dra. Frances Jensen, presidente do departamento de neurologia da Faculdade de Medicina da Universidade da Pensilvânia e mãe de dois jovens adultos, diz: "O cérebro adolescente não é apenas um cérebro adulto com menos milhas. É uma época paradoxal de desenvolvimento. Eles são pessoas com cérebros muito afiados, mas que não sabem bem o que fazer com isso. Os adolescentes não são, de fato, uma espécie alienígena, apenas uma espécie incompreendida."

Em *The Teenage Brain: A Neuroscientist's Survival Guide to Raising Adolescents and Young Adults* ["Cérebro Adolescente: O Guia de Sobrevivência de um Neurocientista para a Criação de Adolescentes e Jovens Adultos", em tradução livre], Jensen e a coautora Amy Ellis Nutt lembram aos pais que o processo de amadurecimento é longo: "O cérebro dos jovens continua a ser fisiologicamente moldado pelo ambiente bem depois dos 20 e poucos anos."

Perguntamos a Jensen sobre os desafios de ter filhos no ensino médio e superior, e como orientá-los melhor durante esses anos de crescimento turbulento, mas maravilhoso.

P: Os adolescentes, muitas vezes, se tornam monossilábicos, recusando-se a elaborar ou oferecer muita informação. Para os pais, isso pode ser assustador. Há algo que possamos fazer para envolvê-los em uma conversa real e significativa? Como podemos discutir as coisas difíceis quando eles não compartilham muito?

R: Quanto mais tempo você passa com seu filho, mais ele ficará indiferente a você e resistirá em se abrir. Não transforme seu lar em um lugar onde o seu filho chega da escola, come um lanche e se tranca no quarto o resto da noite. Esse é, infelizmente, o retrato de uma família moderna muito típica. Tenha com eles, regularmente, horários para as refeições ou para outras atividades familiares. Dessa forma, haverá interação. Deixe-os ver quem você é. Eles o observam, então deixe-os ver você cometer erros.

Estar juntos no carro é maravilhoso porque, felizmente para meus filhos, não há contato visual. Você está dirigindo e eles estão no banco do passageiro, e você pode iniciar as conversas que seriam desconfortáveis cara a cara. Na verdade, uma das minhas partes favoritas do processo de pesquisa da faculdade era fazer viagens com meus filhos. Durante uma viagem de várias horas, de carro, você chegaria ao fundo de um monte de "coisas".

Converse com seus filhos sobre como eles ainda não fazem um julgamento rápido. Duvido que haja um único adolescente que não tenha tido um ou dois eventos em que os pais tenham dito a eles depois: "Está brincando? Você é um aluno nota 10, o que aconteceu?" Não que os adolescentes não consigam raciocinar sobre a pergunta, mas eles não têm acesso ao julgamento rápido em seus lobos frontais como fazem os adultos. A atividade do cérebro deles não funciona com rapidez suficiente, para dizerem a si próprios: "Ah, é melhor não fazer isso." Eles correm o risco e depois percebem que não deviam ter feito isso. Aponte esta fraqueza e peça-lhes que tentem pensar duas vezes no futuro.

Eles estão passando por uma fase, que é natural. Mas chame a atenção para a desvantagem de correr riscos que podem causar excesso de estresse e lesões cerebrais. Mostre a eles as estatísticas e fatos, em vez de raiva e ordens. Eles adoram estatísticas! Conversei com meus filhos sobre exemplos tristes de más influências, mortes e suicídio, e mostrei o que deu errado. Eu uso esses exemplos trágicos em nossa comunidade para lhes dizer: "Deus está com vocês, mas tenham cuidado."

P: Quais são os assuntos específicos que precisamos discutir com nossos adolescentes antes de eles irem para a faculdade e saírem sozinhos?

R:

- Drogas ilícitas: Uma droga como a *cannabis* pode baixar o QI de um adolescente se ele a fumar diariamente, por isso fale com os seus filhos sobre a frequência e os padrões de dependência. As drogas como Molly/Ecstasy também podem causar danos cerebrais significativos, o que é especialmente verdadeiro no início dos 20 anos. Como o cérebro está mudando e os jovens adultos têm mais receptores para essas drogas, há mais potencial para danos graves.

- Excesso de álcool: Seu filho adolescente tem apenas um cérebro que ainda está crescendo. O consumo excessivo de álcool pode causar morte celular no cérebro de um adolescente em um nível que só causaria uma intoxicação em um adulto.

- Estresse: O estresse pode interferir na aprendizagem. Com o controle do impulso sendo fraco, na adolescência, eles precisam ter cuidado com o que eles se expõem em termos de situações prejudiciais que podem causar estresse.

- Psicopatologias: Esse é o momento da vida em que a depressão, esquizofrenia e surtos psicóticos podem começar a ocorrer. Esteja alerta aos sinais, como o aprofundamento das mudanças de humor dos adolescentes, mudanças nos hábitos alimentares ou de sono, perda de interesse em ver amigos ou participar de atividades que eles gostavam anteriormente, e a tendência a correr mais riscos ou extrapolar com mais frequência. Mantenha-se perto ao seu filho. Discuta a saúde mental com seus adolescentes para que eles possam reconhecer melhor os problemas em si mesmos ou em seus amigos e obter a ajuda de que precisam.

- Machine learning: A faculdade é o melhor momento em sua vida para aprender, e essas habilidades diminuirão com o tempo. Esta é uma das últimas chances que eles têm de memorizar as coisas tão facilmente, tão *carpe diem*! É uma idade de ouro para eles. Eles obviamente vão se divertir, mas diga a seus filhos que a faculdade é uma chance de se prepararem para o futuro e dar a volta por cima. Se eles foram estudantes medianos no ensino médio, podem se tornar estudantes nota 10 na faculdade. É um momento em que nossos filhos podem trabalhar nos pontos fortes e fracos, e eles devem reconhecer que têm um poder que não terão mais tarde na vida.

P: Enquanto nossos filhos vivem sob nossos tetos, temos um assento na primeira fila para observar cada mudança, tanto física quanto comportamental. Mas, depois de os deixarmos no dormitório dos calouros, essa visão é limitada. Quão conectados devem estar os pais durante os anos de faculdade?

R: Tentem ficar conectados o suficiente, mas não como pais superprotetores ou dominadores, o que pode levar seu filho a ter uma sensação de desamparo permanente. A alienação é um problema se aumentar a partir de uma má relação entre pais e filhos. Estar zangado ou julgar mal o seu filho ao projetar uma capacidade adulta sobre ele é uma receita para o desastre, em alguns casos. Não seja aquele pai que fica tão bravo com o afastamento da relação. Reconheça que seu filho adolescente está passando por um estágio natural. Eles não estão sempre tentando ser irritantes!

Mas tente manter-se ligado. Ser o pai que telefona, aparece no fim de semana, envia kit de cuidados. Se eu sentisse que estava perdendo o controle do meu filho porque ele não fez o check-in, eu estaria no campus da faculdade dele para uma visita. Por mais embaraçoso e bobo que você pareça para eles, você está fazendo o esforço, e isso é realmente importante.

P: Você discute os perigos da bebedeira para os cérebros jovens. Mas se só tivermos uma chance de dizer aos nossos filhos alguns motivos para eles *não* abusarem do álcool, quais seriam eles?

R:

- A faculdade é um momento de aprendizagem. A sociedade está pedindo aos adolescentes que usem esse tempo em suas vidas para aprender. Há plasticidade sináptica no cérebro do adolescente que permite que ele se sobressaia no aprendizado, mas o álcool pode desfazer o aprendizado diretamente.
- O álcool perturba os padrões de sono, e a privação de sono resulta na sua incapacidade de trabalhar com o seu potencial. Você está se preparando para a pior semana que virá quando bebe em excesso no fim de semana.
- O álcool diminui o controle do impulso, o que pode levar a comportamentos extremamente arriscados.
- A mesma quantidade de álcool tem um efeito maior em um jovem do que em um adulto. Os adolescentes são excepcionalmente vulneráveis aos seus efeitos. A toxicidade do álcool em adolescentes é mais suscetível a causar lesões cerebrais, porque um adolescente tem mais sinapses, que são mais afetadas pelo consumo excessivo de álcool do que os cérebros dos adultos.

P: Alguma análise final sobre o cérebro adolescente?

R: Por um lado, o cérebro adolescente oferece grandes vantagens, mas, por outro, vulnerabilidades não percebidas e muitas vezes não reconhecidas.

O cérebro é o último órgão do corpo a amadurecer, o que é feito em meados dos 20 anos. É mais vulnerável nessa janela da adolescência por causa de seu estado subdesenvolvido — incluindo o lobo frontal (estabelecimento de julgamento), que não é tão acessível aos adolescentes quanto aos adultos.

Os adolescentes têm uma elevada capacidade de aprendizagem, e as suas sinapses cerebrais estão funcionando a níveis mais elevados, o que é excelente e explica por que podem aprender tanto nesse período. No entanto, o vício é outra forma de aprendizagem e, portanto, eles são mais suscetíveis aos efeitos negativos das substâncias ou do estresse.

Como você trata seu cérebro agora terá um impacto duradouro sobre o adulto que você vai ser. Na medida em que você possa conter alguns dos riscos inerentes a esse período, será como prezar pelo seu eu futuro.

QUANDO SIMPLESMENTE NÃO SABEMOS

Mesmo quando tentamos entender nossos adolescentes pensando em como seus cérebros funcionam, sabemos que seu impulso pode ser nos enganar, escondendo de nós o que eles não querem que vejamos. A depressão e a ansiedade dispararam entre adolescentes e jovens adultos e, embora poucos de nós queiram que nossos filhos sofram sozinhos, mesmo os pais que são profissionalmente treinados e próximos a seus filhos podem perder os sinais de seu sofrimento. Na história a seguir, uma mãe, médica, nos mostra um olhar sobre a dor que seu filho estava sofrendo silenciosamente, e a dor correspondente que ela sentiu quando descobriu.

Agora estou confiante de que o sofrimento físico é real — ele existe. Devo admitir que tive minhas dúvidas até um ano atrás, quando perguntei ao meu filho, brincando, o que escondiam os curativos em seu braço, e ele me olhou com lágrimas nos olhos. Naquele instante, algo dentro de mim se quebrou, deixando um doloroso buraco aberto — que, com angústia, eu não podia, por mais que tentasse, amenizar.

Ficar sozinha com meus pensamentos era um convite às lágrimas, e tal autoavaliação, invariavelmente, questionava minha capacidade de ser uma boa mãe e me declarava um fracasso. Como eu poderia ter passado a maior parte da minha vida adulta tentando impedir que o mundo ferisse meus filhos, para depois ver meu filho — meu filho lindo, engraçado, inteligente — se ferir? Como ele poderia ter ficado tão profundamente desanimado que a sensação de cortar o próprio corpo foi o único alívio que conseguiu achar? Regressei frequentemente à mesma pergunta assombrosa... "O que eu perdi?"

Nossa família sempre me pareceu uma árvore velha e gigantesca, com uma base ampla e estável, segura e firme. As folhas coloridas lembraram as nossas múltiplas boas fortunas e sucessos, embelezando a base sólida. Eu adorava observar cada ano enquanto as folhas mudavam de cor e flutuavam suavemente até o chão quando o inverno se aproximava; eu estava seguro no conhecimento de que, por mais que nossas vidas evoluíssem, nas próximas estações as árvores se renovariam com mais folhas, igualmente vibrantes, refletindo o florescimento de nossa família. Mas, naquele ano, quando o outono nos envolveu, vi apenas a escassez de folhas, cada uma caindo e removendo com ela um pequeno, mas definitivo, segmento do todo, deixando uma casca do brilho que estava presente, o que parecia um momento fugaz anteriormente.

Passei a melhor (ou pior) parte dos meses subsequentes com imagens passando pela minha mente — meu filho quando criança na praia posando para fotografias, enquanto segurava seu amado martelo de plástico; ele sentado orgulhosamente no meio de sua intrincada escultura de areia; ele alegre e espontaneamente cantando uma canção de amor feita para sua irmã mais nova; ele rastejando na cama comigo para se aconchegar. Havia tanto prazer; para onde tinha ido aquele rapaz?

Tentei, desesperadamente, compreendê-lo. Ansiava por ajudá-lo. Conhecendo a profundidade da minha agonia, eu só podia imaginar como seu sofrimento deve ter sido intenso — eu estava triste, profundamente triste, mas este não é o mesmo demônio da depressão. Procurei no Facebook, no Snapchat, em qualquer rede social disponível, com a esperança de ter um vislumbre dele com um sorriso ou, pelo menos, para ter provas de que estava intacto por mais um dia. Enviei-lhe perguntas triviais e suspirei de alívio quando respondeu, e entrei em pânico quando hesitou; será que estava ocupado com a autolesão intencional naquele momento? E se essa fosse uma situação definitiva, e nem ele nem eu voltássemos a viver a paz? E como essa experiência impactaria no seu futuro — a promessa de um jovem talentoso, charmoso, confiante e capaz? Ele estava permanentemente arrasado? Ele se apegou a um padrão inatingível e, portanto, estava fadado a falhar?

As respostas às minhas perguntas eram poucas e distantes. Meu filho, felizmente, havia buscado a orientação de uma irmã mais velha, que sabiamente o orientou para a ajuda profissional antes de meu marido e meu conhecimento da situação. Com a medicação e a terapia, em um ritmo lento e meticuloso, ele se fortaleceu gradualmente, e seu comportamento autoagressivo foi eliminado e sua depressão ultrapassada. Ele agora tem uma nova existência "normal". Estou perpetuamente preocupada que seu equilíbrio pós--depressão seja precário, e que uma nota inferior ao esperado, um insulto pessoal ou um relacionamento terminado o atire em um precipício. Tenho medo de que nem ele nem eu possamos identificar os sinais de recorrência cedo o suficiente para evitar uma repetição da atuação; observei essa tragédia uma vez, fiquei grata pelo acontecido e não tenho nenhum desejo de revisitá-la.

Compartilho minha realidade porque a depressão em jovens adultos está aumentando em todos os grupos demográficos norte--americanos, e muitas vezes é difícil de reconhecê-la. Os efeitos são devastadores, não só para o indivíduo, mas também para familiares e amigos. De alguma forma, a depressão infiltrou-se na nossa unida e comunicativa família, cobrou seu preço e deixou as suas cicatrizes; fui apanhada de surpresa e tornou-se claro para mim que nenhum de nós está imune. Tive a sorte de tanto o meu filho como eu termos obtido um alívio da dor com que lutamos para conviver. Quando a primavera seguinte chegou, a minha própria árvore começou a prosperar novamente. Estou aliviada, mas sei que serão muitos anos antes que eu possa outra vez apreciar, confortavelmente, a beleza que eu vi uma vez no outono.

A PERFEIÇÃO É UMA TEMPESTADE PERFEITA

Enquanto crescíamos, não precisávamos ser perfeitos. Ninguém esperava isso de nós, nem nunca nos ocorreu. Perfeito, por definição, era o que nunca se poderia alcançar. Mas montanhas de pesquisas mostram que não só nossos adolescentes e jovens adultos são assombrados pela expectativa da perfeição, como também se sentem duramente julgados pelos outros se não conseguem alcançá-la. Espera-se que sejam estrelas acadêmicas, que tenham currículos parecidos com aqueles que viveram há mais de uma década e que, ao mesmo tempo, mantenham uma vida social próspera, exibida nas mídias sociais para todos verem. E espera-se que façam tudo parecer fácil. Perfeição sem esforço.

As redes sociais fazem de sua vida um livro aberto, cujas páginas precisam ser administradas para mostrar selfies impecáveis e revelar uma sequência interminável de atividades que alimentarão a inveja de seus seguidores e amigos. Ao mesmo tempo, é uma lembrança incessante das festas para as quais não foram convidados, das roupas pelas quais não podem pagar ou de lugares que nunca poderão visitar.

Adolescentes passam a acreditar que a perfeição é possível, afinal, eles a veem online todos os dias, e ninguém discorda disso. E não há descanso no impulso para a perfeição, nenhum momento em que ele termina, se desliga ou simplesmente não tem mais importância. A pressão da perfeição é, certamente, a causa das lutas emocionais de alguns de nossos filhos, e psicólogos e pesquisadores nos dizem que nossas filhas lutam com isso ainda mais do que nossos filhos. Rachel Simmons, educadora, mãe e autora do *Enough As She Is: How to Help Girls Move Beyond Impossible Standards of Success to Live Healthy, Happy, and Plating Lives* ["Suficiente Como Sou: Como Ajudar as Meninas a Ir Além dos Padrões Impossíveis de Sucesso para Viver Vidas Saudáveis, Felizes e Blindadas", em tradução livre], analisa especificamente a pressão sobre as meninas para alcançar o sucesso. Em seu trabalho, ela descobriu que "as meninas têm que ser sobre-humanas: ambiciosas, inteligentes e motivadas, fisicamente aptas, bonitas e sensuais, socialmente ativas, atléticas, amáveis e amadas por todos". Ela explica que as mulheres jovens levam a mensagem de que podem fazer qualquer coisa para significar que têm de fazer tudo.

Na seção seguinte, Simmons oferece mais informações sobre por que as meninas são tão vulneráveis às pressões do processo de admissão na faculdade e o que os pais podem fazer para ajudá-las.

As meninas de hoje vivem um paradoxo doloroso: têm melhores notas e vão para a faculdade em maior número do que os meninos, mas superam os meninos em medidas de depressão, ansiedade, solidão e estresse. Em um momento em que nunca desfrutaram de mais oportunidades, a saúde mental das meninas atingiu o fundo do poço.

O que acontece? Parte da resposta está em um olhar mais profundo sobre a arena de admissões universitárias, na qual, à primeira vista, as meninas parecem ser campeãs. Mas no meu trabalho com meninas, pais e professores, na última década, vi algo muito diferente. No complexo industrial de aplicações universitárias, o sistema cruel que diz aos adolescentes que seu valor e potencial dependem da aceitação "certa" da faculdade, as meninas encontram um processo que explora vulnerabilidades que já trazem para a mesa: medo do fracasso, baixa confiança e o desejo de agradar.

"Se a vida fosse uma longa escola primária", disse a professora de Stanford Carol Dweck, "as meninas governariam o mundo". Ela quer dizer que o sucesso na escola vem daqueles que podem seguir as regras, esperar passivamente para falar e fazer o que alguém quiser que façam. Isso, é claro, é precisamente como a maioria das meninas são socializadas para se comportarem.

Embora esses hábitos deem às meninas uma vantagem na sala de aula e nos seus boletins, eles muitas vezes prejudicam o crescimento delas como indivíduos. À medida que absorvem o que significa ser uma "boa menina" culturalmente aceitável, elas aprendem a agradar os outros à custa dos próprios esforços. Preocupam-se mais com o que os outros pensam delas, do que com o que pensam de si mesmas. Tornam-se dependentes das opiniões dos outros, baseando sua autoestima na sua simpatia.

A necessidade de fazer tudo "bem" em suas relações, muitas vezes, se estende ao seu trabalho acadêmico e pode levar ao perfeccionismo incapacitante, ao medo do fracasso e à falta de resiliência diante dos desafios. Enquanto isso, uma sensação generalizada de que elas não são suficientes como são — de que devem ser mais inteligentes, mais bonitas, mais apreciadas e assim por diante — gera ressentimento e ciúmes entre seus pares, separando-as dos sistemas de apoio cruciais de que precisam para prosperar.

Para o bem dos pais durante esse tempo, é fundamental compreender as formas precisas como a mania de admissão na faculdade se cruza com a psicologia e o desenvolvimento das meninas. Esta seção explicará como e oferecerá estratégias para reforçar sua filha contra os elementos mais tóxicos que minam seu potencial.

A curiosidade, a vontade de fazer uma pergunta e ir aonde quer que as respostas a levem, é um elemento crucial da aprendizagem. Mas, no complexo industrial de aplicação universitária, a excelência é primordial. Cada tropeço "conta", como muitos estudantes lhe dirão, para sua candidatura à faculdade. Não surpreende, portanto, que a saudável prevenção de riscos no aprendizado — a disposição a entrar em uma situação na qual você não conhece o resultado — seja uma baixa imediata. No ensino médio, evitar o risco pode parecer como escolher não levantar a mão sem ter certeza de que tem a resposta certa; evitar uma classe em que não pode tirar menos de uma nota A; ou recusar-se a candidatar-se a uma faculdade onde há uma chance de você ser rejeitado. E, enquanto meninos e meninas são prejudicados pela pressão para superar a todo custo, a pesquisa mostra que as meninas não precisam mais de ajuda para evitar riscos saudáveis.

As diferenças de gênero, nesse domínio, são proeminentes. Uma metanálise de 150 estudos de James P. Byrnes e colegas constatou que os homens estavam mais à vontade para correr riscos em quase todas as categorias. A maior diferença entre homens e mulheres, nomeadamente, foi na assunção de riscos intelectuais.

As meninas precisam de apoio extra na tomada de riscos e se deparam com a mensagem de fazê-lo com segurança, a fim de entrar na faculdade. Tente perguntar à sua filha se ela sente pressão para escolher o sucesso em vez do desafio. Se ela se importar com isso, demonstre empatia e não julgue. Ela só deve estar fazendo o que acha que é necessário para sobreviver. Continua a fazer perguntas: Ela está fazendo essa aula ou atividade porque realmente quer ou porque sente que tem de fazê-la?

Se não houvesse pressão para entrar na faculdade, o que ela faria com o seu tempo? O que ela faria se não tivesse medo? O que importa mais para ela do que o sucesso? Comece uma conversa sobre o que ela valoriza em sua vida além da aceitação na faculdade.

Para encorajar sua filha na tomada de riscos saudáveis, recompense-a quando ela for corajosa. Faça um grande estardalhaço com isso em uma refeição, ou leve-a para um lugar especial para comemorar. Melhor ainda, arrisquem juntas e ensine pelo exemplo. Atire-se para uma situação com um resultado desconhecido. Cozinhe ou cozinhe algo novo, organize um jantar, brinquem de *escape room* ("escape da sala"). Aprenda uma nova habilidade. Faça algo que nunca tenha feito. Vivenciem uma aventura juntas e celebre a alegria singular que vem com provar a si mesmo que você é mais inteligente, mais corajosa ou mais firme do que você imaginava.

Quando ela falhar, ensine-a a celebrar os frutos do processo. Chamo isso de "benefício mínimo": qual foi a coisa mais simples que resultou disso? Se quisermos que as meninas resistam ao perfeccionismo, temos de afastá-las de um foco obsessivo no resultado e ensiná-las a apreciar a viagem — mesmo quando não acabe exatamente onde queríamos que acabasse.

No seu livro *Drive: The Surprising Truth About What Motivates Us* ["Percurso: A Verdade Surpreendente Sobre o que Nos Motiva", em tradução livre], Daniel H. Pink escreve que é mais provável que queiramos fazer algo quando "a alegria da tarefa [é] a própria recompensa". Isso é chamado de motivação intrínseca, e é o recurso mais precioso do aluno. Uma série de estudos concluiu que os estudantes intrinsecamente motivados são mais resilientes, menos ansiosos e deprimidos, e têm níveis mais baixos de burnout. Eles obtêm melhores notas e têm níveis mais elevados de bem-estar psicológico, para citar apenas alguns benefícios.

Mas quando suspeitamos de que alguém está tentando controlar nosso desempenho, por meio de motivadores extrínsecos — insinuando, oferecendo recompensas, ameaçando punições ou fazendo certos tipos de elogios —, nossa motivação intrínseca diminui. Não estamos fazendo por motivação própria; estamos fazendo por alguma coisa ou por outra pessoa qualquer. O sucesso no complexo industrial de aplicação universitária depende, em grande parte, da obtenção de recompensas externas, como boas notas e altas pontuações nos testes. Para muitos estudantes, a motivação para aprender é constantemente interrompida pelo medo do fracasso.

As meninas são mais vulneráveis a perder seu impulso intrínseco quando lhes é oferecida uma recompensa ou punição, dizem os professores Edward L. Deci e Richard M. Ryan. Como as meninas são socializadas por adultos para agradar os outros, tendem a se preocupar mais com o feedback de professores e pais.

Como observam Deci e Ryan, as mulheres "prestam especial atenção aos indícios de terem agradado ao avaliador, quando são elogiadas". Vários estudos mostram que as meninas apresentam resultados mais negativos quando são elogiadas de forma a encorajá-las a continuar a ter um desempenho de alto nível. Em um estudo, elogiar os alunos do ensino fundamental por suas características e habilidades fixas, como ser "inteligente" ou "agradável", minou a motivação intrínseca das meninas, mas não dos meninos. Outros estudos descobriram que enfatizar "valores extrínsecos", como boas notas, aceitação universitária e sucesso financeiro é particularmente prejudicial para o bem-estar das meninas.

Para ajudar as meninas a se reconectarem com sua motivação intrínseca, considere ajudá-las a encontrar um propósito em suas vidas. William Damon, da Universidade de Stanford, define propósito como a "intenção de realizar algo que seja ao mesmo tempo significativo para o eu e de consequência para o mundo além do eu". Objetivos podem incluir voluntariado, cuidar de animais, inventar um aplicativo ou iniciar um negócio. Quando você tem um senso de propósito, sabe que o que está fazendo é importante para você pessoalmente e por que isso é importante para o mundo. O propósito é a razão mais profunda pela qual perseguimos nossos objetivos diários. Pesquisas têm mostrado que os adolescentes com propósito são mais confiantes e confortáveis consigo mesmos e têm maior autoestima.

Quando você perguntar à sua filha sobre o dia dela, ouça sinais de empolgação sobre qualquer coisa dentro ou fora da sala de aula. O que a iluminou? Por que ela gostou de tal coisa? O que é que ela gostaria de fazer a seguir? Então, ofereça-se para ajudá-la a aprofundar seu interesse.

As diferenças de gênero na autocrítica intensificam-se na adolescência. As meninas tendem a ser mais autoconscientes, mais duras consigo mesmas e mais propensas a conversas negativas do que os meninos. Elas repensam seus contratempos e passam muito tempo se perguntando o que poderiam ter feito de forma diferente. Muitos interpretam "sem dor, sem ganho" como algo a infligir ativamente a si mesmos, sentindo-se certos de que bater em si mesmos os motivará a mudar e que, sem autocrítica, serão imobilizados e incapazes de realizar.

Pela lógica delas, você não pode seguir em frente, acumulando conquistas e construindo seu currículo, sem agredir você mesmo.

O problema, dizem os pesquisadores, é que, embora a autocrítica possa nos dar um chute rápido no traseiro, eleva os sintomas de ansiedade e depressão em longo prazo. Pense sobre a autocompaixão, uma característica identificada pela psicóloga Kristin Neff da Universidade do Texas em Austin: a prática de se tratar, quando você está em aflição, com a mesma gentileza como se tratasse os outros. A autocompaixão tem três componentes:

1. Autobondade: Trate-se de uma forma reconfortante e relaxante. Fale consigo mesmo de uma forma como um amigo próximo falasse com você nesta situação difícil.

2. Um senso comum de humanidade: Reconhecendo que todos os humanos são imperfeitos e cometem erros. Em vez de assumir que você é a única pessoa que está lutando (uma reação comum que leva a isolamento e vergonha), você conecta sua experiência com inúmeros outros que enfrentaram essa luta antes de você ou que a lutam agora.

3. Conscientização: Exponha como você pensa e se sente agora, no momento presente. Não negue o que está acontecendo, mas não faça isso fora de proporção, nem rumine (pensar demais) isso infinitamente.

A autocompaixão ajuda particularmente as meninas, por várias razões:

- As meninas tendem a ruminar seus problemas. Ruminação é definida como o pensamento repetitivo sobre as causas e consequências de um problema, em vez de uma solução. A atitude ruminante está associada à ansiedade e à depressão, bem como à diminuição das capacidades de resolução de problemas. A prática da conscientização para o ciclo ruminante e traz as meninas para o momento presente.

- As meninas tendem a sentir mais vergonha do que os rapazes. Vergonha é a sensação de que você é uma pessoa má (em oposição à culpa, a sensação de que você fez uma coisa ruim). Quando as meninas se sentem mal, duas coisas acontecem: elas tendem a se isolar dos outros e acreditam que são muito confusas ou más. O segundo passo para a autocompaixão — conectar-se com o senso comum de humanidade — pode retirar as meninas da vergonha, ajudando-as a resistir ao impulso de isolar-se. E a conscientização desencoraja pensamentos catastróficos, como: "Sou a pior pessoa do mundo", empurrando as garotas a pensarem no que é verdade no momento presente.

- As meninas muitas vezes interpretam e respondem ao fracasso de forma autodestrutiva. Estudos encontraram diferenças de gênero significativas nesta área: as meninas, por exemplo, tendem a ser mais "debilitadas" pelo fracasso. É mais provável que elas fiquem chateadas quando atormentadas com uma tarefa desafiadora e questionem suas habilidades. Também são mais propensas a interpretar um fracasso como um sinal de falta de capacidade. A questão aqui não é a capacidade em si; é como as meninas pensam e respondem diante do fracasso. A autocompaixão dá às meninas uma ferramenta cognitiva — talvez até mesmo uma arma — para combater o pensamento autodestrutivo que pode acompanhar o desafio e o fracasso.

A autocompaixão pode torná-la mais corajosa. Enfrentar um desafio difícil não é apenas o que se faz no grande momento assustador. O que você faz depois daquele momento — como você lida, não importa qual seja o resultado, — importa tanto quanto o resultado. Se você não sabe como falar consigo mesmo diante de um revés e deixa os erros o preencherem de vergonha, pensando demais e com um desejo de isolamento... bem, quem se daria ao trabalho de tentar ser corajoso?

Como acontece com a maioria dos comportamentos e traços de caráter, isso sempre ajuda a modelar o que você quer ensinar a seus filhos. Assim como nossos filhos imitam nossas palavras e frases, também aprendem nossa forma de interpretar e responder ao estresse.

Na próxima vez que compartilhar um revés ou pensamento autocrítico com sua filha, integre os três componentes da autocompaixão (ou, pelo menos, um deles) na conversa. Por exemplo, posso dizer à minha filha: "Estou muito zangado comigo mesmo por não ter conseguido o que queria. Mas tentei o máximo que pude, e havia outras coisas estressantes e demoradas com as quais estava lidando na época." Ao demonstrar uma forma saudável de responder às dificuldades, você oferece à sua filha um roteiro vital que ela usará de inúmeras maneiras ao longo de sua vida. E se você estivesse fazendo tudo errado? A parentalidade não é nada se não for humilde, e você tem o direito de mudar de rumo. Admitir em que você errou não comprometerá sua autoridade com seu filho; só ampliará a confiança e o respeito deles por você. Os erros o tornam real, e os adolescentes aceitam melhor pessoas autênticas e vulneráveis.

QUANDO NÃO É DEPRESSÃO

Achamos que sabemos quando os nossos filhos estão felizes. Nós os protegemos desde o momento em que eles começaram a gritar de alegria. Podemos realmente encarar a sua depressão ou ansiedade, mesmo quando eles vivem em nossas casas, e não a perceber? A resposta é: claro que sim. Talvez os nossos adolescentes estejam escondendo estes sentimentos dolorosos. Seus sintomas podem não se manifestar no que nós classicamente pensamos como sinais de depressão. Eles podem parecer apenas "adolescentes": mal-humorados, voláteis ou fechados. Sintomas de depressão em adolescentes podem incluir mau desempenho na escola, raiva ou agressividade, falta de concentração, ou mudanças nos padrões de alimentação ou sono — e podem ser facilmente não notados pelos pais porque se parecem com outros problemas.

Como muitos de nós, quando Tracy Hargen, escritora e mãe, olhou para seu filho, viu um estudante do ensino médio bem ajustado que estava gerenciando bem sua vida. Mas as suas três simples palavras saíram inesperadamente e chocaram-na profundamente.

Meu filho disse: "Mãe, podemos conversar?"

Cada mãe que já ouviu essas três palavras sabe que o que se segue é uma mensagem séria e possivelmente difícil para seu filho.

Essas palavras devem ser um aviso, uma chance para você se preparar para algo grande está prestes a ser dito. Então, quando meu filho entrou no meu quarto, fazendo uma pausa no estudo para as provas finais do seu primeiro ano, eu sabia que ele precisava de toda a minha atenção.

"Mãe, há uma coisa que preciso lhe dizer. Durante o último ano ou próximo a isso, tenho estado deprimido, seriamente deprimido.

Recentemente, estive conversando com a Sra. ___ na escola [uma professora que ele e eu adorávamos], e ela me encorajou a falar com você e com o papai. Na verdade, hoje ela insistiu. Disse que vocês ouviriam e que vocês eram os únicos que poderiam me dar a ajuda de que preciso — e eu realmente preciso de ajuda."

Vou ser honesta, não era isso que eu esperava. "Estou com dificuldades para estudar para esta prova final"; "Estou preocupado com o que vou fazer durante todo o verão para não ficar entediado"; "Estou exausto com tudo o que tenho para fazer"; "Estou estressado com o último ano e com a entrada na faculdade" — qualquer uma dessas coisas eu poderia ter enxergado. Mas não imaginei depressão.

Eu sei como é a depressão adulta — não consigo sair da cama, não consigo mais desfrutar das atividades ou amigos favoritos, fico triste, irritada e letárgica. E meu filho não apresentou nenhum desses comportamentos.

Eu trabalho em um escritório em casa que fica do outro lado do corredor do seu quarto, onde ele estuda e sai todas as tardes. Eu podia literalmente ouvi-lo dar gargalhadas de um vídeo engraçado a que ele estava assistindo, diariamente. Eu o vi interagindo com amigos, praticando esportes, envolvido com teatro, levantando-se todas as manhãs, bem cedo, pronto para sair.

Queria poder dizer: "Você não está deprimido; ouço você rindo o tempo todo. Não está esquecido, nós falamos e rimos a toda a hora. Levanta todos os dias cedo e parece ótimo." O que eu não sabia naquele momento era que a depressão adolescente se mostra de maneira diferente — ela pode se manifestar como sonolência, apatia, nenhum sentimento por nada, uma escuridão que eles não entendem — mesmo que externamente pareçam estar bem.

O que eu sabia naquele momento era que ele falava sério e aquela conversa era muito difícil para ele. Meu marido estava treinando um time de lacrosse[3] e não estava em casa, então cabia a mim lidar com isso, e eu sabia que o risco era alto.

No fundo, na minha mente, eu também estava pensando no amigo cujo filho se suicidou. Um "típico rapaz norte-americano" no seu primeiro ano na faculdade. Um menino que amava a escola e seus amigos e era muito próximo de seus pais. Na verdade, os pais dele estavam na cidade — onde ele frequentava a faculdade — para um casamento. Um casamento que ele planejava ir. Um casamento em que ele prometeu à mãe a primeira dança. Falaram com ele horas antes de se suicidar. Ele estava otimista e feliz, e perguntou à mãe se ela levara as abotoaduras de que precisava para sua camisa de smoking, que estavam com ela. Eles falaram sobre o encontro no dia seguinte para que toda a família pudesse ir ao casamento, juntos.

Ficaram absolutamente chocados ao saber que poucas horas depois ele se suicidou.

Conhecendo esse rapaz e a sua família, e tendo dois filhos, isso me assombrou. Seu pai agora palestra nas faculdades — ele corajosamente compartilha sua história para ajudar os outros a entender o que sua família aprendeu sobre depressão, ansiedade e suicídio em jovens adultos. Eles criaram linhas diretas sobre o suicídio e estão salvando vidas, e acompanhei tudo o que eles compartilharam. Conversamos com nossos dois filhos sobre o que aconteceu com essa família e perguntamos se eles já se sentiram deprimidos. Nessa altura, ambos disseram que não.

Percebi, naquela noite, depois que meu filho perguntou: "Mãe, podemos conversar?", que era bem possível que meu filho feliz e sortudo estivesse se sentindo muito diferente por dentro.

Escolhi as minhas palavras com muito cuidado. "Lamento que esteja passando por isso, mas estou contente por ter me contado.

---

[3] N.T.: Lacrosse é um esporte de equipe, jogado com um taco de lacrosse, que tem uma rede na ponta. Os jogadores usam a cabeça do taco de lacrosse para carregar, passar, pegar e atirar a bola para o gol. É praticado principalmente na Costa Leste dos Estados Unidos e no Canadá, com origem nos povos nativos norte-americanos.

Muito obrigada por confiar em mim. Prometo que seu pai e eu o ajudaremos, você não está sozinho. Por favor, me conte. O que está sentindo, por que está deprimido?" Eu estava certa? Não sei, mas foi o melhor que consegui arranjar àquela altura e parecia ser o que ele precisava ouvir.

O que aconteceu foi que nós dois ficamos ali sentados enquanto ele compartilhava tudo. Estou dizendo, pensei que o conhecia por dentro e por fora. Ele era tão aberto conosco, e passamos muito tempo juntos — eu realmente pensei que saberia se algo tão sério estivesse errado com ele, mas eu não sabia. Ele omitiu tudo de nós muito bem, intencionalmente ou não, por isso fui apanhada de surpresa.

Naquela noite, ele falou de forma clara e articulada sobre como se sentia, o que estava passando e pediu ajuda. Falamos sobre opções. Eu conhecia uma terapeuta maravilhosa, que poderia vê-lo, e ele decidiria se ela era uma boa opção para ele (felizmente, ela foi). Concordamos que eu marcaria uma consulta para que ele fosse ao pediatra, para determinar se era necessária medicação, e lhe perguntei se eu poderia falar com sua professora para agradecer por apoiá-lo e orientá-lo a falar conosco. Assegurei a ela que o apoiamos completamente.

Faríamos o que fosse preciso para lhe arranjar a ajuda de que precisava. Eu disse a ele que poderiam ser necessárias algumas tentativas para encontrar os recursos certos, mas todos nós faríamos isso juntos — esse não era mais um segredo que ele tinha que manter dentro de casa. Ele estava tão visivelmente aliviado, que era como se um peso enorme tivesse sido retirado de seus ombros.

Quando seu pai chegou em casa, nosso filho falou com ele sobre nossa conversa e nossos planos. Nos meses seguintes nos encontramos com especialistas, fiz pesquisas sem fim para aprender tudo o que podia, e conversamos. Era difícil não entrar de vez em quando, perguntando: "Você está bem? Como se sente?" Eu precisava saber, mas não queria que ele se retirasse. Ele não era suicida, mas o filho do meu amigo estava na minha mente, e eu não queria perder nenhum sinal. Falamos honestamente sobre como ele estava e sobre o tratamento. Fizemos modificações até ele se adaptar da melhor forma.

Levou tempo, mas lentamente as coisas melhoraram.

Houve muitas vezes em que chorei, pensando por quanto tempo ele tinha sofrido sozinho. Chorei, pensando em como fui incapaz de perceber. Eu chorei imaginando o que poderia ter acontecido se ele não tivesse nos contado e não tivesse pedido ajuda. Eu chorei lágrimas de gratidão por sua professora — que me apoiou e insistiu para que ele nos dissesse. Chorei quando a professora me disse: "Falei para ele que eu podia ouvi-lo e entendê-lo, mas não conseguiria ajudá-lo. Disse-lhe que sabia que você o ouviria e que faria qualquer coisa para ajudá-lo." Ela terá sempre um lugar especial nos nossos corações.

Ele está na faculdade agora. Na orientação, todos os calouros fizeram um exercício chamado Querido Mundo — cada pessoa conta a sua história, em poucas palavras escritas com um marcador preto, em seus corpos. Eles ficam em pares e ajudam uns aos outros a escrever, enquanto compartilham a história pelas palavras. Então, eles fazem uma foto profissional para capturar o momento. Nosso filho nos enviou sua foto sem nos dizer o que ele escreveu — e, na foto, ele tem seu braço esquerdo ao lado e, com letras pretas, escrito "EU POSSO SENTIR A LUZ DO DIA" e, em sua mão aberta, as palavras "OUTRA VEZ".

Quando o vi, chorei — chorei por ver sua trajetória e porque ele está contando sua história para os outros, aberta e voluntariamente. Ele disse que esperava que, ao falar para outra pessoa sobre o que passou, pudesse ajudar. Ele ficou entusiasmado quando lhe perguntei se podia compartilhar a sua história. Disse-lhe que achava que podia ajudar outros pais que talvez não soubessem que os seus filhos estão sofrendo. Ele imediatamente disse: "Eu adoraria se você escrevesse sobre isso. Concordo plenamente que pode ser ótimo."

Aqui está o que aprendemos: fale abertamente sobre depressão e ansiedade; compartilhe suas experiências e incentive seus filhos a compartilharem as deles; ouça pistas verbais e observe os sinais de luta; pergunte a eles o que eles fazem para aliviar o estresse, e diga repetidamente que você está lá para ajudar, se eles precisarem de você.

E, por favor, conte a eles a história do meu filho e pergunte aos seus adolescentes se eles já se sentiram assim — adormecidos, como se nada importasse, como se houvesse apenas uma escuridão ao redor deles. A pesquisa que lemos mostra que falar sobre depressão e ansiedade não fará com que ela se manifeste em seu filho. Falar sobre isso traz à tona a questão e coloca palavras em seus sentimentos — é o primeiro passo para obter ajuda.

"Mãe, podemos conversar?"

"Sempre, a qualquer hora, dia ou noite..."

ENCONTRANDO AJUDA

Como vimos neste capítulo, os anos do ensino médio e da faculdade são uma época desafiadora para lidar com a depressão e a ansiedade. Como o Dr. Jess Shatkin, psiquiatra de crianças e adolescentes, explica em seu livro *Born to Be Wild: Why Teens Take Risks, and How We Can Help Keep Them Safe* ["Nascidos Para Serem Selvagens: Por Que os Adolescentes Correm Riscos e Como Podemos Ajudá-los a Mantê-los Seguros", em tradução livre]: "O prevalecimento de doenças mentais dispara durante a adolescência e o início da idade adulta. O transtorno depressivo maior afeta um em cada seis adolescentes, quando eles atingem 18 anos, e os transtornos de ansiedade afetam até 1/3 dos adolescentes de 13 a 18 anos."

Essas condições significam que nossos filhos às vezes precisam de ajuda profissional e precisam da nossa ajuda para encontrá-la. Enquanto a maioria dos especialistas recomenda os serviços de saúde mental no campus como o lugar para começar, cada aluno tem necessidades individuais. Pedimos à psicóloga clínica e autora de *Under Pressure* ["Sob Pressão", em tradução livre], Dra. Lisa Damour, que respondessem a algumas perguntas práticas sobre como encontrar os recursos certos.

P: Como posso encontrar um profissional?

R: Os centros de aconselhamento universitário são compostos de médicos bem treinados e experientes, que são excelentes no apoio aos estudantes universitários. Se seu aluno estiver enfrentando uma crise, esta deve ser a primeira parada. Os centros de aconselhamento oferecem consultas de acompanhamento, são gratuitos, têm médicos que estão ligados a recursos relevantes na faculdade, e sabem como colaborar com professores e administradores, se necessário, para ajudar os alunos que tenham atingido uma fase difícil.

Em geral, os centros de aconselhamento universitário são ótimos em fornecer apoio em curto prazo — geralmente, menos de dez sessões de aconselhamento — e não são projetados para oferecer psicoterapia contínua. Se for necessário um relacionamento terapêutico contínuo, você pode procurar por médicos da comunidade ao redor da faculdade do seu filho ou filha.

P: Como posso localizar um médico próximo?

R: Telefone para o centro de aconselhamento da faculdade! Todos os centros de aconselhamento universitário estão familiarizados com os recursos locais e ficam felizes em conectá-lo a eles. Ligue para o número principal, diga-lhes o que você está procurando, e você deve receber uma rápida ligação de volta, muitas vezes do diretor do centro de aconselhamento, com sugestões de médicos que são conhecidos pela faculdade como sendo excelentes em atender às necessidades dos estudantes universitários. Se quiser, você pode ligar anonimamente; não precisa revelar seu nome ou o do aluno, ao se conectar com o centro de aconselhamento. Como alternativa, use os próprios recursos para encontrar um terapeuta respeitável, que atenda perto de sua casa. Telefone para o pediatra do seu filho, para médicos de confiança nos arredores e para psicoterapeutas que conheça. Muitos médicos têm amplas redes nacionais e podem poupá-lo do trabalho de escolher um nome aleatório em uma pesquisa na web.

Ao procurar um psicoterapeuta, há algumas variáveis para seu filho universitário considerar, a fim de garantir uma boa adaptação. O seu aluno ou jovem adulto tem preferência por trabalhar com um homem ou uma mulher? A idade do médico é importante? E a orientação teórica do médico? Há muitas tradições dentro do mundo da psicoterapia, e diferentes abordagens se adequam a diferentes clientes. Aqui está um resumo:

- Psicoterapia psicodinâmica: Este tipo de psicoterapia tem uma abordagem aberta, de apoio e exploratória. A ênfase centra-se nos processos inconscientes, nas relações interpessoais e na compreensão das origens dos padrões repetidos e inúteis.
- Terapia cognitivo-comportamental: Esta vertente de psicoterapia é focada no problema e orientada para a solução. Concentra-se em como os padrões de pensamento e ação contribuem para o sofrimento psicológico, e como podem ser alterados para gerar alívio.
- Terapia dialética comportamental: Esta forma relativamente nova de terapia visa ajudar os clientes a desenvolver habilidades saudáveis para lidar com sentimentos difíceis. É especialmente apropriada para clientes que se voltam para comportamentos autodestrutivos — como beber demais ou prejudicar a si mesmos — quando estão angustiados.

Não se preocupe com as letras por trás do nome de um psicoterapeuta. A natureza do treinamento de pós-graduação de um terapeuta muitas vezes diz pouco sobre sua qualidade como clínico. Apenas certifique-se de que o médico é licenciado e de ser recomendado por uma fonte confiável.

P: E os especialistas?

R: Qualquer médico experiente deve ser capaz de ajudar clientes com depressão, ansiedade ou desafios em seus relacionamentos. Se você não tem certeza se um clínico será apropriado, você ou seu filho, seja universitário, seja jovem adulto, deve se sentir à vontade para perguntar aos terapeutas se abordam as preocupações em questão. Alguns desafios exigem um especialista em uma determinada área de tratamento. Se seu filho universitário estiver lutando contra o abuso de substâncias, um transtorno alimentar ou trauma, informe a suas fontes de referência.

P: Como funciona a confidencialidade?

R: Em geral, a psicoterapia é como Las Vegas: o que acontece por lá, fica por lá. Seu filho adolescente ou estudante universitário tem a opção de assinar um formulário de consentimento que lhe permitirá falar livremente com seu médico se você, seu filho e o médico o considerarem apropriado. Se seu filho optar por não assinar tal formulário, mas você achar que há informações urgentes que o médico deve saber, você tem uma opção: pode ligar para o terapeuta e deixar informações em uma mensagem de voz. Por causa da ética, o profissional não pode responder à sua chamada, nem mesmo reconhecer seu filho como um cliente. A maioria dos terapeutas, inclusive eu, alertaria o cliente para a chamada e abordaria a informação e a forma como a obteve, como parte da psicoterapia. Assim, você deve pesar cuidadosamente os custos e benefícios de fazer tal tipo de contato.

P: Posso acionar meu plano de saúde?

R: Aqui está uma resposta curta: depende. Para salvar a si mesmo, e a seu filho estudante ou jovem adulto, de alguns problemas, você pode começar ligando para seu plano ou seguradora para ver qual é a cobertura oferecida de profissionais nos arredores. Em geral, a cobertura do plano para psicoterapia é compartilhada com o consumidor: as seguradoras geralmente oferecem uma cobertura limitada, para um número limitado de clínicos. E os terapeutas que podem manter práticas dinâmicas sem acionar o plano (geralmente, os médicos mais qualificados e experientes) não têm nenhum incentivo financeiro para pertencer a eles. Se seus recursos financeiros forem escassos, pergunte aos médicos que não estão cobertos pelo seu plano se eles oferecem valores compatíveis com a sua renda.

Uma boa psicoterapia ajuda os jovens a construir sua independência, a aprender a cuidar de si mesmos e a considerar escolhas saudáveis e possibilidades que antes pareciam fora de alcance. Quando seu filho procura a psicoterapia, é um sinal de que as coisas estão indo na direção certa.

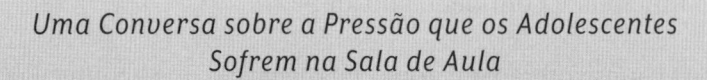

Uma Conversa sobre a Pressão que os Adolescentes Sofrem na Sala de Aula

Jess Burnquist ensina escrita criativa e inglês próximo a Phoenix, e reflete aqui sobre a pressão que os adolescentes enfrentam e o poder de deixar as crianças serem crianças.

Os meus alunos avançados de Literatura AP entravam na minha sala de aula exaustos, doentes ou ambos. Olhávamos uns para os outros durante alguns minutos.

Como mãe de dois adolescentes e professora de ensino médio, testemunho em primeira mão os efeitos sobre os alunos da nossa cultura de testes, nossa iniciação científica precoce, nossos caminhos competitivos para o ensino superior.

Mariah entrou na aula com os ombros e os olhos caídos. Ela estava exausta de ter trabalhado até as 11h na noite anterior.

Erick, nosso presidente do corpo estudantil, ainda estava se recuperando de uma convenção estadual onde contraiu gripe.

Kaila chegou à sala de aula e colocou seus livros no canto de sua mesa, dobrou seus braços e pousou a cabeça sobre eles — ela também tinha trabalhado na noite anterior e teve outro turno naquela tarde.

Quando o sinal tocou para meu turno começar, vários alunos se prepararam para fazer nosso teste semanal de redação prática de Literatura AP.

"Parem", instruí.

Os olhos de Jaylee arregalaram-se. Mia levantou as sobrancelhas.

"Por quê?", perguntou Kris.

Olhei para cada um dos meus alunos e decidi seguir meus instintos.

"É o terceiro trimestre", falei. "Esta é a época mais difícil do ano, não importa o nível de escolaridade, para os professores também, mas especialmente para os alunos mais antigos. Só quero saber como vocês estão."

Nunca esquecerei o que aconteceu em seguida.

Os alunos sentados nas cadeiras afastadas mudaram-se para assentos mais próximos da minha mesa. Mariah e Dani sentaram-se no chão perto de mim.

Erick sentou-se em sua mesa e anunciou que tinha acabado de ser aceito na NYU. Ele deu essa notícia como se estivesse pedindo um cardápio. Quando lhe perguntei o que achava de uma aceitação tão prestigiosa, ele respondeu que não sabia. Ele seria o primeiro da família a frequentar a faculdade.

"Nova York fica muito longe do Arizona. Ainda não tive tempo para pensar nisso", disse ele.

Reparei como os seus colegas de turma responderam às suas notícias com afirmações positivas, mas também muito gentilmente. Estavam sensibilizados.

"Vocês estão fartos de pessoas perguntando o que vocês farão depois do ensino médio?", adivinhei.

Eles responderam em um coro retumbante: "Sim!"

Nos 55 minutos seguintes, eu os ouvi. Permiti que compartilhassem seu estresse sobre não decepcionar os pais, sobre não poder pagar a faculdade, sobre querer sair do Arizona e ver o mundo, sobre as dificuldades nas aulas.

Eu os escutava docemente, provocando-os, e até permitia que eles usassem seus celulares para compartilhar seus vídeos favoritos.

Ri com eles. Quebrei as regras e os deixei comer seus lanches. Respondi às perguntas deles, que cobriam tudo, desde como eu era no ensino médio até como eu era como mãe dos meus dois adolescentes.

E foi mágico.

Acho que as provisões no currículo e na aceitação da faculdade devem levar em conta tudo sobre o aluno. Não apenas matemática e aptidão em dado idioma. Não apenas envolvimento extracurricular.

Eu gostaria que os professores pudessem ser consultados além de uma simples carta de recomendação de uma página sobre seus alunos. Gostaria que as faculdades e universidades tivessem tempo para entrevistar todos os candidatos.

Eu fui uma estudante mediana no ensino médio, mas realizei feitos extraordinários como professora e escritora. Já aos 18 anos, eu tinha uma noção das minhas possibilidades. Também sou idealista. Vejo potencial em alunos que foram excluídos porque não se enquadram na definição atual de histórias de sucesso educacional.

Minha classe AP é composta, principalmente, de estudantes que nunca fizeram curso de licenciatura. Sua melhoria tem sido notável. Talvez eles não passem no teste AP nesta primavera. Os números indicarão lacunas e áreas nas quais a compreensão falhou. Saberei o quanto esses jovens adultos estão prontos para contribuir com suas comunidades, para correr riscos com graça e humor, e o quanto estão entusiasmados para mudar o mundo. Eu saberei disso porque tirei um dia para simplesmente ouvi-los.

Quando o sinal tocou, no final de nosso período de 55 minutos de aula, observei com orgulho eles fazendo planos para o almoço e sorrindo enquanto juravam pôr as leituras em dia.

Principalmente, notei algo que venho procurando nos meus filhos, enquanto crescem — os elementos de maravilha infantil e alegria no comportamento dos meus alunos, quando se despiram de sua armadura para um período de aula e começaram a ser crianças novamente.

Não há nenhum aspecto sobre a criação de crianças e adolescentes que deixe os pais mais desamparados do que ver nossos filhos lutando com sua saúde mental. Muitas vezes, não sabemos qual é a gravidade do problema, que tipo de ajuda pode ser necessário e onde obter essa ajuda. Para agravar o problema, há o fato de os pais poderem sentir-se totalmente sós neste momento, como se o filho dos outros estivesse prosperando enquanto o seu está sofrendo. Esta é a fase da vida em que algumas formas de doença mental são mais prováveis de aparecer, e, como dissemos, é também quando temos menor contato com os nossos especialistas (professores, médicos) e com a comunidade de pais. Não queremos ser ingênuos sobre quão graves ou intratáveis podem ser os problemas de saúde mental, ou quão urgente pode ser obter ajuda profissional para um adolescente ou jovem adulto que pode não estar pedindo. Esperamos ter abordado algumas das maneiras que os pais podem entender quando seus filhos precisam de ajuda e como conseguir essa ajuda. Mas o que os pais nos disseram inúmeras vezes é que eles também precisam de ajuda, e o tipo de ajuda que eles muitas vezes precisam é o que outros pais — que estiveram em situações semelhantes e que conseguiram reverter — podem oferecer.

CAPÍTULO TRÊS

Saúde

De todas as transições pelas quais passamos com nossos filhos, entregar-lhes o cuidado da própria saúde pode ser o mais difícil. Até os 18 anos, temos sido os guardiões do seu bem-estar. Nós os levamos ao médico, preenchemos suas anamneses e dosamos os medicamentos sem prescrição.

Não há como fugir desse papel: a única vez que Lisa mandou seu filho de 17 anos para o consultório do pediatra sozinho, seu médico ligou rindo com a notícia de que Lisa teria que ir ao consultório — seu filho não podia autorizar o próprio reforço de tétano.

Mas depois chega o dia em que eles fazem 18 anos, e, em um único dia, a nossa responsabilidade jurídica passa totalmente para eles.

Embora a lei não permita que eles autorizem os próprios cuidados antes dos 18 anos, isso não significa que não possamos prepará-los para o dia em que isso acontecerá. O melhor momento para grande parte desse ensino e preparação são os anos do ensino médio, embora alguns deles, inevitavelmente, se espalhem para os primeiros anos longe de casa.

Aqui estão as quatro principais áreas temáticas que nossos adolescentes precisam entender quando se trata de sua saúde.

Para onde ir quando estiver doente? Quando nossos filhos eram pequenos, o pronto-socorro do hospital local era, provavelmente, o único serviço de saúde fora do horário comercial a que tínhamos acesso. Ao longo da última década, no entanto, os centros de atendimento de urgência surgiram como consequência natural do crescimento de consultórios médicos, hospitais e farmácias. Qual é o melhor recurso para usar em uma situação não crítica? Para uma dor de garganta, deve consultar a enfermeira que trabalha na farmácia ou o médico que trabalha com cuidados urgentes? Se você está sangrando e precisa de pontos, isso tem que ser feito em um pronto-socorro? Para ajudar seus filhos a responder a essas perguntas, compartilhe seu raciocínio com eles, enquanto ainda estiverem no ensino médio; explique as circunstâncias em que é melhor visitar um consultório, um centro de cuidados urgentes ou o pronto-socorro. Para os estudantes universitários, a resposta pode ser o centro de saúde do estudante, mas, mesmo assim, eles devem ter um plano de emergência, predeterminado antecipadamente, para quando ele estiver fechado.

Como saber quando se está doente? Precisamos conversar com nossos filhos sobre os sinais sérios de doença, que eles não podem ignorar. Um dos marcadores mais seguros da doença é, naturalmente, a temperatura interna do corpo. E, embora o processo pareça óbvio para os pais, nem todos os adolescentes sabem como ou quando medir sua temperatura. Como pais, sabemos que a febre não pode ser detectada apenas por nos sentirmos quentes ou com a pele pegajosa; em vez disso, os nossos filhos precisam saber que um termômetro é a única forma de determinar oficialmente a temperatura elevada. (E eles não devem ir para a faculdade sem um e o conhecimento de como usá-lo.)

A questão mais importante a abordar é quando procurar cuidados médicos e quando esperar. Decidir quando se deve ir ao médico é sempre um julgamento, e nossos adolescentes devem se sentir livres para nos chamar e consultar depois que se mudaram. Mas, enquanto isso, também é uma questão simples explicar por que os levamos ao pediatra: "Já se passaram dois dias, e a sua dor de garganta não melhorou" ou "Estou preocupado com a sua febre porque está alta, quero que um médico o veja".

O que tomar quando se está doente? Vá a uma farmácia, com uma dor de cabeça ou uma tosse, e a grande quantidade de remédios disponíveis o confundirá. Enquanto nossos filhos ainda estão em casa, nosso comportamento-padrão é dar-lhes a medicação que nós (ou seu médico) decidimos que precisam tomar. Cada vez que fazemos isso, no entanto, deixamos passar uma importante oportunidade de ensino. Lisa explica por experiência própria:

> Quando meu filho ficou doente no primeiro ano da faculdade, com um resfriado desagradável, foi até a farmácia mais próxima e comprou alguma coisa para seu nariz escorrendo e outra para as dores do corpo. Cada remédio era um composto multi-ingredientes, o que o fez telefonar para casa, algumas horas depois, relatando que se sentia tonto e enjoado. Quando perguntei o que ele tinha tomado, percebi que tinha consumido a mesma substância duas vezes, dobrando a dose adequada.
>
> Perdi muitos momentos em que poderia ensiná-lo, e esse foi o resultado infeliz. Comprar e tomar remédios de venda livre pode ser perigoso. Deveria ter levado os meus filhos comigo quando comprava medicamentos. Ter discutido seu uso e dosagem enquanto eles estavam no ensino médio, em vez de apenas dar-lhes o que precisavam tomar, e eu deveria tê-los alertado de que mesmo os medicamentos mais simples são perigosos por causa das complicações que podem resultar de suas interações.

Do que você precisa para ter acesso aos cuidados de saúde? A área de cuidados com a saúde que nossos filhos menos conhecem, geralmente, é a de seguros, históricos médicos e até mesmo sua própria história médica. Até agora, todas essas três coisas provavelmente eram invisíveis para elas. Nós, como pais, cuidávamos do plano, e os médicos deles tinham os registros deles. Mas, ao longo de seus anos de ensino médio, é importante que eles se familiarizem com seu próprio histórico médico (eles podem precisar se lembrar dele em uma emergência) e entendam como funciona sua cobertura de seguro. Eles precisam ter conhecimento sobre quaisquer episódios importantes de saúde médica ou mental, doenças crônicas, medicamentos que eles usam regularmente ou medicamentos aos quais podem ser alérgicos.

Isso é muita informação para um único verão antes da faculdade, e descobrimos que o processo de aprendizagem de cuidados de saúde é mais bem compreendido ao longo dos anos do ensino médio, como uma entrega de vários anos. No início dessa transição, temos um controle total sobre a sua saúde; no final, não devemos ter nenhum. Ao longo do caminho, porém, o nosso trabalho é dar cada vez mais responsabilidade aos nossos filhos.

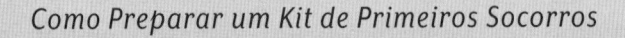

Como Preparar um Kit de Primeiros Socorros

Um kit de primeiros socorros é o básico de todas as listas essenciais para dormitórios. Você pode comprar um pronto, mas juntar e embalar os itens necessários você mesmo lhe dá a chance de falar com seu filho adolescente pré-universitário sobre uso adequado daquilo tudo. A seguinte lista de itens de primeiros socorros recomendados é incrivelmente abrangente — e com razão, afinal, foi compilado por Gretchen Sionkiewicz, na época mãe de um calouro, que trabalhava como imunizadora certificada, educadora sobre diabetes e farmacêutica registrada. "A farmacêutica em mim fez um kit de primeiros socorros e uma lista de suprimentos para meu filho, que coloquei em uma caixa plástica para ele", diz Sionkiewicz. "Parece uma tonelada de coisas, mas nosso filho está a 11 horas de casa. Também incluí uma folha de instruções sobre o que tomar/usar para cada tipo de doença e como fazê-lo com segurança." Quando os nossos jovens adultos ficam doentes longe de casa, as instruções da mãe ou do pai podem ser mais fáceis de seguir do que a letra minúscula da embalagem.

Aqui está a lista completa de Sionkiewicz, que pode ser usada como inspiração para preparar suprimentos para seu futuro calouro — e para ensinar seu filho a usar os medicamentos e tratamentos adequados, antes que saia de casa:

KIT GENÉRICO DE PRIMEIROS SOCORROS
Paracetamol (para febre/dor)
Ibuprofeno (para febre/dor/inflamação)
Bolsas de gelo instantâneas/bolsas de gelo reutilizáveis
Termômetro (procure a versão digital com uma ponta flexível; é preciso e durável)
Curativos de vários tamanhos
Pomada antibiótica
Creme de hidrocortisona
Creme e pó antifúngico
Gaze laminada
Compressas de gaze esterilizadas (2×2cm e 4×4cm)
Ataduras de vários tamanhos
Tesouras
Pinças
Cortador de unhas

Lixa de unhas
Álcool 70%
Água oxigenada (peróxido de hidrogênio)
Bálsamo labial
Vaselina
Adesivos para alívio da dor
Colírios lubrificantes
Lápis hemostático (para cortes de barbear)
Protetor solar
Repelente de insetos
Gel de aloe vera (para queimaduras e problemas de pele)
Creme para picadas de insetos
Gel anestésico oral
Spray desinfetante de primeiros socorros para cortes ou queimaduras menores
Solução salina para lavagem de feridas
Fita cirúrgica

TOSSE E RESFRIADOS

Não sou fã de produtos multi-ingredientes; eles geralmente são combinados com outros produtos com os mesmos princípios ativos, o que causa problemas. (No caso do paracetamol, os problemas podem incluir toxicidade hepática e overdose.) Listei descongestionantes, expectorantes, anti-histamínicos e analgésicos, separadamente, porque qualquer medicamento que seu filho tomar deve ser voltado apenas para o sintoma específico que tiver.

Spray nasal salino
Descongestionante
Supressor de tosse
Expectorante
Pomada mentolada tópica
Anti-histamínico
Pastilhas para a tosse

MEDICAMENTOS PARA PROBLEMAS GASTROINTESTINAIS

Antiácido
Loperamida (medicamento para diarreia)
Simeticona (medicamento antigases)
Meclizina (para cinetose ou náuseas/vômitos)

SUPRIMENTOS/MEDICAMENTO DE SAÚDE REPRODUTIVA
Preservativos (para evitar a necessidade do próximo item);
Pílula do dia seguinte (muito vendida nas manhãs de domingo).

OUTRAS AQUISIÇÕES
Cópia do cartão do plano de saúde em um saco plástico com fecho hermético. (O original fica na carteira dele; guardo uma segunda cópia em casa.)
Cópia de registros de imunização e informações importantes sobre saúde em um saco plástico com fecho hermético. (A escola tem um, claro — mas nunca é má ideia para o aluno manter uma cópia também.)
Suplementos vitamínicos. (Uma escolha pessoal — como é a melatonina ou qualquer tipo de ajuda para dormir. Atletas, favor observar que qualquer produto que você planeja ingerir como suplemento ou medicação deve ser liberado primeiro pelo preparador físico e treinador. As orientações da NCAA são restritas nessa questão.)
Para áreas do país suscetíveis a tornados, terremotos ou enchentes, um kit de sobre-vivência de emergência com itens essenciais é de grande utilidade.

MANTER-SE SAUDÁVEL NO CAMPUS

Damos aos nossos filhos o controle dos cuidados da sua saúde em um mo-mento desafiante das suas vidas. Alojados em dormitórios apertados, eles compartilham germes com os outros estudantes e estão frequentemente doentes. Nem sempre comem bem ou dormem o suficiente. Eles podem ser expostos a drogas ilegais e álcool pela primeira vez, ou em quantidades muito mais prontamente disponíveis. O estresse é desenfreado e a maioria dos alunos sente os seus efeitos até certo ponto. Por todas essas razões, e mais ainda, os pais têm muitos motivos para se preocuparem com a saúde dos seus alunos — mas o que fazer, se é que eles podem fazer algo?

Conversamos com a Dra. Marcy Ferdschneider, diretora-executiva do Centro Médico Irving de Serviço de Saúde do Estudante da Universidade Columbia, e ela compartilhou suas ideias sobre como os estudantes uni-versitários, talvez com alguma orientação de seus pais, podem permanecer saudáveis durante seu tempo no campus.

Uma experiência universitária saudável começa mesmo antes do início do primeiro ano. Para começar, os alunos e os pais devem consciencializar- -se da amplitude dos serviços no campus, enquanto avaliam as faculdades ou reavaliando-os, uma vez que o adolescente tenha sido aceito.

Se um aluno tem uma condição médica crônica ou de saúde mental preexistente, Ferdschneider salienta para que "pais e alunos se conectem com recursos no campus, liguem para o diretor de serviços médicos ou encontre a pessoa que deve ser avisada antes mesmo do início do ano letivo". Em muitas faculdades, se a administração está ciente de uma con- dição que o aluno tem, os serviços de saúde do aluno chegarão no verão, antes da matrícula, para facilitar a transição e colocar o aluno em contato com os serviços apropriados do campus. Ela deixa claro que, mesmo que a gestão de uma condição médica não seja assumida por um médico na escola, os pais ou o aluno precisam compartilhar registros médicos com a universidade para que, se houver uma situação de emergência, a escola possa ajudar a fornecer o que Ferdschneider chama de "cuidado colabora- tivo contínuo".

Embora, na maioria dos casos, as faculdades queiram que os estudan- tes, em vez de seus pais, gerenciem os próprios cuidados com a saúde, a transição de seus problemas de saúde para o campus pode ser uma exceção. Ferdschneider diz que "alguns adolescentes chegam ao campus aos 17 ou mal fizeram 18 anos e podem precisar que os pais os ajudem a explicar um pouco de seu histórico de saúde". Os alunos estão em diferentes fases de desenvolvimento, e os pais conhecem melhor o filho. Não vejo problemas em ajudarem a se instalarem. É uma transição. "Não significa que o aluno não possa lidar com algo sozinho."

Os pais podem desempenhar um papel importante nos primeiros dias da faculdade apenas mantendo-se em contato com os seus filhos adoles- centes. Se seu filho não agir por conta própria, incentive-o a procurar o centro de aconselhamento de estudantes no campus. Muitas vezes, é uma questão menor, como a saudade de casa ou o estresse do novo ambiente, mas pode ser mais grave. Essa é uma das razões para verificar os recursos antes que sejam necessários. E a ajuda está lá e disponível.

Não há nenhum outro momento em sua vida que alguém vai lhe oferecer aconselhamento gratuito, por isso, se seu filho universitário precisar, Ferdschneider incentiva os pais a sugerir que o filho adolescente tire proveito dele.

Enquanto observam seu recém-matriculado fazendo essa transição, muitos pais se sentem tentados a pedir aos colegas de quarto e amigos que tomem cuidado com seus filhos adolescentes ou uns com os outros. Amigos e companheiros de quarto precisam ter cuidado uns com os outros, mas não podem ser solicitados a assumir a responsabilidade pela saúde física ou mental de outro aluno. Ferdschneider diz aos alunos: "Se alguém disser que quer se machucar, não se responsabilize por isso, procure ajuda. Como estudante universitário, você não pode assumir o fardo da responsabilidade por outra pessoa. Procure conselheiros residenciais ou o centro de saúde estudantil. Apesar do quanto você se importe, você não é pai dele ou provedor de saúde, você é apenas um amigo."

Também presente na nossa lista de verificação para a saúde no campus está uma discussão com seu filho sobre privacidade e confidencialidade. Fale sobre esses processos com seu calouro antes de chegarem ao campus. De repente, sem acesso a informações médicas de seus filhos, alguns pais pedem aos adolescentes que assinem formulários de consentimento para nova locação, enquanto outros optam por não o fazer. Trata-se de uma decisão pessoal, evidentemente, mas que deve ser discutida antes de a questão surgir em uma situação médica aguda. Obrigar seu filho a assinar tal comunicado tem implicações e potenciais consequências, não intencionais, que os pais devem considerar. Existe o risco muito real, por exemplo, de um aluno hesitar em receber serviços médicos ou psiquiátricos tão necessários, sabendo que seus pais ficarão sabendo de sua condição. Eles podem renunciar ao tratamento por medo de que as contas do seguro sejam enviadas para casa. Por essas razões, algumas faculdades simplesmente não cobram por serviços como exames de IST e serviços de saúde mental.

Um grande tópico de saúde que muitas vezes é negligenciado é o sono. Enquanto nossos filhos moram conosco, a casa se fecha à noite, os irmãos mais novos vão para a cama e as luzes são apagadas. Em um dormitório universitário, o sono pode não ser regulado em um ritmo tão previsível.

"O sono é um dos fatores mais subestimados em uma carreira acadêmica de sucesso", explica Ferdschneider. "Os universitários são quase competitivos em relação ao sono, gabando-se de terem estudado tanto que só dormiram três horas na noite anterior. Eles parecem esquecer que quem dormiu a noite toda é quem vai se dar bem. Eles precisam lembrar que estão sobrecarregados de atividades e afazeres acadêmicos, e só podem fazer isso bem se aprenderem hábitos saudáveis de sono."

Finalmente, os pais precisam ensinar seus filhos adolescentes a resguardar sua própria saúde. Quando sabem que algo está errado, precisam procurar cuidados e avisar sobre suas necessidades. Se um profissional de saúde não compreender a gravidade da queixa, é preciso reforçá-la. Quando há fatos de seu histórico médico que são relevantes para a situação atual, eles precisam falar. Enquanto ensinamos aos nossos filhos o respeito pela perícia e autoridade, também é importante que entendam que ninguém conhece seu corpo e mente melhor do que eles mesmos.

Uma Visita ao Ginecologista

Mary Dell relembra: Não ficou claro para mim se eu estava mais nervosa do que minha filha de 16 anos, quando nos sentamos na sala de espera para sua primeira visita à ginecologista. Ela estava lá por recomendação do dermatologista, que havia sugerido pílulas anticoncepcionais para tratar a acne severa. Embora eu estivesse me esforçando o máximo para parecer indiferente, com décadas de exames pélvicos anuais e duas gestações, me sentia desconfortável pensando no potencial da minha filha para fazer um exame tão íntimo. Felizmente, a médica convidou-nos ao consultório, explicou que essa reunião inicial daria à minha filha a oportunidade de discutir suas necessidades de cuidados de saúde (sem a minha presença) e não envolveria um exame pélvico. Se houvesse um final feliz para a angústia da acne adolescente, era uma chance de conhecer um ginecologista e estabelecer confiança antes de um exame físico mais invasivo.

Aqui estão algumas orientações:

Quando procurar: Muitos pais com filhos no ensino médio enfrentam a questão de quando levar sua filha para sua primeira visita ao ginecologista. Pedimos orientação à Dra. Adina Keller, uma obstetra/ginecologista da CareMount Medical. O Colégio Norte-americano de Obstetrícia e Ginecologia indica que a idade certa para uma primeira visita é entre 13 e 15 anos. No entanto, Keller lembra aos pais que eles conhecem melhor a filha e devem procurar indicadores de que ela esteja pronta para uma visita. Quão madura está sua filha? Ela tem 14 anos e parece ter 18? Ou tem 14 anos, mas às vezes parece 10? Ela tem algum problema com a menstruação? Muitas meninas vão relatar isso ao pediatra, que, então, as encaminhará para um ginecologista. Ela já perguntou sobre ir a um ginecologista? Keller sugere que, uma vez que uma adolescente pergunte, deve agendar uma visita em breve. Ela também deve visitá-lo se os pais acreditam que ela é sexualmente ativa. E, se nenhuma dessas circunstâncias surgiu e algo estranho acontecer na faculdade, os pais devem usar isso como uma oportunidade para marcar uma primeira consulta com um ginecologista.

O que esperar: Para meninas que ainda não são sexualmente ativas, essa primeira visita é totalmente sem exposição e, geralmente, não inclui um exame. É uma oportunidade para desenvolver uma relação com o novo médico, procurar respostas para quaisquer questões que possa ter e recolher alguns conselhos sobre a prevenção de doenças sexualmente transmissíveis e gravidez, bem como discutir quaisquer questões relacionadas à menstruação.

Keller sugere que os pais pensem em uma série de coisas antes de levar as filhas para uma primeira visita. Ele é um médico com quem ela vai ficar confortável? É alguém que trabalha bem com adolescentes? Levá-la ao seu próprio médico, alguém que você possa ter selecionado há décadas, pode não ser a melhor escolha para ela. Ela compreende as questões que envolvem sua privacidade e a importância da honestidade total com seu profissional de saúde? Visitar um ginecologista pela primeira vez pode ser assustador, e os pais podem tranquilizar suas filhas dizendo-lhes o que esperar da visita e que o médico não fará nada sem uma explicação completa e seu consentimento. Enquanto os médicos testam adolescentes para IST, se forem sexualmente ativas, as diretrizes sugerem que os exames de papanicolau só comecem depois dos 21 anos.

A importância da comunicação: Os pais devem enfatizar para sua filha adolescente que ela deve ser totalmente honesta com o ginecologista, dizendo ao médico tudo o que for relevante sobre sua saúde, sabendo que sua privacidade será protegida, mesmo que tenha menos de 18 anos (as exceções a isso incluem grandes procedimentos médicos ou casos de abuso). Eles devem enfatizar que, mesmo que sua filha adolescente não se sinta confortável para discutir sua saúde reprodutiva com ele, o médico é a pessoa com quem ela deve ter essa discussão e revelar quaisquer preocupações ou fazer quaisquer perguntas. Como é fundamental que um médico conheça o histórico de saúde familiar de uma paciente, como uma história de câncer ou derrames precoces, os pais podem ser solicitados a permanecer na sala para essa parte da consulta e ser convidados a se retirar depois.

Como os pais mandam suas filhas para a faculdade, podem ser tentados a incluir tratamentos sem prescrição médica, para infecções urológicas ou ginecológicas. Keller sugere que os pais não incentivem suas filhas a se automedicarem, mas que as incentivem a consultar um profissional no centro de saúde estudantil e a fazer os testes laboratoriais apropriados. As infecções sexualmente transmissíveis são cada vez mais prevalentes e só podem ser tratadas adequadamente se forem diagnosticadas com precisão.

AJUDE-OS A SE MANTEREM SEGUROS QUANDO NÃO PUDERMOS

Maureen Stiles, escritora e mãe de três meninos, passou por momentos angustiantes quando seu filho calouro teve que ir ao pronto-socorro sem ela. Sua experiência produziu lições importantes para aqueles que anteciparam ou entraram nesse próximo estágio da parentalidade.

Acima de tudo, trabalhe com seus filhos, com antecedência, em um plano B.

Stiles explica:

O tom da voz do meu filho estava diferente do início do dia. Sua respiração estava cansada, e ele estava tão congestionado que eu mal entendia o que ele estava dizendo. No entanto, consegui recortar algumas frases-chave, como: "formigamento nas pernas" e "muito tenso e dolorido".

Estava processando isso o mais rápido que podia, enquanto tentava não entrar em pânico. Ele havia conseguido um antibiótico no centro de saúde do campus poucos dias antes, mas agora — às 18h30 de uma quinta-feira — não havia alternativa: meu filho calouro tinha que ir ao pronto-socorro local. Sem mim.

Felizmente, seu colega de quarto estava lá para ajudá-lo a chegar rapidamente ao serviço de urgência, o que me fez sentir um pouco melhor. Foi o maior conforto que senti durante as próximas 24 horas.

Então, o que é que um pai aprende com a visita do seu filho ao serviço de urgência — e subsequente hospitalização — quando ele está a sete horas de casa? Espero que você nunca precise descobrir, mas, para o caso de acontecer:

1. **Em uma situação como essa, os amigos do seu filho são a chave de sua segurança.** O companheiro de quarto do meu filho não só o levou ao serviço de urgência, como também abandonou o compromisso com a fraternidade e ficou no

hospital (onde outro amigo e a namorada do meu filho se juntaram a ele). Os três permaneceram no hospital até que meu filho fosse internado e instalado em seu quarto — o que só aconteceu à 1h da manhã.

Eles se comunicavam comigo constante e pacientemente, respondendo a todas as minhas perguntas. Assim que meu filho foi diagnosticado com uma doença infecciosa — meningite viral —, um outro amigo foi ao seu quarto e lavou a roupa de cama. Pequenas bênçãos: tendo escolhido seus amigos sabiamente, meu filho agora tem uma família longe de casa.

2. **Alguém deve saber a senha do telefone do seu filho e como entrar em contato com os pais em caso de emergência.** Os amigos do meu filho sabiam a senha do telefone dele, tornando muito mais fácil para eles me ligarem, responderem às minhas mensagens e obterem informações para os formulários. Esses detalhes podem fazer uma grande diferença em uma emergência. Muitos telefones agora também têm uma capacidade de identificação médica que pode ser acessada sem ter que desbloquear o telefone. Certifique-se de que seu filho tenha as informações necessárias e os contatos listados lá.

3. **Escolha um hospital com antecedência.** O meu filho estava em uma grande cidade e tinha opções, mas nem sempre é esse o caso. Se houver várias instalações, veja as avaliações online de serviços de urgência. Meu filho enfrentou uma escolha afortunada — hospitais que ganharam classificações de 2,6 e 2,4 a 3 —, então ele procurou aquele a que sabia como chegar. Quem me dera ter investigado a área antes de precisarmos de uma urgência; assim, poderia ter elaborado um plano.

4. **Quando o aluno tem mais de 18 anos, os pais não são contatados antes do tratamento, mesmo que sejam os responsáveis pelo pagamento.** Meu filho fez um eletrocardiograma, um exame de raios-X de tórax, uma tomografia computadorizada e uma punção lombar enquanto eu estava em casa, sem saber desses testes, em Maryland, a 800km de distância. Por fim, falei com uma enfermeira, mas só porque meu filho lhe entregou o telefone e disse: "Por favor, fale com a minha mãe." De acordo com a universidade, meu filho deve solicitar e preencher um formulário autorizando-me a ver seus registros e obter informações sobre seu caso toda vez que for visto por um profissional de saúde; não há autorização geral disponível.

5. **Informe-se sobre outras instalações de cuidados urgentes, pois o centro de saúde do campus é limitado em termos de capacidade e de horários de atendimento.** Meu filho frequenta uma grande universidade estadual e rotineiramente tem que esperar um ou dois dias para marcar consultas. Não há opção urgente, independentemente da situação. Meu filho não conseguiu uma consulta no mesmo dia no centro de saúde, quando teve complicações após a alta do hospital. Em vez disso, ele teve que voltar para o pronto-socorro novamente e ser avaliado lá. Pesquisar com antecedência sobre instalações próximas como uma MinuteClinic [clínica de atendimento de conveniência, similar à Clínica da Família no Brasil] (na CVS) [empresa nos EUA, voltada para atendimento em saúde] ou outras clínicas de atendimento de conveniência. Caso não seja uma emergência, é útil verificar em outro lugar que não seja muito caro e demorado.

6. **Capacite seu filho a levantar objeções se algo contradisser uma ordem médica anterior, ou simplesmente parecer "desconectado" em uma situação médica.** Meu filho não se sentia confiante o suficiente para discutir com um médico. As pessoas diagnosticadas com meningite viral são instruídas a ficar deitadas durante uma hora após a punção

lombar, mas meu filho se esqueceu de mencionar que tinha recebido essa diretiva quando um enfermeiro entrou para buscá-lo para uma radiografia ao tórax, muito antes de terem decorrido os 60 minutos. Esse movimento, creio eu, gerou as complicações que ele sofreu dias depois.

7. **Pode ser difícil obter respostas.** Mesmo que você dê ao seu filho uma lista de perguntas para fazer aos médicos, não há garantia de que essas perguntas serão feitas — ou de que seu filho se lembrará das respostas. Mandei ao meu filho algumas perguntas para fazer à enfermeira quando ela foi vê-lo; exausto e distraído pela desidratação e febre, ele só se lembrou de detalhes muito imprecisos depois. Seus amigos preencheram o que puderam, e o resto recolhi chamando nosso médico de família (e, em um momento de fraqueza, consultando o WebMD).

8. **Aproveite os recursos do hospital.** Investigue o site do hospital para saber quais recursos estão disponíveis para você, a distância — em seguida, descubra como obter acesso a eles. Depois de todo esse episódio ter terminado (mais ou menos, felizmente), percebi que o sistema hospitalar oferecia um portal online para o paciente; saber disso antes teria ajudado a reduzir a minha ansiedade.

9. **A maioria dos hospitais exige um cartão de crédito (para cobrir o reembolso para cuidados urgentes), bem como um cartão de seguro.** Felizmente, o meu filho tinha ambos. Idealmente, o cartão na posse do seu filho terá um limite de crédito razoavelmente baixo. No nosso caso, não. Vamos mudar isso o mais rápido possível.

10. **É importante manter um registro de todos os papéis que lhe entregarem no hospital.** Cada um dos professores do meu filho parecia pedir uma documentação diferente. O hospital deu ao meu filho uma licença médica sem menção de meningite; para informar seus professores sobre todo o

alcance de sua doença e tempo de recuperação, ele combinou essa nota com suas instruções de alta. E, sem um scanner, ele simplesmente fez fotos de todos os documentos do hospital e anexou-os a um e-mail. (As fotos vieram a calhar mais tarde também, quando os documentos se perdem no pesadelo organizacional conhecido como dormitório.)

11. **Se seu instinto disser para ir, então vá ajudar na recuperação do seu filho.** No dia seguinte, fui parar em um avião, porque havia muito para lidar e meu filho estava gravemente doente. Mesmo entre os melhores cuidados médicos do mundo, não há como substituir uma mãe. Comecei a fazer perguntas, assinar formulários e assumir o comando assim que saí do elevador, permitindo que meu filho se concentrasse na cura. (E a alegria e o alívio na cara do meu filho quando cheguei lá? Isso não tem preço.)

O meu filho, à própria sorte, lidou muito bem com a situação — o que significa que ambos temos de fazer alguma coisa bem feita. Sou grata à enfermeira da emergência que o ajudou a passar por uma punção lombar ruim e alguns outros procedimentos difíceis sem mim, e sei que o meu filho também está: antes de ter alta, ele preencheu um formulário indicando-a para um prêmio de desempenho.

Embora nenhum de nós queira pensar nas emergências que podem acontecer com nossos filhos quando eles saem de casa, é imperativo que as planejemos com antecedência. Discutir os recursos médicos disponíveis, a quantidade de informação médica que seus adolescentes estão dispostos a compartilhar, e como você se comunicará se eles não forem capazes de fazer por eles mesmos são bons temas para começar.

ESTUDANTES UNIVERSITÁRIOS E O ÁLCOOL

A doença é apenas um dos riscos de saúde que os novos estudantes universitários enfrentam nas primeiras semanas do ano letivo. Segundo o National Institute of Alcohol Abuse and Alcoholism (NIAAA): "As primeiras seis semanas do primeiro ano são um período especialmente vulnerável ao consumo excessivo de álcool e às consequências relacionadas ao álcool, em razão das expectativas dos estudantes e das pressões sociais no início do ano letivo."

Os fatos sobre a faculdade e a bebida são espantosos. De acordo com o NIAAA, quase 60% dos estudantes universitários consumiram álcool no mês passado, e quase dois em cada três deles estavam consumindo excessivamente durante esse período. Eles estimam que o consumo de álcool entre estudantes universitários resulte em 696 mil agressões, 97 mil abusos sexuais e 1.825 mortes por ano. Um quarto dos estudantes universitários diz que ingerir álcool afeta negativamente seu desempenho acadêmico, incluindo "faltar às aulas, ficar para trás nas aulas, realizar péssimos exames ou trabalhos e receber notas mais baixas, em geral".

"Embora a maioria dos estudantes venha para a faculdade já tendo alguma experiência com álcool", como conclui a pesquisa do NIAAA, "certos aspectos da vida universitária — como o tempo não estruturado, a disponibilidade generalizada de álcool, a aplicação inconsistente de leis de consumo de álcool por menores e interações limitadas com pais e outros adultos — podem intensificar o problema". De fato, a pesquisa aponta que os estudantes universitários têm taxas mais altas de ingestão alcoólica e dirigirem embriagados do que seus colegas não universitários.

E, enquanto isso se torna um quadro muito sombrio sobre consumo de álcool no campus, os pais estão longe de ter poder para influenciar no comportamento de seus alunos. Médicos especialistas insistem que os pais podem continuar a desempenhar um papel positivo e influente, enquanto seu aluno aprende a se adaptar à existência mais livre da vida no campus. Mesmo de longe, as altas expectativas dos pais sobre a conduta de seus alunos universitários podem ter um impacto construtivo. Especialistas pedem aos pais que discutam o uso do álcool com seus filhos em idade universitária, enfatizando não apenas os riscos documentados, como também quaisquer fatores que tornam o uso mais seguro (sendo o consumo moderado o mais confiável). "Os estudantes que escolhem não beber", dizem os pesquisadores do NIAAA, "muitas vezes seguem assim porque os seus pais conversaram com eles sobre o consumo de álcool e suas consequências adversas".

"Mesmo que você seja o pai do garoto que não — nem nunca — cometeu exageros, fale com seu filho aberta e honestamente antes que ele chegue ao campus", diz Ferdschneider. "Talvez seu filho não esteja bebendo — mas ele estará entre outros que estão, então ele precisa saber as consequências, entre elas, má conduta sexual, apagões e violência. Deixe-o entrar [na experiência universitária] com os olhos bem abertos."

Em particular, ela pede aos pais que falem de modo realista sobre o álcool. "Sim, a idade legal para beber é 21 anos", diz Ferdschneider, "mas a realidade é que os universitários têm acesso ao álcool — e é provável que eles bebam. Fale com eles sobre não cometer exageros, sobre beber água, beber devagar e se certificar de que comam alguma coisa antes de sair. Diga-lhes para não se embebedarem em casa para poupar dinheiro".

O abuso do álcool e o consumo esporádico excessivo (esse último definido como o consumo de quatro a cinco bebidas no período de duas horas) atinge picos durante os anos de faculdade, explica o Dr. Frances E. Jensen, presidente do departamento de neurologia da Perelman School of Medicine, da Universidade da Pensilvânia e coautor de *The Teenage Brain: A Neuroscientist's Survival Guide to Raising Adolescents and Young Adults* ["Cérebro Adolescente: O Guia de Sobrevivência de um Neurocientista para a Criação de Adolescentes e Jovens Adultos", em tradução livre]. Pedimos a Jensen orientação sobre como discutir o abuso do álcool e, em particular, o consumo excessivo esporádico, de uma forma que realmente transmita uma mensagem aos nossos adolescentes universitários. A seguir estão alguns destaques desta conversa.

P: No *The Teenage Brain*, você escreve sobre os efeitos nocivos do álcool e do consumo excessivo esporádico no desenvolvimento do cérebro. Como podemos explicar isso aos nossos adolescentes e fazer com que eles avaliem melhor esses riscos fisiológicos?

R: O álcool afeta o funcionamento das nossas sinapses. As sinapses são onde suas células cerebrais se conectam entre si e enviam sinais para que os pensamentos aconteçam e onde a memorização ocorre.

Com mais sinapses do que o cérebro adulto, o cérebro adolescente tem mais "mobiliário" onde as substâncias ingeridas podem interagir. O efeito é mais forte e a duração é mais longa do que no cérebro adulto. Dado o quão "impressionáveis" são as células cerebrais adolescentes, não é surpresa que tudo — bom e mau — seja amplificado no cérebro adolescente.

Aqui estão quatro coisas para se ter em mente sobre o cérebro adolescente, abuso de álcool e bebedeiras:

1. O efeito desproporcional do álcool no cérebro do adolescente significa que a mesma quantidade de álcool que simplesmente coloca um adulto em um estado dormente pode infligir lesão cerebral em um adolescente. O consumo excessivo esporádico, em particular, tem demonstrado causar lesões cerebrais em um adolescente onde não o faria em um adulto.

2. A grande vantagem de um adolescente sobre os adultos — velocidade sináptica mais rápida — pode ser inibida pelo álcool, privando os alunos dessa oportunidade, fugaz, de aprender mais em um momento em que têm a melhor capacidade para o fazer.

3. O vício também é uma forma de aprendizagem — é o uso repetido do mesmo circuito, que constrói uma sinapse maior (o mesmo de quando você está tentando aprender uma tacada de golfe ou memorizar o vocabulário espanhol). O vício em uma substância nociva vem da exposição repetida a uma droga que causa uma resposta reforçada e pode ficar "programada" em um cérebro. Infelizmente,

assim como o aprendizado acontece mais rápido para um adolescente, o vício também.

4. O álcool pode soltar a inibição e resultar em comportamento de "liberdade". Beber pode impedir o funcionamento do lobo frontal, que é uma área em que pode prevenir comportamentos de risco. Os lobos frontais dos adolescentes não estão totalmente conectados, e não estarão até os vinte e poucos anos, especialmente nos meninos. Mesmo em adultos com o cérebro totalmente conectado podem ficar desinibidos pelo álcool, o que pode levá-los a fazer coisas arriscadas. Se você está ficando desinibido, porque seus lobos frontais não estão conectados, o álcool o levará ao local da desinibição ainda mais rápido.

P: Ensinamos os nossos filhos a dirigir com segurança. Porque não podemos ensiná-los a beber com responsabilidade?

R: É um ponto interessante. Sabemos que o comportamento arriscado faz parte da adolescência, de modo que algo considerado tabu, muitas vezes, tem a sedução de um grande risco. É lamentável que o consumo excessivo de álcool venha da falta de experiência com o álcool; com acesso repentino a ele, alguns adolescentes bebem impulsiva e excessivamente. É por isso que o consumo excessivo de álcool é um problema na faculdade — e um ponto de discussão tão crítico para os pais. Outras sociedades têm abordagens diferentes em relação ao álcool, com muitos outros países permitindo idades de consumo mais precoces.

Se essa experiência anterior e essa abordagem mais descontraída conduzem a melhores resultados, isso requer mais estudos, que estão em andamento.

É importante dar aos adolescentes informações e fatos sobre o álcool e exemplos do que pode acontecer. Foi o que fiz com os meus filhos.

Podemos não ser capazes de controlar se os nossos filhos se abstêm de consumir álcool antes dos 20 e poucos anos, mas temos de muni-los de fatos primeiro.

Os pais também podem dar aos seus filhos uma "assistência para o lóbulo frontal", para que entendam por que a embriaguez excessiva não é uma coisa boa, especialmente no seu modo de agir, e tentar levá-los a ter consciência de que eles são muito propensos à impulsividade e a assumir riscos. Ensine a seu filho adolescente que o sistema límbico (onde estão as emoções, raiva, aceitação da pressão dos colegas, vontade de ser apreciado) fica conectado anos antes de uma conectividade total do lobo frontal. Fale sobre como a pressão dos colegas pode levá-lo a assumir mais riscos em grupos — os adolescentes serão tentados; eles vão querer ser como todos os outros, mas há perigos do outro lado do comportamento arriscado, e devem saber que seus cérebros são mais vulneráveis.

P: Você descreve que há 50% do risco de alcoolismo ser genético; que ações os pais devem tomar se houver um histórico familiar dessa doença?

R: É crucial que os pais conversem com seus filhos, se houver história de alcoolismo com parentes diretos na família. Eles precisam saber que, potencialmente, têm um risco maior de alcoolismo e devem saber quais são os sinais de alerta. Da mesma forma que, traços de doença mental (como depressão, transtorno bipolar, esquizofrenia) são altamente heredi-tários, portanto, se houver um histórico familiar, os pais devem estar mais atentos aos sinais de alerta e às mudanças no seu filho adolescente, pois eles podem ter um risco maior.

P: Que conselho deu aos seus filhos, como mãe e neurologista, quando foram para a faculdade?

R: Eu disse-lhes que estão em uma posição fantástica para aprenderem, que não voltarão a ter. Essa geração de jovens do ensino médio e univer-sitário é a primeira a saber que pode obter mais realizando agora do que mais tarde. Eu reforçava que eles poderiam aprender mais rápido, por mais tempo e mais expressivamente nesse período do que em qualquer outro ponto da vida. Disse-lhes que seriam mais suscetíveis à pressão dos pares, como se estivessem no ensino médio, mas agora estão sozinhos.

O primeiro dia em que seus filhos vão para o dormitório da faculdade não deve ser seu primeiro suspiro de liberdade. Dê a oportunidade de fazerem escolhas e terem um pouco de liberdade — antes de irem para a faculdade. Acampamentos ou semestres no exterior são realmente boas maneiras de deixar os adolescentes experimentarem estar sozinhos. Eles têm de passar por tentativas e erros, fracassos, e os pais têm de deixar o hábito de resolverem os problemas deles.

Também contei aos meus filhos como as doenças mentais podem ocorrer quando os jovens chegam à faculdade e para estarem atentos aos amigos que podem precisar de ajuda. Reconheça que eles podem ter um amigo que terá um surto psicótico ou problemas graves de ansiedade. Seja empático, seja amigo e ajude-os a procurar ajuda, se precisarem.

UM EPISÓDIO TRISTE COM ÁLCOOL PODE ACONTECER COM QUALQUER UM

Tivemos todas as conversas certas, analisando os perigos das drogas e do cérebro adolescente, a pressão dos colegas e dando avisos importantes sobre o uso de álcool. Os nossos filhos nos mostraram que são inteligentes e sensatos. Eles trabalharam duro para entrar na faculdade, e, para os próximos quatro anos, esperamos e temos fé que eles usem o bom senso. E, quando eles conseguem acompanhar o atletismo, o estudo e as atividades, é fácil nos enganarmos e pensarmos que não haverá problema.

Mas isso seria uma insensatez, como a história aqui relatada deixa claro.

Foi compartilhada por uma mãe que prefere permanecer anônima.

Como pais, não fomos ingênuos com a questão do álcool entre os estudantes universitários ou com o fato de nosso filho ter bebido antes mesmo de colocar os pés no campus. Eu tinha uma vaga desconfiança sobre uma possível adulteração de documento de identidade, mas nunca a vi, nem a confirmei.

Tivemos todas as conversas importantes.

Enfatizamos a segurança e o consumo responsável de álcool.

Pensávamos que tínhamos feito tudo o que era necessário.

No entanto, nenhuma dessas conversas, à beira do fogo, me preparou para receber um telefonema de que meu filho estava sendo transportado para o hospital depois de ficar gravemente intoxicado. Aos 18 anos já não era tecnicamente uma criança, é claro, mas ainda era o meu bebê — e tinha se metido em uma situação muito perigosa.

Em retrospectiva, não sei bem o que nos fez atender o telefone naquela segunda-feira à noite. Quando o telefone fixo toca à noite, raramente olhamos para o identificador de chamadas, certo de que é apenas mais uma chamada de telemarketing. Foi intuição? Destino? Algo fez o meu marido olhar para mim.

Seu rosto se modificou quando ele disse que a chamada era do local do show em que meu filho estava. Meu coração se acelerou enquanto ele ouvia, esfregava as têmporas e acenava com a cabeça. *Ele devia fazer perguntas*, pensei, enquanto andava. Tinha tantas perguntas.

O meu filho tinha sido "encontrado" sozinho e bêbado. Ele estava vomitando e precisava de ajuda para andar. Era tudo o que sabíamos.

Não sabíamos como ele tinha perdido os amigos, quem o tinha descoberto, onde tinha sido descoberto ou em que estado estava.

Disseram-nos, simplesmente, que estavam transportando-o para o hospital mais próximo da arena e que deveríamos nos encontrar com ele lá. O meu marido não fica calmo nessas situações, por isso ficou em casa com os nossos filhos mais novos. Peguei as chaves, o cartão do seguro e me estabilizei o suficiente para conduzir. Antes de sair da garagem, mandei uma mensagem para o colega de quarto, que eu sabia que estava no show, para dizer a ele que meu filho estava a caminho do hospital.

Os shows são altos, e o colega de quarto não ouviu o telefone de imediato. Quando ele me ligou, cerca de 30 minutos depois, estava genuinamente confuso. Ele tinha deixado o meu filho com outros amigos e disse que parecia bem — não sóbrio, lembra-se, mas bem. Seus assentos eram separados, então não ver meu filho depois disso não levantou nenhum alarme na cabeça dele. Ele se sentiu horrível.

Atravessando a entrada da emergência, eu tentei me manter calma quanto ao estado do meu filho. Eu tinha lido todos os artigos; tinha visto fotos de jovens em ventiladores hospitalares, com envenenamento por álcool. Tudo o que eu podia fazer era rezar para que não fôssemos o próximo caso nos avisos.

O que eu não esperava era não encontrar o meu filho lá. Depois de tudo. Isso me deixou em pânico: ele estava tão mal que o levaram para uma instituição mais apropriada? O hospital não fazia ideia para onde, por isso arrisquei e liguei para o telefone do meu filho.

Nunca esquecerei a escuridão que me envolveu, quando uma voz estranha atendeu ao telefone e disse: "É a mãe dele?" Era o policial ou o médico que estava preparado para dar as piores notícias da minha vida? Foi assim que me senti, ao sentir o meu mundo desmoronando? Suspenso no purgatório por não saber, parei de respirar.

Um enfermeiro explicou que o meu filho tinha sido levado para outro hospital a poucos minutos de distância, por nenhuma outra razão senão porque "às vezes as ambulâncias fazem isso". Eu chorei tanto e copiosamente, que o enfermeiro pediu que não dirigisse até que me recuperasse. O meu filho se encontrava estável, mas precisava que eu fosse coerente quando chegasse lá.

Sentei-me no meu carro por alguns minutos, mandei uma atualização ao meu marido e depois parti para o segundo hospital. Lá estava ele, finalmente, no cubículo do pronto-socorro, parecendo uma versão fedorenta e desgrenhada de si mesmo. Na cadeira ao lado dele estava sua carteira, seu telefone e todos os seus pertences, perfeitamente intactos.

Segundo o médico, ele conseguiu conversar com eles, entregando seu cartão do seguro e dizendo-lhes seu nome e outras informações básicas. Depois desmaiou.

Eles o monitoraram, mas o deixaram dormir. Seu nível de álcool no sangue era de 0,27 (mais de três vezes o limite legal), mas ele havia parado de vomitar e urinou quando chegou ao hospital — ambos bons sinais. Decidiram não lhe dar líquidos, o que por mim estava bem. Queria que a ressaca dele fosse real e duradoura. Enquanto ele estivesse hidratado e não em perigo, eu não desejava deixá-lo confortável.

Saí do hospital com ele às 5h da manhã, sentada em uma cadeira, vendo-o dormir por sete horas. Alternei-me entre a raiva e o amor primitivo, durante a estadia dele. Mas não conseguia parar de pensar: como é que o meu filho, responsável, que nunca teve problemas, viera parar aqui?

Acontece que ele também não fazia ideia. Ele remontou à noite até onde pôde, por meio de fotos em seu telefone, e se lembrou das conversas, mas não havia memória de estar bêbado e sozinho, coberto de vômito e em perigo verdadeiro. Meu estômago ainda revira toda vez que penso em como ele estava verdadeiramente sozinho, apesar de conhecer pelo menos 50 pessoas no evento.

O meu marido e eu pensamos muito sobre como abordar isso. Começamos por impor-lhe um castigo. Precisávamos manter a rédea curta durante algum tempo, nem que fosse para compensar a agitação da nossa família. Ele seria responsável pelas contas do hospital. E o fizemos ler um artigo da *Sports Illustrated* sobre um torcedor de futebol espancado até a morte no estacionamento de um estádio, porque ele estava incapacitado pelo álcool, sozinho e torcendo pelo time rival.

Não podia deixá-lo morrer, o que é o maior castigo de todos. Não consegui superar o pânico e a dor daquela noite. Obriguei-o a responder a perguntas difíceis sobre os seus hábitos de consumo de álcool e a forma como estava gerindo isso — ou não — na sua vida.

O RECONHECIMENTO

Como pais, tínhamos algumas reflexões para fazer também. Havia alertas que tínhamos ignorado porque ele sempre foi um bom garoto, lidando com tudo com desenvoltura.

A enorme quantidade de cobranças de cartão de crédito em bares deveria ter-nos alertado, no início do primeiro semestre. Ele estava, claramente, saindo quase todas as noites, mas como estava chegando às aulas — mesmo a das 8h30 da manhã — nós não agimos. Certamente, ele não conseguiria manter isso se estivesse destruído todas as noites.

Errado. Ele podia.

Lembramo-nos do Fim de Semana dos Pais, quando meu filho nos convidou para uma festa no terraço — repleta de shots de vodka e bêbados descuidados — em vez de um dos muitos eventos organizados por entidades escolares e projetados para as famílias. Deixamos o caos lamacento, para entrar no jogo, mas dissemos-lhe para ficar. Ele mandou uma mensagem, quando chegou ao seu lugar, para perguntar onde estavam os nossos lugares, mas não o vimos o resto do dia. (Ele continuou a nos mandar mensagens de texto, por isso, na nossa mente, ele estava tentando nos encontrar.)

No café da manhã, no domingo, ele parecia horrível e pediu inúmeras desculpas. Deixamos passar, porque ele tinha ficado em contato constante conosco e estava sóbrio na sexta-feira à noite. Tomamos isso como emoção de um grande evento em um novo ambiente.

Instintivamente, provavelmente sabíamos que a sua vida estava desequilibrada, mas presumimos erroneamente que ele tinha tudo sob controle. Mas, sinceramente, como ele poderia?

As festas e as longas noites têm um preço, e sua sorte acaba. Ou você fica à mercê das emergências.

AS CONSEQUÊNCIAS

Em favor do nosso filho, ele pensou muito sobre seus padrões de consumo de álcool e começou a reconhecer os fatores que o levaram a problemas ou o empurraram para o limite.

Munido com esse esclarecimento, ele retornou à escola em janeiro muito mais consciente de si mesmo. Ele tinha visto seus limites bem de perto, e estar tão bêbado o assustou tanto quanto assustou a mim. Ele saiu muito menos, estudou mais e entrou para o quadro de honra.

A parte mais triste? A equipe do hospital não se impressionou com todo o episódio; eles admitem centenas de adolescentes bêbados todos os anos, vindos de shows e jogos. Bons filhos, como os meus, que um dia fizeram más escolhas.

Eu esperava ser recebido no hospital por um policial, brandindo citações e datas de tribunal, mas a organização do show simplesmente usou seu próprio pessoal de segurança para tirar meu filho do local. Todos os sinais indicam que ele nem sequer conseguiu entrar.

O que eu sei é que serei muito mais proativa no futuro, quando vir o que poderia ser um padrão de irresponsabilidade e imprudência. Os meus filhos — por mais conversas que tenhamos, por mais maravilhosas que sejam — continuam a ser apenas isso: crianças. Eles são propensos a lapsos de julgamento que podem ter consequências terríveis.

Com certeza nos esquivamos de uma bala. Eu compartilho a minha história para que outros pais, tentados a se livrarem desse sentimento irritante, ajam de acordo com ela. Mesmo que o seu filho sempre tenha sido do tipo cabeça feita, não deixe que as conversas sobre "pais superprotetores" o impeçam de seguir seu instinto.

Não existe um aspecto mais importante da parentalidade dos adolescentes do que a transferência da responsabilidade pela sua saúde. É fácil dizer isso, até que você tenha um kit de primeiros socorros para o primeiro ano. Mesmo coisas simples — como compreender qual medicamento para resfriado ajuda com um nariz entupido, aprender a medir a temperatura ou saber aonde ir em uma emergência física — podem ser ensinadas, e temos de transmitir tudo o que sabemos sobre como ficar bem e o que fazer quando estamos doentes enquanto os nossos adolescentes estão debaixo do nosso teto. Você ainda pode receber a ligação às 2h da manhã do seu estudante universitário quando ele se sentir horrível, mas ele deve saber onde encontrar seu cartão de seguro e ser capaz de lhe dizer se está com febre. E pelo menos eles — e você — terão alguma noção dos recursos disponíveis para eles, em caso de emergência.

CAPÍTULO QUATRO

Amor e Sexo

Nós sempre ensinamos nossos filhos sobre o amor: amor de família, amor dos filhos pelos pais, pelos irmãos, pelos amigos. Quando eles entraram na adolescência, começamos a ensiná-los mais sobre sexo e amor romântico. Muito disso foi discutido em termos hipotéticos, eventos e sentimentos que esperávamos que sentissem no decorrer de suas vidas. Então, de repente, parecia que estávamos falando sobre o presente. Quando falávamos sobre o amor, ou mesmo sobre o sexo, poderia haver uma história real de namorada ou namorado envolvida. E supomos que o constrangimento dessas conversas (ok, *muito* constrangimento) tem a ver com o ambiente parental.

É fácil ser enganado pelas grandes mídias, que nos fazem pensar que nossos adolescentes não estão realmente interessados no que já chamamos de romance. É fácil pensar que eles vivem submersos na cultura da "pegação", com pouca intenção de se conhecerem mais profundamente ou de terem relacionamentos amorosos mais prolongados. Mas a realidade é diferente das manchetes. Embora a pegação seja comum, e amizade colorida seja real, o estudante universitário típico está procurando algo muito mais significativo.

"Ficar" é um termo que significa tudo e nada. Para adolescentes e jovens adultos, é uma forma de dizer que algo aconteceu, deixando as coisas indefinidas. Para os pais, é um termo que denota um mundo desconcertante de sexo casual sobrecarregado com álcool e, potencialmente, um motivo de preocupação real. Enquanto nossos filhos ainda estão no ensino médio, nós nos preocupamos com seu comportamento, mas esperamos que, permanecendo próximos, conseguiremos conversar e influenciá-los positivamente. A nossa preocupação aumenta à medida que vão para a faculdade, onde tanto os pais como os adolescentes ouviram dizer que o ficar substituiu o namoro como a via dominante para o "romance".

Pesquisas recentes da Escola de Pós-graduação de Harvard sugerem que as preocupações dos pais estão muito deslocadas. Baseado em um estudo plurianual realizado com mais de 3 mil jovens adultos e estudantes do ensino médio, o projeto de Harvard, conhecido como Making Caring Common e liderado pelo Dr. Richard Weissbourd, descobriu que os adolescentes "ficam" muito menos do que nós (e eles) pensamos. Claro, alguns adolescentes e estudantes universitários têm diversos encontros sexuais impessoais ou casuais, mas esse relatório revela que isso está "longe da regra".

Depois de serem questionados sobre sua noite de sexta-feira ideal, os participantes no questionário receberam as seguintes opções:

- Sexo em uma relação séria
- Sexo com um amigo
- Sexo com um estranho
- Ficar (sem sexo)
- Sair ou passar um tempo com um parceiro romântico
- Sair com os amigos
- Passar o tempo sozinho
- Outra coisa

Cerca de 16% dos entrevistados escolheram uma opção relacionada ao sexo casual. Os demais adolescentes e jovens adultos (84%) relataram querer ter relações sexuais em um relacionamento sério ou escolheram uma opção que não envolvia sexo.

De acordo com o Centers for Disease Control, pouco mais de 1/4 dos jovens de 18 a 19 anos tinham tido mais de um parceiro sexual no ano anterior, enquanto apenas 8% tinham tido quatro ou mais. Assim, apesar da crença de que muitos estudantes universitários mais velhos sustentam, de que seus pares estão todos se envolvendo uns com os outros, os fatos não correspondem a suas percepções.

No entanto, esse mito da "cultura da pegação" generalizada se firmou, com consequências prejudiciais. A mídia destaca isso, e os alunos ouvem as histórias nos campi das faculdades. Os jovens que não estão optando por sexo casual podem sentir como se estivessem fora de sintonia com seus pares, quando a verdade é que seu comportamento é muito mais típico. E os pais, preocupados com as implicações incertas da pegação, podem não conseguir se concentrar no que é importante para nossos adolescentes, esquecendo-se de ensiná-los o que realmente importa em suas vidas: como desenvolver relacionamentos amorosos, saudáveis e românticos. Encontrar e nutrir tais relacionamentos serão uma das chaves para sua felicidade ao longo da vida, mas, como pais, passamos assustadoramente pouco tempo conversando com eles sobre como isso pode ser feito.

Aqui está a boa notícia: a maioria dos adolescentes e universitários *querem* receber orientação e opiniões de seus pais ou professores sobre os aspectos emocionais de seus relacionamentos românticos. Eles querem falar sobre se apaixonarem e não se apaixonarem. Querem discutir sobre como se dar bem em um relacionamento sério e como se comunicar dentro dele. Querem que compartilhemos o que aprendemos e que escutemos suas perguntas e preocupações. O relatório Making Caring Common aponta algumas coisas que os pais podem fazer de forma construtiva para ajudar a orientar e aconselhar seus filhos sobre essa parte muito importante de suas vidas:

1. Passe um tempo conversando com seu filho sobre a importância de relacionamentos maduros e recíprocos, baseados em respeito

e confiança. Explique como diferem das formas mais imediatas de atração intensa. Mais de 70% dos entrevistados na pesquisa Making Caring Common queriam mais informações de seus pais sobre algum aspecto emocional dos relacionamentos românticos.

2. Fale sobre o que constitui uma relação "saudável". Peça a seu filho para pensar se a relação faz com que ambos os parceiros sejam pessoas melhores e mais compassivas. Ambos os parceiros se ouvem e se apoiam? Descreva, explicitamente, como se parecem algumas dos alertas em uma relação "não saudável".

3. Discuta o perigo muito real da agressão sexual, incluindo as medidas que o seu filho pode tomar para prevenir ou parar em qualquer situação específica. Enquanto a maioria dos pais está plenamente consciente dos muitos riscos que existem nos campi universitários, Making Caring Common sugere que muitos de nós não aprofunda esse tema com nossos filhos e filhas.

4. Fale quando observar o seu filho adolescente em uma relação destrutiva ou degradante. O nosso silêncio pode ser mal interpretado como permissão ou aprovação tácita. Embora os adolescentes tenham todo o direito à privacidade, também continuam a aprender a ser adultos — e, nesse papel, temos muito para oferecer.

AS LIÇÕES DE AMOR QUE OS ADOLESCENTES APRENDEM CONOSCO

Muito do que ensinamos aos nossos filhos sobre o amor é ensinado por meio de nosso cotidiano. Se estamos em um casamento ou relacionamento, mostramos a eles que esse é o padrão, ainda que, em alguns casos, seja um péssimo exemplo. Várias vezes gostaríamos de ter feito melhor, de ter mostrado mais bondade e compaixão. Christine Burke, escritora e mãe de dois adolescentes, sabe que, nisso, lideramos pelo exemplo — e que quando nosso relacionamento causa dor aos nossos filhos, a honestidade é realmente a melhor professora.

Enquanto sentava no sofá de couro macio e olhava para a jardineira Zen, eu me perguntava como meu marido e eu tínhamos acabado no consultório de um terapeuta que tinha um leve cheiro de óleo de patchuli e lavanda. Olhei para os diplomas e certificados emoldurados e me perguntei se o homem para o qual estávamos prestes a descarregar nosso estresse conjugal era realmente tão qualificado quanto parecia. Olhei para o meu marido, com quem já estava há 20 anos, e fiquei chocada com o quanto ele me parecia estranho. Algo entre os jantares à meia-noite e o pagamento das contas nos tinha feito perder o rumo.

Depois de uma discussão particularmente controversa em uma tarde quente de verão apenas semanas antes, eu tinha finalmente levantado a bandeira branca, anunciando minha desistência da luta. Enquanto nossos adolescentes descansavam no pátio, com seus rostos iluminados pelas telas de seus celulares, calmamente, pedi o divórcio ao meu marido.

Nosso casamento estava destruído, e ninguém ficou mais surpreendido do que eu.

Felizmente, o terapeuta com as plantas Zen e incenso de lavanda foi realmente qualificado para nos ajudar da maneira que precisávamos para encontrar o caminho de volta um para o outro. Dois anos depois da terapia de casais, meu marido e eu aprendemos não só a nos comunicar novamente, mas também reacendemos a bondade em nosso casamento. Os tijolos da raiva e da dor desapareceram, substituídos por uma nova base de respeito mútuo e de compromisso.

Embora seja melhor agora, nossa viagem até o "novo nós" tem sido um inferno. E ainda, alguns dias, não é fácil.

Nossa luta nos últimos dois anos e no decorrer de nosso casamento me faz pensar como posso preparar meus adolescentes para o estresse inevitável que um relacionamento de longo prazo traz.

Quando vejo o meu filho trocando mensagens de texto com uma menina que faz com que seu rosto se ilumine, percebo que ele está no início do fluxo das relações que terá ao longo da vida. Está no precipício de se apaixonar pela primeira vez e também à beira de ter seu coração partido. E esta será apenas a primeira vez. Ele está prestes a lançar-se de cabeça na cena dos encontros e não faz ideia do que está por vir.

Conheci meu marido quando eu tinha 20 anos, apenas alguns anos mais velha do que meu filho e minha filha, e isso me impressiona. Não podia portar um talão de cheques ou beber legalmente quando meu marido entrou na minha vida. Éramos bebês com hormônios raivosos, tais como o meu filho.

Quando os amigos em comum nos arranjaram um encontro às cegas, minha ideia de um relacionamento "perfeito" era muito diferente da minha definição de hoje. Mas esta é a ordem natural das coisas, pois não há como um jovem saber realmente o que esperar quando começa a namorar alguém com quem pode construir uma vida.

E, apesar de eu não trocar as experiências que me levaram ao ponto em que estou no meu relacionamento hoje, eu gostaria que o conto de fadas da Cinderela incluísse *E ela bateu a porta porque o Príncipe Encantado se esqueceu de pegar as crianças na creche pela segunda vez esta semana.*

Quem me dera ter aprendido mais sobre o lado complicado das relações. Quando meu marido e eu estávamos na fase de namoro e lua de mel, eu gostaria de ter tido mais preparo para a realidade de passar minha vida com um homem que não compartilha minha obsessão por musicais da Broadway e fofocas sobre celebridades.

Enquanto eu estava no fundo da catedral, meu pai ao meu lado e minha visão gentilmente embaçada pelo véu de renda irlandesa que cobria meu rosto, eu não tinha ideia de que o casamento iria me trazer a realidade. Eu ia casar com o Príncipe Encantado em um casamento de conto de fadas. Meu "felizes para sempre" pessoal estava começando, e simplesmente esperava que nossas vidas continuassem no *continuum* da perfeição.

Foi quando a realidade deu um golpe esmagador no meu mundo. A lua de mel logo acabou e houve dias em que eu vagava me perguntando por que ninguém avisa que o conselho "não vá para a cama com raiva", que sua avó lhe deu, é, na verdade, uma loucura. O Príncipe Encantado não baixa a tampa do vaso sanitário e a Cinderela perde a paciência quando a vida fica difícil. E os sapatinhos de vidro já não servem depois de os pequenos arruinarem seu corpo.

Resumindo, casamento é difícil. E nem sempre são rosas, romance e jantares à luz de velas. A Cinderela mentiu para nós todos.

O casamento é uma nova máquina de lavar louça com um orçamento apertado e sintomas de concussão no Google às 2h da manhã, enquanto seu filho vomita no colo do seu parceiro. São cabeças carecas e queixo peludo. E, sim, é sexo furtivo quando as crianças estão finalmente dormindo e momentos de silêncio na frente da televisão nos quais vocês dão as mãos. O casamento está sentado à mesa da cozinha, enquanto seus filhos gritam sobre o ódio pelos brócolis e compartilham um sorriso conspiratório que diz: "Aham, esta é a nossa vida agora."

Casamento com a pessoa certa, em geral, é muito bom durante os bons tempos.

Mas também é a coisa mais difícil que já fiz.

E, quando me vi querendo largar meu casamento, meus primeiros pensamentos foram sobre meus filhos e seus sentimentos.

O que pensariam se lhes disséssemos que a mamãe e o papai poderiam se separar? Como se sentiriam se prosseguíssemos com o divórcio? Será que nos odiariam para o resto das suas vidas por termos destruído sua casa? Provavelmente. E, na maioria das noites, esse pensamento me deixou arrasada.

Eu queria protegê-los do pior das nossas discussões, do pior de nós dois, quando libertávamos rajadas de raiva e ressentimento um contra o outro. Eu queria esconder o fato de que seu pai e eu não podíamos nos comportar como adultos civilizados, muitas vezes escolhendo ficar em silêncio, mal-humorados, nas noites, muito depois de as crianças irem para a cama. E, por muito tempo, escrevi "Contador" em nosso calendário familiar, quinzenalmente às 17h, para não alertar as crianças de que seu pai e eu estávamos na terapia.

Mas, quando meu marido e eu desfizemos nossa bagagem emocional na terapia, percebi que o melhor presente que podíamos dar aos nossos filhos era a honestidade sobre o quanto nosso relacionamento estava ruim agora ou poderia piorar no futuro. Ao esconder nossas lutas, ao varrer nossos argumentos e irritações para debaixo do tapete, estávamos criando crianças sem uma noção real de como é um relacionamento genuíno.

Para assumir algo desagradável, não estávamos preparando-os para suas futuras pancadas nos relacionamentos.

E foi nesse momento que decidi ser honesta com os nossos filhos a respeito dos relacionamentos.

Não houve um momento de acerto de contas, em que nos sentamos no sofá com calças caqui engomadas e cabelo perfeito e dissemos: "Olá, crianças, seu pai e eu temos algo para dizer."

Não anunciamos de repente que estávamos à beira do divórcio, nem discutimos com eles os detalhes íntimos de nossas vidas. Porque ainda éramos os pais deles. Ainda queríamos que eles se sentissem seguros e protegidos, mesmo com seus pais agindo como idiotas egoístas.

Em vez disso, comecei a procurar oportunidades para falar sobre as lutas que seu pai e eu tivemos ao longo dos anos, às vezes com humor. Sobre a história de nós dois discutindo sobre a montagem da copa que, acidentalmente, instalamos de cabeça para baixo em nossa primeira casa, que é realmente hilariante, mesmo que tivesse acabado comigo atirando um martelo para a sala, irritada.

Quando meu filho perguntou sobre seu nascimento, na manhã em que ele completou 15 anos, eu lhe contei a versão menos editada. Falei do seu nascimento traumático e da minha recuperação difícil. Os olhos dele se arregalaram quando eu disse que era seu pai tinha que me ajudar a tomar banho depois do parto. E contei a ele sobre minha batalha com a depressão pós-parto, sobre como seu pai me ajudou a encontrar ajuda para facilitar meu caminho na maternidade.

Tive tempo para contar histórias de quando lutamos financeiramente e de quando eu queria arrancar meu cabelo por causa da teimosia do meu marido. E, quando elogio o meu marido perto de meus filhos, sou honesta. Eu digo: "Estou grata por seu pai perceber que eu nunca, nunca mais vou me livrar de um inseto nesta casa", ou "Seu pai é um santo para suportar a incapacidade de sua mãe para acompanhar a lavanderia", em vez de "Seu pai é o melhor!".

Porque, verdade seja dita, nenhum de nós é o melhor, em nada e, quanto mais cedo nossos adolescentes perceberem que as relações são feitas de seres humanos desorganizados, confusos e caóticos, melhor.

Sei que não posso poupar os meus filhos da dor dos relacionamentos. Mas também sei que posso ajudá-los a ver que as relações exigem trabalho e esforço para durar muito tempo.

Posso ajudá-los a desconstruir a noção de que nos é devido o conto de fadas, quando caminhamos pelo altar ou entramos em uma parceria com alguém que amamos profundamente.

Posso ser honesta com eles nos momentos em que estou irritada com o pai deles e mostrar abertamente que ainda o amo com um arrobo desenfreado, mesmo que ele vire os olhos quando eu me torno uma espécie de Tinder humano.

Posso ensiná-los a ter equilíbrio e compromisso por meio de minhas ações, mostrando-lhes o bom, o mau e o feio[1] do meu relacionamento com seu pai.

E, se meus filhos se encontrarem no sofá de um terapeuta com seu parceiro, quero que saibam que a terapia é uma oportunidade de reescrever seus finais felizes, página por página, palavra por palavra, com a pessoa que eles escolheram.

QUANDO OS SEUS CORAÇÕES ESTÃO PARTIDOS

O amor pode ser a maior fonte de felicidade de nossas vidas, mas todos já vivemos o suficiente para saber que, quando ele dá errado, pode nos deixar pra baixo. É difícil saber por onde começar quando nossos filhos chegam em casa ou nos ligam da escola para dizer que estão devastados pelo fim de um romance. Às vezes, eles podem precisar conversar com alguém menos envolvido emocionalmente em suas vidas, seja um melhor amigo, seu conselheiro residente ou alguém profissionalmente treinado, e nós podemos orientá-los para esses sistemas de apoio. Mas às vezes eles só precisam dos pais. A dor do desgosto não fica mais fácil, não importa quando acontece, mas nossa capacidade de colocá-la em algum tipo de perspectiva, sim. Elizabeth Spencer olha para o que temos para oferecer como pais, junto com nosso amor e apoio.

Nunca vou esquecer a noite no meu primeiro ano na faculdade quando o cara com quem eu pensava que ia me casar me disse que tinha conhecido outra pessoa. Foi pouco mais de um mês após o ano letivo ter começado, e eu estava sentada no chão do banheiro que compartilhava com meus colegas de quarto, o cabo do telefone

---

[1] No original, "the good, the bad, and the ugly", em referência ao filme homônimo, lançado no Brasil como *Três Homens em Conflito*. [N. E.]

da parede no meu dormitório esticado até onde eu estava. Curvada no azulejo frio, aos prantos, eu o ouvi terminar comigo.

Na época, pensei que não existia nada mais triste do que aquilo... até isso acontecer com a minha filha. E até acontecer na nossa casa, onde pude ver a dor dela desabrochar à minha frente.

Claro que existem diferentes tipos de desgostos. Outros significativos que acabam com nossos filhos. As amizades acabam. Os sonhos não se realizam. Os planos são desfeitos. Perdemos entes queridos. O que quer que seja que parta os corações dos nossos filhos, como pais, muitas vezes não há muito que possamos *fazer* — que é onde o poder das nossas palavras possam fazer diferença.

A seguir, apresento dez coisas que ajudam quando seu filho está magoado.

1. Lamento muito.

   Se nós, como pais, fomos responsáveis por partir o coração dos nossos filhos, devemos mostrar que estamos sofrendo também. Normalmente, quando digo "sinto muito" às minhas meninas, elas respondem: "A culpa não é sua." E eu digo: "Não lamento porque a culpa é minha. Mas sinto muito porque o que é importante para você é importante para mim. E quero que saiba que estou aqui."

2. Você quer que eu... ?

   Faça alguma coisa por você? Quer um abraço? Posso ficar aqui e só ouvi-lo. Uns dias depois do meu término, meu pai ligou para a escola. Isso foi muito importante, porque, apesar de nosso relacionamento sempre ter sido ótimo e de ele ser sempre um pai amoroso e afetuoso, geralmente era com minha mãe com quem eu falava primeiro. Mas ao telefone, naquele dia, meu pai perguntou: "Quer que eu vá aí buscá-la para você passar este fim de semana em casa? Posso tirar a sexta-feira de folga e fazer isso."

Mesmo depois de todos esses anos, ainda fico sufocada quando penso nisso. Que o meu pai tivesse esse pensamento. Que ele faria esse convite. Que ele estaria disposto a tirar o dia de folga, dirigir até a faculdade e depois me trazer de volta, depois de apenas um dia inteiro em casa. Eu não precisava dele para me buscar, mas, até ele perguntar, eu não tinha ideia do quanto eu precisava que ele fizesse isso. Sua disposição de mostrar seu amor dessa maneira lançou meu coração para a cura. Seu filho de coração partido pode não precisar que você faça nada, mas ele pode precisar que você se ofereça para fazer algo.

3. Você não vai se sentir assim para sempre.

Mas vá em frente e se sinta como se fosse, por um tempo. Há um tempo para sentir, e há um tempo para resolver. Nossos filhos feridos precisam de encorajamento para passar um tempo sentindo tristeza, raiva ou amargura, sem perder de vista a certeza de que um dia eles se sentirão melhor.

4. Quer tentar outra vez?

Talvez isso seja apenas um obstáculo no caminho dessa relação, não o fim dela.

5. Se quiser tentar outra vez, o que você pode fazer agora para se preparar para o futuro?

Se o "futuro" for um relacionamento pessoal, uma candidatura a uma faculdade, fazer um teste para uma equipe ou alcançar algum objetivo artístico, se nossos filhos decepcionados querem se dar outra chance, que ação podem tomar para atingir seu objetivo? Ensaiar o que dirão à outra pessoa? Reescrever o texto de admissão? Trabalhar mais? Fazer mais aulas?

6. Você quer terminar?

Vivemos em uma cultura de "nunca desistir". Mas talvez seu filho com o coração partido precise que você diga que não há vergonha em seguir em frente quando essa é a decisão mais sábia. Você não está necessariamente negando a eles a felicidade futura; você pode estar apenas preservando a felicidade presente deles.

7. Quer tentar outra coisa?

Outro esporte, outra faculdade ou outro amigo? Se terminar é a melhor opção, investir em algo novo pode ajudar o processo de cura.

8. Algo de bom virá disso. (Mas não faz mal se isso parecer impossível agora.)

Depois que nossos filhos feridos tiveram tempo para chorar o que perderam, há esperança em se pensar no que eles podem ganhar. Não demorei muito tempo depois daquela noite, no chão do banheiro, para perceber que, como casal, meu ex-namorado e eu teríamos sido um desastre, porque ambos tínhamos personalidades nervosas e reativas. Se tivéssemos casado, teríamos vivido em constante crise. Em vez disso, casei com um homem que contrapõe minha natureza reacionária e descontrolada com sua certeza de que tudo correrá bem. Como parceiros na vida, encontramo-nos geralmente no meio e equilibramo-nos um ao outro. Perdi algo que me preocupava naquela noite na faculdade, mas ganhei algo maior por causa disso.

9. Isso não diz tudo que você é, e não é só o que você é.

Seu filho machucado pode se tornar um ex-amor, o estudante na lista de espera, o substituto ou o esquenta bancos.

Mas o que o descreve no momento não o define como um todo.

10. Eu amo você.

É o que dizemos, como pais, quando não sabemos mais o que dizer, e até mesmo quando sabemos, porque isso é o princípio, o fim e a base para tudo o que vale a pena ser dito nesses momentos.

TENHA CONVERSAS DIFÍCEIS

Nossas conversas sobre amor e sexo não são todas projetadas para consertar corações, atacar o medo ou desencorajar comportamentos destrutivos. Quando nossos filhos vão para a faculdade, é hora de falar, em um nível muito mais profundo, sobre as alegrias que os adultos encontram no romance e em uma vida sexual feliz. Para alguns de nós essa conversa é tão fácil como discutir o que vamos jantar. Para outros, as palavras não vêm sem esforço. Se quiser algumas "sugestões", ou apenas relembrar um pouco (afinal, sugestões são sempre bem-vindas), aqui estão os pensamentos de uma mãe. Esta é uma carta que Kari O'Driscoll, escritora e mãe, escreveu para suas duas filhas, mas a mensagem inclui ambos os gêneros.

Queridas filhas,

Sei que a última coisa que vocês querem que eu fale com vocês é sobre sexo e, embora essa seja a principal razão para eu ter escrito esta carta, quero que saibam que ela não se resume a isso. Também sei que eu poderia abandonar essa conversa e apenas esperar que a educação sexual da escola, dos livros ou aprendida com seus amigos seja suficiente, mas decidi me adiantar. É o mínimo que posso fazer pelas duas pessoas mais importantes da minha vida.

Não tenho ilusões de que vocês queiram detalhes de minhas experiências sexuais passadas e, francamente, também não quero saber as suas. Mas quero encorajá-las a pensar no que o sexo significa para vocês, e quero que vocês entendam dez coisas importantes.

1. *"Sexo" engloba uma ampla categoria de comportamentos.*

   Nossa cultura envia mensagens pesadas sobre sexo. Quando eu tinha sua idade, definia o sexo como algo que poderia resultar em um bebê: coisas básicas do estilo missionário.

   Isso levou a alguns erros: primeiro, que qualquer tipo de ato sexual que não pudesse produzir filhos não era "realmente" sexo, e, segundo, que a pior coisa que poderia acontecer era engravidar antes do casamento. Pensando assim, qualquer tipo de brincadeira fora da relação sexual não tinha o mesmo peso que o ato sexual "real", e, desde que eu evitasse a gravidez, tudo estaria bem. Ninguém me disse que outros atos sexuais poderiam ser tão graves quanto "a Coisa Real", e que qualquer tipo de contato íntimo poderia produzir o mesmo número de sentimentos conflitantes e prazerosos.

2. *O sexo é uma parte normal e saudável da vida quando o escolhemos livremente.*

   A parte complicada é a segunda metade dessa frase. Escolher o sexo livremente não significa concordar em fazer algo porque você acha que é o único de seus amigos próximos que ainda não o fez. Escolher o sexo livremente não significa agradar a outra pessoa porque você "deve a ela", não quer decepcioná-la ou "deixá-la esperando".

   Escolher o sexo livremente não significa estar ali deitado em silêncio, enquanto outra pessoa se aproveita de você porque você está muito bêbado ou tímido para dizer não. Infelizmente, isso também não significa se render cegamente ao apelo físico, que começa com beijos ou seguranças, sem nem em algum momento (ou em vários) se perguntar: "Estou pronto para ir além disso?"

   Escolher sexo — e, por sexo, refiro-me a qualquer contato íntimo — significa conhecer os riscos para avançar sem reservas. Você está indo em frente porque sente uma conexão com essa outra pessoa e acredita que o sexo é uma boa forma para ambos expressarem seus sentimentos de uma forma mutuamente respeitosa. Você está indo em frente com a certeza de que se, em algum momento, em algum ponto, você se sentir desconfortável ou mudar de ideia — mesmo que sua roupa íntima esteja a meio caminho da sala e você tenha dito sim 16 vezes essa noite — você pode colocar suas roupas de volta e ir embora. Escolher o sexo livremente significa que você fez a si mesma a pergunta: "Por que estou fazendo isso?" e respondeu honestamente. Se a resposta envolve melhorar ou aumentar seu status social, fazer um favor a alguém ou punir a si mesma ou a outra pessoa, isso não é escolher livremente.

3. *Tomar decisões claras sobre coisas como sexo, quando se é adolescente, é um desafio.*

   Seu cérebro foi sequestrado por uma tropa de assalto emocional que está mantendo seus poderes lógicos como reféns. Faça um favor a si mesma e pense em sexo quando estiver sozinha no seu quarto à luz do dia. Pergunte a si mesma o que acha que pode dizer ou fazer se você se encontrar em uma situação questionável. Pergunte a si mesmo como seria uma situação questionável, como ela poderia ser. Descubra o que pode dizer ou até onde estaria disposta a ir para se afastar de uma situação questionável e quem são seus aliados de confiança — as pessoas na discagem rápida que não hesitarão em ir em seu auxílio se você se meter em problemas. Faça isso pelo menos uma vez por mês, uma vez por semana se estiver em um relacionamento. Fale com seu parceiro sobre isso. Fale com o seu melhor amigo. Ou fale com a sua mãe. Lembre-se de que a pessoa mais importante aqui é você e a voz mais importante é a sua. E se você se meter em uma situação em que a sua preparação mental lhe escape, ouça o seu instinto. Se estiver com medo e o cabelo subir na parte de trás do pescoço — ou se simplesmente se sentir inseguro — respire fundo e pare. Seu instinto está sempre certo, e haverá tempo para tentar de novo quando estiver pronta.

4. *Você cometerá erros. Todos nós cometemos.*

   Todos fazemos escolhas que parecem ridículas, 12 horas depois. Pelo menos uma vez em sua vida, você provavelmente escolherá a intimidade com alguém pelas razões erradas e se arrependerá mais tarde. Respire. Aprenda com isso. Siga em frente. Muna-se com informações e um plano para prevenir ISTs e gravidez indesejada. Aprenda a identificar e evitar pessoas que possam tirar vantagem de você e faça melhor da próxima vez.

5. *O sexo não é algo a temer, nem deve ser feito superficialmente.*

   Como qualquer outra decisão importante da vida, ela simplesmente requer um pensamento claro e um pouco de esforço para definir seus valores. Os relacionamentos são difíceis e gratificantes, e, quando você está pronta e escolhe o sexo livremente, isso pode aprofundar e melhorar sua conexão com a outra pessoa. Sua vida sexual é sua; não pertence aos seus amigos, nem ao seu parceiro ou a seus pais. Você tem todo o direito de tomar as decisões adequadas para você, de pedir o que precisa e de mudar de ideia a qualquer momento. Se você é honesta consigo sobre por que quer fazer sexo e se sente bem com a resposta, você está no caminho certo. Meus medos em relação a vocês não têm tanto a ver com gravidez, mas com suas escolhas e valores serem cooptados ou manipulados por outra pessoa.

6. *Lembre-se da outra pessoa nessa equação — o seu parceiro.*

Você não pode ser responsável por suas escolhas, mas pode ser paciente e gentil, e reconhecer que a intimidade sexual é um grande passo para todos. Só porque pode estar pronto não quer dizer que outra pessoa esteja. Siga sempre os desejos da pessoa mais cautelosa, mesmo que isso signifique ter que tomar um banho frio ou ir correr para se acalmar. O fato é que há muito tempo, e o sexo deve ser gratificante para ambos. Deve fazer com que você e seu parceiro se sintam bem.

7. *Você não pode confiar na palavra de alguém sobre ter ou não uma IST, mesmo que o ame.*

Ele pode não saber que tem uma infecção ou pode ter medo que você desista dele se contar que tem, e pode também não se importar de passá-la para você. Novamente, faça muitas perguntas e, em caso de dúvida, leve preservativos. Proteja-se.

8. *A contracepção não é vergonhosa ou secreta. É uma necessidade.*

Há muitas opções diferentes quando se trata de controle de natalidade, então faça muitas perguntas para descobrir qual é o método certo para você — e use-o. Se a pessoa com quem você está não quer usá-lo, você precisa ter uma conversa honesta sobre por que é importante para você. Como uma mulher jovem, as consequências da gravidez indesejada são monumentais. Você merece estar com alguém que entenda isso e não esteja disposto a arriscar sua vida ou sua saúde.

9. *O sexo é confuso para todos.*

Ele evoca fortes reações emocionais e merece uma deliberação ponderada. Todo mundo tem uma reação única e limiar para a intimidade sexual. O que é bom para você hoje com uma pessoa pode não ser verdade no seu próximo relacionamento. Seja cuidadoso e respeitoso, consigo e com seu parceiro.

10. *A vergonha não tem lugar em nenhuma relação sexual.*

Se está com alguém que a faz se sentir envergonhada, essa pessoa não lhe faz bem. Se alguém faz piada ou compartilha detalhes ou fotos confidenciais para envergonhar a outra pessoa, está errado. Relacionamentos íntimos se baseiam em confiança e respeito mútuo, e devem fazer você se sentir bem. Vocês merecem se sentir bem com vocês mesmas e com as suas escolhas. Se não for assim, mude alguma coisa. Se não sabe o que mudar, pare tudo até descobrir.

Só mais uma coisa. Lembro-me de como era lutar com decisões difíceis na sua idade e como era muito mais fácil deixar as coisas ao acaso ou deixar que alguém escolhesse por mim. Se não consegue se amar o suficiente no momento de abrandar e pensar, faça a você mesma esta pergunta: "O que minha mãe desejaria para mim?" Ao responder, sempre seja verdadeira com você mesma. Não importa o que aconteça.

QUANDO ESTIVEREM PRONTOS PARA FALAR

Mesmo quando sabemos o que dizer aos nossos filhos, pode ser difícil perceber quando eles estão prontos para falar e ouvir. A sabedoria convencional sugere falar com adolescentes no carro. O espaço fechado cria a intimidade apropriada para qualquer assunto sensível, e a falta de contato visual é exatamente o que muitos precisam. Testamos essa tática muitas vezes e estamos aqui para dizer: funciona. Mas, às vezes, a questão não é de localização ou mesmo de ter as palavras certas; às vezes, é uma questão de descobrir quando seu filho está pronto e quando apenas o mais leve empurrão pode começar a conversa. Marianne Lonsdale, mãe e escritora, encontrou esse momento.

Meu filho, Nick, tinha que fazer fotos para a formatura do ensino médio. Como ele dirigia há quase um ano e raramente queria minha companhia ou conselho, achei que ele iria ao estúdio sozinho. Até ele me mandar uma mensagem no meu escritório na véspera do ensaio, ao fim da tarde.

"Você vem comigo amanhã, certo?"

"Não", respondi, ligeiramente aborrecida com a interrupção. "Tenho de trabalhar."

"Acho que é para os pais virem", disse ele.

Um sino tocou.

"Está nervoso?"

Fotos de formatura não são mais do que algumas poses com um chapéu e toga — eles as transformaram em sessões de modelo, com roupas diferentes e fundos falsos.

"Um pouco", respondeu Nick.

Olhei para a minha agenda — duas reuniões consecutivas, na hora marcada. "Claro que vou." Entrei no modo Mãe, cancelando uma e reagendando a outra. Afinal, não eram assim tão importantes. Ora, meu filho queria que eu fosse com ele. Não me lembrava do último convite dele.

A sessão fotográfica foi divertida, mas Nick estava muito nervoso. Fiquei atrás do fotógrafo fazendo caretas patetas, tentando diverti-lo com sorrisos sinceros. Depois, envergonhei-o ao comprar um porta-chaves com uma fotografia grande dele, que foi impressa no local mesmo. Nick achou demais. Disse a ele para olhar o lado bom, pelo menos não era uma camisa.

No caminho para casa, perguntei ao Nick como ele se sentia ao ir para a faculdade no ano seguinte. Ele se julgou seguro por alguns minutos, falando sobre como esperava encontrar um lugar com clima quente e companheiros de dormitório divertidos. Então, mandando mensagens de texto, mas não olhando para mim, ele se lançou na alegria de viver sua vida da maneira que queria, sem que eu o pressionasse sempre para fazer mais e melhor.

Eu não podia argumentar muito; ele tinha críticas válidas. A conversa foi difícil e importante. Provavelmente, não teria acontecido se eu não tivesse tido tempo para estar com ele naquela manhã, ou se eu não tivesse gentilmente sondado ele sobre como estava se sentindo.

O Nick raramente dá informações voluntárias, mas abre-se a perguntas. Isso aconteceu em casa, um ano antes, em março do seu ano inicial.

Era sexta-feira à noite, e eu e o Nick estávamos passeando com nosso cão, uma bola peluda. Ele tinha acabado de chegar em casa, depois de ir à festa de 16 anos de sua amiga Sophie, em um restaurante chinês.

"Quem estava na festa?", comecei.

Nick falou os nomes de cerca de nove meninas.

"Era o único rapaz?", perguntei. Nick acenou com a cabeça.

"Estava confortável?" Eu sabia que ele diria que sim, mas eu não estava pronta para ir direto ao assunto.

"Sim", respondeu ele.

"Se apaixonou por alguma dessas meninas?"

Ele balançou a cabeça, olhando para mim e olhando para longe, segurando a guia e andando à minha frente.

Não estava pensando, conscientemente, aonde ia chegar com essa linha de investigação. Estava mais ouvindo a minha intuição me dizendo que aquele era o momento certo. E o meu instinto disse-me que o Nick precisava de um empurrão.

"Ainda não sabe se apaixonou-se por meninas ou rapazes?", continuei. "Isso pode ser confuso."

"Uh. Hmm." Ele limpou a garganta. "Rapazes", declarou, muito claramente. Não havia vestígios de dúvida na voz do meu filho.

Continuamos a falar naquela noite e durante todo o fim de semana. Havia muita coisa que queríamos dizer, compartilhar, questionar, que ambos tínhamos evitado. Nick disse que queria me contar há mais de dois anos, mas não conseguia descobrir como falar sobre isso, não conseguia decidir qual era o momento perfeito. E eu sentia que não devia pedir, que devia esperar até que ele estivesse pronto. Acabou que a minha pergunta criou aquele momento perfeito.

Eu olho para a foto na moldura de plástico do meu lindo menino, pendurada no meu chaveiro. Não é tão fácil como costumava ser.

Não há sinais claros — nem lágrimas, nem joelhos esfolados, nem respostas fáceis. Na maioria das vezes, ele não quer ou precisa da minha opinião, mas ainda quer meu apoio, aceitação e amor. Vou continuar fazendo perguntas, certificando-me de que a amarra invisível entre os nossos corações nos mantém unidos e independentes.

> Tinha me mudado da Área da Baía para a faculdade, em Chicago. No ensino fundamental e no secundário, eu não saía muito, mas queria me enturmar. Mesmo quando cheguei à faculdade e estava fora, não sabia como me adaptar. Tive que me afastar das normas sociais na faculdade (festas de fraternidade, muita bebida) e não me preocupar com o que todos pensavam de mim para encontrar o que me fazia feliz. Tinha adotado a ideia heteronormativa de que tinha de encontrar um parceiro na faculdade. Agora percebo que tenho mais tempo para encontrar companheirismo e posso me perguntar, em cada momento da minha vida, se cada coisa é importante para mim. Seria a cereja no bolo se eu encontrasse alguém, mas não é algo essencial.
>
> — NICK, 21

SEM SABER O QUANTO SE PREOCUPAR

Embora nossos objetivos de parentalidade possam ser neutros, deixar que nossos adolescentes descubram como realmente se sentem e guardar nossas opiniões para nós mesmos é muito mais difícil do que jamais imaginamos. Quando o seu filho se apaixona, pode ser difícil não se apaixonar junto. Você vê uma pessoa que está levando muita alegria para a vida de seu filho adolescente ou jovem adulto, e às vezes é quase impossível não a amar por isso. Mas Marlene Fischer, escritora e mãe de três filhos, pergunta: onde você traça o limite?

No outro dia, encontrei a mãe da ex-namorada do meu filho do meio. Nossos filhos, que haviam começado a namorar no ensino médio, terminaram no início do segundo ano de faculdade, depois de namorar por quase dois anos. Nosso encontro não foi embaraçoso, e fiquei feliz em vê-la e ouvir como sua filha estava indo; quando namorava meu filho, eu gostava de sua companhia.

Tenho um amigo que me disse que até que um anel seja oferecido e aceito, eu não deveria me apegar muito às namoradas dos meus filhos. Também ouvi esse conselho de outras pessoas. Embora seja um bom conselho, é difícil de seguir, pelo menos para mim.

Talvez seja porque não tenho filhas, mas adoro quando os meus rapazes trazem as namoradas para casa. Toda a atmosfera na casa muda quando há meninas aqui. Aprendo sobre novas manias e modas, coisas nas quais meus rapazes não têm interesse ou não fazem ideia. Ouço o que as meninas têm feito, bem como notícias sobre os meus meninos e seus amigos, que, de outra forma, eu nunca saberia. A namorada do meu filho mais velho me disse recentemente que um dos seus bons amigos tinha ficado noivo alguns meses antes, uma informação que o meu filho não achava que valia a pena mencionar.

Meu filho e a namorada nos visitaram pouco depois de terem ido a um casamento. Perguntei ao meu filho como foi o casamento e ele disse: "Foi bom." Eu fiz a mesma pergunta à namorada dele, e ela me fez uma ladainha de detalhes específicos, como quantas pessoas compareceram e como era a comida. Eu não acho que os meus rapazes estejam retendo detalhes de propósito; eles apenas não veem a relevância de retransmitir tais detalhes. Depois de viver em uma casa com homens minimamente comunicativos, esses pedaços de informação são como alguns goles de água para uma pessoa que anda a vaguear no deserto.

Depois que meu filho mais velho começou a namorar com sua namorada, ele me disse: "Você vai gostar muito dela, e vai ser um problema." Não sei bem o que ele quis dizer, mas acho que ele sabia que eu me apegaria.

Quando as namoradas dos meus filhos estão por perto, consigo ver um lado dos meus rapazes que normalmente não vejo. A coisa do "jovem e apaixonado" é muito doce — é bom saber que meus meninos podem ser atenciosos, bobos e ternos, diferentes das versões mais ásperas que costumo observar. Tive sorte porque gosto das meninas que os meus rapazes escolheram para namorar, até agora. Eles têm sido inteligentes, bondosos, carinhosos, orientados para a família e cuidadosos. São jovens mulheres com excelentes personalidades, e fico feliz em saber que meus meninos têm muito bom gosto.

As namoradas dos meus filhos estiveram presentes nas refeições de férias, jantares comemorativos e passaram mais de uma noite de ano-novo conosco. Elas se lembram de me mandar mensagens no meu aniversário e me ofereceram conforto quando meu pai morreu, acompanhando seu funeral e o Shivá. Elas me encorajaram com a minha carreira de escritora; a namorada do meu filho mais velho até fez cartões de visita para mim. Que bom, não é?

Então, como faço para *não* me apegar? Como é que os outros pais não se apegam? Como é que se distanciam desses fantásticos jovens que se tornam (talvez, temporariamente) parte da família? Há algum tipo de manual ou guia para isso, que eu não saiba? Tenho mesmo de esperar até eles estarem noivos ou casados antes de me apegar? E se eles se casarem e mais tarde se divorciarem? Não é tudo apenas um momento no tempo?

Depois que meu filho do meio e sua namorada se separaram, embora eu entendesse suas razões para o término e eles tenham ficado amigos, senti saudades dela. Sei que a culpa era minha de ter quebrado a regra fundamental de não se apegar.

Por um tempo, depois que eles se separaram, decidi que meus amigos, que me disseram para esperar até que as coisas fossem "oficiais" antes de se apegar, tinham uma ideia certa. Pensei que tinha aprendido a lição. Estava determinada que da próxima vez seria mais tranquila. Mas, então…

Meu filho conheceu uma menina durante seu primeiro ano na faculdade e tivemos a oportunidade de conhecê-la quando o visitamos. Há uns meses, ele a trouxe para passar um final de semana em casa, para nos conhecermos melhor. Enquanto eu passava mais tempo com ela, via o que ele amava nela e o quanto eles se preocupavam um com o outro. Apesar das minhas melhores intenções, quando vi como ele estava feliz, comecei a acolhê-la. Não consegui evitar.

Admito que não sou boa em manter as pessoas de quem gosto a distância. Não sei mesmo como é que as outras pessoas fazem isso. Acho difícil imaginar que meus sentimentos para com essas jovens mudariam o momento depois de uma proposta de casamento. As minhas emoções não são como um interruptor que eu possa ligar e desligar facilmente.

Outra amiga minha gosta de dizer: "Você é quem você é" — como você pode ver, meus amigos oferecem muitos conselhos —, e talvez ela tenha razão. Acho que o mais importante é que meus filhos querem que eu conheça suas namoradas e se sintam à vontade para trazê-las para casa. E, se ficar pelo menos um pouco apegada é o preço que pago, então não me importo com isso.

SAÚDE SEXUAL E ISTs

As nossas discussões sobre sexo e amor precisam tocar no tema da saúde dos nossos adolescentes. Claro, eles provavelmente já tiveram aulas de saúde na escola, que engloba os vários riscos quando se trata de saúde sexual, mas isso não nos livra dessa discussão. Marybeth Bock, MPH, escritora e mãe, orienta-nos sobre como abordar essas conversas.

Logo de cara, aqui está um aviso de conteúdo. Ler isso pode fazer você se sentir um pouco incomodada, constrangida e desconfortável. Essa é a questão. Grande parte de nós somos covardes e precisam ser alertados. Pause por um segundo, respire devagar, respire fundo, mas fique comigo, pois isso é importante. Precisamos falar sobre infecções sexualmente transmissíveis — IST.

Vamos começar pela raiz da questão e voltar brevemente no tempo para pensar em nossas próprias experiências de infância.

Imagine-se como um jovem de 12 anos e imagine a palavra "sexo" sendo falada em voz alta em sua casa. A sensação na sala teria sido de conversa casual e discussão aberta? Ou será que todo o contato visual cessaria de repente e o tópico mudaria abruptamente, enquanto qualquer adulto na sala fingia não ter ouvido a palavra?

Para muitos, minha experiência de infância foi a regra — algumas pinceladas sobre anatomia, mencionados aqui e ali, embora nunca usando os termos anatômicos corretos, e um pequeno livreto rosa sobre "Tornar-se uma Mulher" passou para mim com uma caixa de produtos femininos. Fim da história, com mensagem recebida: nós realmente não queremos falar sobre sexo ou sobre qualquer coisa relacionada a ele.

Hoje, vivemos na era dos comerciais de disfunção erétil, aplicativos de namoro e acesso irrestrito à informação na internet. No entanto, muitos de nós ainda estamos muito desconfortáveis para falar com nossos filhos sobre saúde sexual ou esperamos muito tempo para começar as conversas. Ou deixamos isso para os professores e treinadores nas escolas, ou vivemos em um estado de negação e esperamos que nossos filhos acabem descobrindo, por meio do Google. Alguns pais proativos esperam que deixar uma caixa de preservativos no quarto do seu filho ou levar a sua filha ao médico para tomar pílulas anticoncepcionais seja o início e o fim do seu envolvimento.

Quando se trata simplesmente de prevenir a gravidez, essas táticas parecem funcionar. De acordo com o Power to Decide: The National Campaign to Prevent Teen and Unplanned Pregnancy ["Poder para Decidir: Campanha Nacional para Prevenir a Gravidez na Adolescência e Não Planejada", em tradução livre]: "Entre 1991 e 2017, a taxa de natalidade em adolescentes diminuiu em um impressionante declínio de 70% em todo o país. Tem declinado em todos os 50 estados e entre todos os grupos raciais/étnicos."

Apesar do acesso a mais informação no mundo de hoje, as taxas de doenças sexualmente transmissíveis (ISTs) estão em um pico histórico, com jovens e homens gays e bissexuais em maior risco de serem infectados. Em 2017, pelo quarto ano consecutivo, foram observados aumentos nas três ISTs relatadas nacionalmente — clamídia, gonorreia e sífilis. O Centro de Controle e Prevenção de Doenças estima que "quase 20 milhões de novas infecções sexualmente transmissíveis ocorrem todos os anos neste país, metade entre os jovens de 15 a 24 anos, e respondem por quase 16 bilhões de dólares em custos de saúde".

A complexidade de discutir saúde sexual com nossos filhos reside no fato de que devemos também abordar questões como sexo oral e anal. A amostragem periódica e confidencial conduzida pela Pesquisa Nacional de Crescimento Familiar mostra aumentos contínuos nas taxas de sexo oral e anal a partir de 2002, quando homens e mulheres de 15 a 44 anos começaram a participar da pesquisa.

A realidade é que as infecções podem ser transmitidas a partir de qualquer tipo de conduta sexual envolvendo genitais, e existem alguns riscos mesmo quando usam preservativos. Nossos filhos precisam de fatos baseados em evidências, e nós não podemos apenas esperar e orar para que aprendam os fatos de outras fontes.

Então, se até hoje você tem sido um dos muitos pais envergonhados demais para discutir saúde sexual com seus filhos em qualquer detalhe, que medidas você pode tomar agora?

- Quer seu filho tenha 12 quer tenha 20 anos, organize uma primeira discussão — de preferência quando o contato visual for mínimo. Comece com o reconhecimento de que vai ser embaraçoso, espero que um pouco engraçado, mas livre de julgamento e focado apenas na saúde deles. Atitude-chave: o sexo é normal! Deixe-os saber que eles podem perguntar-lhe qualquer coisa agora e daqui para frente, e você os ajudará a encontrar respostas, se você não as conhecer.

- Se tiver alguma razão para suspeitar que seu filho é sexualmente ativo, certifique-se de que ele consulte um médico, tenha acesso a algum controle de natalidade e acompanhe-o para que faça o teste para as ISTs. Se não conseguir os detalhes sozinha, diga antecipadamente ao médico que gostaria de ter uma consulta mais longa, para que haja tempo para que ele fale mais detalhadamente com seu filho.

- Enfatize a extrema importância de ser sempre completamente honesto com os prestadores de cuidados de saúde. Muitas vezes, lembro aos meus filhos que os profissionais médicos já viram e ouviram *tudo*! Mesmo que não seja oferecido a seu filho, sugira a opção de falar com o médico sem você na sala, especialmente se suspeitar que ele não está sendo honesto com você.

- Converse frequentemente sobre como o álcool e as drogas alteram a tomada de decisões quando se trata de sexo de qualquer tipo. A saúde e o histórico sexual precisam ser discutidos honestamente com um parceiro em potencial quando ambos estão sóbrios. O consentimento mútuo é obrigatório. Se não é maduro o suficiente para falar sobre isso, não deveria fazer.

- Finalmente, destacar o fato de que as decisões tomadas sobre sexo, hoje, podem afetar significativamente a saúde de alguém em um futuro distante. Assim como aprender a dirigir um carro, enfatize que a segurança pode ser alcançada sem medo indevido.

AGRESSÃO SEXUAL

Quando se trata de agressão sexual, recorremos aos especialistas para aconselhamento sobre como manter os nossos filhos seguros. Aqui estão algumas das diretrizes desenvolvidas pela RAINN (Rape, Abuse & Incest National Network — Rede Nacional Para Violação, Abuso e Incesto) que podemos compartilhar com nossos adolescentes.

- Confie no seu medo. Se algo o assusta, acredite nos seus instintos e procure uma situação mais segura. Você não precisa de motivo. Isso pode significar deixar uma festa, um dormitório, qualquer lugar. Se estiver desconfortável com uma situação em que veja outra pessoa, fale também. A RAINN lembra aos estudantes universitários que "é melhor mentir e inventar uma desculpa para sair, do que permanecer e ficar desconfortável, assustado ou coisa pior. Sua segurança vem antes dos sentimentos de outra pessoa ou do que ela possa pensar de você".

- Tenha muito cuidado ao usar geolocalização ou outros métodos online de deixar as pessoas saberem o seu paradeiro físico. A RAINN salienta que "se você não compartilha suas informações com um estranho, então você não deve compartilhá-las online".

- Não assuma que alguém é uma pessoa boa, honrada ou honesta só porque está na mesma universidade que você. As pessoas que você está encontrando são estranhas até conhecê-las bem o suficiente para confiar nelas. Prossiga com muito cuidado.

- A prevenção é o conselho mais importante, mas também devemos, infelizmente, preparar nossos filhos para as medidas a serem tomadas se eles ou um amigo for agredido.

A agressão sexual em campi universitários é um problema muito real — e até recentemente, um pouco escondido. É frequentemente escondida dos pais, da polícia e das autoridades escolares, porque muitas vítimas relutam em denunciar o crime. Amigos ou companheiros de quarto podem ser os primeiros e únicos que sabem que um crime ocorreu. Um relatório do Departamento de Justiça indica que "cerca de 2/3 das vítimas dizem a alguém, muitas vezes a um amigo (mas geralmente não a um familiar ou funcionário da faculdade)".

Então, se o seu filho telefona da escola para dizer que precisa de aconselhamento para um amigo que foi vítima de agressão sexual ou violação na faculdade, ou que ele próprio foi vítima, o que você deve sugerir? Ligar para o 911, para o ginecologista da vítima, para o conselheiro residente ou para o centro de saúde do campus? Dizer à polícia da cidade ou à do campus? Levar a vítima ao serviço de urgência local, imediatamente, ou esperar até a manhã ou o dia seguinte, quando ela ou ele se sentir mais forte? Encontrar a política da universidade sobre agressão sexual e segui-la? E onde estaria essa política? Isso muda alguma coisa se a vítima tiver menos de 18 anos? Que medidas um amigo ou pai podem sugerir que, tomadas antecipadamente, levarão aos melhores resultados emocionais, físicos e legais? E quais, se é que há alguma, decisões precisam ser tomadas imediatamente?

Depois de longas conversas com um ginecologista, um detetive em uma unidade de vítimas especiais e o chefe de um grande serviço de aconselhamento sobre estupro, adquirimos seu conhecimento e experiência. Não somos especialistas em nenhuma dessas áreas — somos apenas mães que fizeram perguntas e estão compartilhando os resultados do que encontramos. Isso não deve ser interpretado como aconselhamento mé-dico, legal ou psicológico, e sim como alimento para reflexão e possíveis primeiros passos, se encontrar seu filho universitário buscando seu conse-lho ou cuidado. Cada especialista nos lembrou de que, em momentos de crise, como nas consequências de uma agressão sexual ou estupro em um campus universitário, os pais podem desempenhar um papel importante como uma voz calma e reconfortante, e devem ter conhecimento e suges-tões dos próximos passos a tomar.

Cada vítima é diferente. Todas as situações variam, e não há uma resposta geral. O que se segue são alguns conselhos de três especialistas familiarizados com os corpos, mentes, corações e direitos legais das víti-mas. Seria impossível sugerir a melhor ação para cada pessoa que tenha sido vítima de agressão sexual ou estupro na faculdade, mas aqui estão algumas coisas que os pais podem querer pensar, quando seus adolescentes (ou amigos dos adolescentes) estão em momentos de necessidade.

FORNEÇA SUPORTE, MESMO QUE NÃO SEJA UM PROFISSIONAL. Todos os es-pecialistas que consultamos enfatizaram o mesmo ponto de parti-da. Quer os pais estejam falando com seu filho como vítima, quer estejam aconselhando o próprio filho como amigo da vítima, nos-sos peritos disseram que é fundamental que as vítimas saibam que acreditam nelas, que as apoiam e que todas as decisões são delas. Diga-lhes que você respeitará sua privacidade e não discutirá isso com nenhuma outra pessoa sem sua permissão explícita. Tranquili-ze-os de que você vai ficar com eles e ajudá-los da maneira que eles julgarem melhor. Só eles podem decidir quais os passos a dar, mas lembre-os de que existem especialistas (médicos, advogados, psicó-logos) com os quais podem se consultar para tomar essas decisões, e que não estão sozinhos ou sem recursos. Tente entender que eles podem estar em uma situação muito complicada e que, mais do que provavelmente, eles conhecem seu agressor. De acordo com o De-partamento de Justiça dos EUA: "90% das mulheres universitárias que são vítimas de violação ou tentativa de violação conhecem o agressor."

FAMILIARIZE-SE COM A POLÍTICA E OS RECURSOS DA FACULDADE. A maioria das faculdades posta seu protocolo de agressão sexual e lista de serviços, incluindo aconselhamento, saúde e serviços jurídicos. Universidades são obrigadas a ter um coordenador Título IX, e se você procurar o nome da faculdade e do termo "Título IX" (ou às vezes as palavras "agressão sexual"), provavelmente achará o site certo. Os sites da Faculdade Título IX, geralmente, têm números de contato para ajuda médica e jurídica, bem como serviços de aconselhamento confidencial que, normalmente, estão disponíveis para os estudantes a qualquer hora do dia. Muitos têm extensas FAQs que podem oferecer primeiros passos e contatos importantes para lidar com uma agressão sexual. Os estudantes podem muito bem ter sido alertados para esses recursos online e os pais podem encontrá-los por meio de uma pesquisa rápida. É ideal que tanto os pais como os alunos estejam familiarizados com este site, antes que ele seja necessário (algo que os pais podem sugerir aos seus alunos universitários).

PROCURE AJUDA MÉDICA. Em casos de agressão sexual ou estupro, há uma série de questões a considerar a atenção médica circundante. Um dos pais pode perguntar: a agressão foi violenta e a vítima precisa de cuidados médicos de emergência para quaisquer lesões físicas que possam exigir radiografias, pontos ou tratamento de feridas? Há risco de gravidez ou de doenças sexualmente transmissíveis? Nossos médicos especialistas sugeriram que as vítimas visitassem o pronto-socorro para tratamento, pois os hospitais oferecem cuidados 24 horas, incluindo pílulas do dia seguinte, injeções de antibióticos, testes de IST e atendimento médico para qualquer lesão. Embora uma chamada para um médico pessoal possa fornecer orientação, nossos especialistas concordaram que a maioria dos médicos não estão tão bem equipados quanto o pronto-socorro.

Nem todas as salas de emergência são iguais, mas muitas estão equipadas para fornecer (1) um enfermeiro treinado no tratamento e na coleta de provas em casos de agressão sexual; (2) materiais especializados de coleta de provas, também conhecidos como "kit de estupro"; (3) serviços de aconselhamento de estupro ou agressão de um centro de aconselhamento local com conselheiros especialmente treinados que permanecerão com a vítima durante todo o atendimento médico; e (4) serviços psicológicos.

Os médicos e o detetive com quem conversamos enfatizaram que o cuidado médico imediato é desejável, mas a vítima deve entender (e este é um ponto que os pais podem fazer) que eles podem parar o processo, mesmo no meio do exame físico, em qualquer ponto que desejarem. Aqueles que cuidam da vítima devem enfatizar que ninguém vai fazer nada que eles não queiram que seja feito, e que eles podem mudar de ideia a qualquer momento e parar o processo médico, legal ou de aconselhamento.

Quanto mais cedo a atenção médica for procurada, melhor, pois a qualidade das evidências coletadas é melhor e a eficácia da pílula do dia seguinte, maior. Alguns hospitais encaminharão o kit de provas coletado para seu departamento de polícia local, apenas com o nome "Jane Doe", data e número de identificação do hospital. Esses kits são armazenados por muitos anos para uso, se ou quando a vítima quiser abrir uma ação judicial.

Todos os peritos com quem falamos acham importante que alguém acompanhe a vítima até ao hospital e fique com ela durante todo o atendimento. Os conselheiros de violação também acompanham, frequentemente, a vítima, e o hospital geralmente os chama para ajudar. Eles são treinados em procedimentos hospitalares e podem ser úteis para explicar à vítima o que o exame implicará, a razão de cada procedimento e, o mais importante, que a qualquer momento a vítima pode encerrar o processo.

COMPREENDA POR QUE AS VÍTIMAS TÊM MEDO DE FALAR. Uma das principais razões pelas quais as vítimas de agressão sexual não querem envolver a aplicação da lei é porque sentem que não acreditarão nelas. Uma segunda razão pela qual as vítimas não querem avançar é o medo do ostracismo social. Como "estupro por conhecido" é mais comum do que uma agressão sexual por um estranho, as vítimas podem temer represálias sociais de seus pares. O estupro na faculdade se torna ainda mais doloroso porque as vítimas podem cruzar com seus agressores no cotidiano. As vítimas têm de compreender que têm muito tempo, ou mesmo anos, para tomar qualquer decisão sobre uma ação judicial.

PROCURE SERVIÇOS DE APOIO. Amigos e familiares podem desempenhar um papel crucial na prestação de apoio, mas os alunos que são vítimas de uma agressão sexual devem procurar ajuda psicológica profissional. As cicatrizes emocionais do estupro e outras agressões sexuais podem ser duradouras, e há pessoas treinadas para ajudar as vítimas. Os pais podem desempenhar um papel importante em incentivar o aluno a procurar este cuidado.

Se o seu filho é o cuidador, e não a vítima, não subestime o quanto a experiência pode abalá-lo. Continue a manter-se em contato por telefone, ou visite, ou ajude de qualquer forma quem o seu filho ou filha queira ajudar, e certifique-se de que tem alguém com quem falar sobre a sua própria preocupação com o seu amigo ou sobre os seus próprios medos.

Ver os nossos filhos na faculdade e agora jovens adultos entrarem nas primeiras relações sérias das suas vidas mudou muito nosso pensamento sobre o amor e o sexo. Como adultos, vimos casamentos que *sabíamos* que acabariam. Temos visto casais passar décadas felizes juntos que aparentemente têm pouco em comum. Se sabemos alguma coisa agora é que a paisagem mudou e continua a mudar. E o que esperamos de nossos filhos é simplesmente que encontrem parceiros que cuidem deles profundamente e os tratem com bondade, que se sintam afortunados por serem amados por nossos filhos e que façam o esforço gratificante necessário para permanecer um casal. Esperamos que os nossos filhos encontrem um amor profundo, saudável e gratificante.

CAPÍTULO CINCO

Estudos Acadêmicos

A luta acadêmica é real. Enquanto algum de nós talvez se lembre de vaguear pelo ensino médio, um pouco sem rumo e, talvez, mal preparado, muitos de nossos filhos vivem em uma panela de pressão acadêmica, na qual a conversa sobre admissão à faculdade e preparação para o vestibular começa tão cedo quanto o ensino médio. Como pais, estamos presos entre querer diminuir essa pressão (e talvez remeter nossos filhos a uma era anterior) e sentir que as forças que a criam são tão grandes que há pouco que possamos fazer para mitigá-las. Quando nossos filhos estão trabalhando incansavelmente e estão estressados, como resultado, nos preocupamos. E, quando nossos filhos estão vacilando e trabalhando bem abaixo de seu potencial, também nos preocupamos.

Este capítulo não trata das formas como podemos mudar o mundo em que nossos filhos vivem — francamente, não temos ideia de como conseguir isso. Em vez disso, vamos tentar olhar para formas que possamos apoiar e orientar nossos filhos durante suas vidas acadêmicas, em direção a qualquer objetivo que tenham escolhido.

Como pais, sabemos que é crucial celebrar nossos filhos pelo que eles são, ao mesmo tempo em que os incentivamos a tornarem-se os seus melhores "eu". Mesmo quando escrevemos essas palavras, percebemos que se deparam com clichês. Como alguém sabe ser o seu melhor eu? O que isso parece — e não é esse o seu trabalho para descobrir?

Aqui está a verdade: não temos a certeza. Mas a melhor resposta que podemos encontrar como duas mães que são ávidas ouvintes em uma comunidade massiva de pais, e que estão constantemente consultando os especialistas, que é nosso trabalho mostrar aos nossos filhos o que é tentar seu melhor. É nosso dever estabelecer os valores que são mais importantes para nossas famílias. Em algumas famílias, a educação está bem perto do topo dessa lista, enquanto em outras será filantropia, atletismo ou religião. Mas, independentemente de como esses valores se alinham, é nosso dever chamar nossos filhos quando, por causa da preguiça ou apatia, eles têm um desempenho abaixo do esperado.

Não nos compete definir seus interesses por eles ou persegui-los (embora tenhamos sempre todo o gosto em expô-los a um vasto leque de iniciativas). Não nos compete apoiar cegamente a sua autoestima — nossos filhos são bastante espertos para não verem através desse artifício. Não nos compete animar sem pensar tudo o que eles fazem, embora estejamos aqui para aplaudir seus esforços quando os vemos fazer progresso por meio deles. Nosso papel é guiá-los, ajudá-los a estabelecer suas próprias aspirações, algo que reconhecemos ser muito mais fácil de ser dito do que feito — especialmente quando se trata de trabalho escolar.

Aqui estão quatro principais lições que tentamos transmitir aos nossos filhos para ajudar com seus estudos acadêmicos, tanto no ensino médio quanto mais tarde, na faculdade.

APRENDA COMO VOCÊ TRABALHA MELHOR. Durante os anos do ensino médio, é importante que nossos filhos venham a entender a si mesmos e as condições de trabalho em que eles são mais eficazes. Precisam do silêncio do seu próprio quarto? Eles estudam melhor com caderno de apontamentos? Os grupos de estudo são úteis para eles? Quantas vezes precisam revisar o material para se sentirem prontos para o exame? As respostas a todas essas questões são pessoais, e os alunos que obtêm sucesso conseguem se conhecer bem o suficiente para saber o que funciona para eles.

DEFINA AS PRÓPRIAS EXPECTATIVAS. Nossos adolescentes conhecem nossas expectativas para eles, e não há nada de errado em eles se acostumarem a metas altas e realistas, em qualquer esfera de suas vidas. Em algum momento, no entanto, é essencial que aprendam a definir as próprias expectativas. A fonte deles pode ser externa, como uma média mínima para manter uma bolsa de estudos ou um ponto em uma equipe esportiva, enquanto outras vezes será uma motivação intrínseca para dominar uma nova habilidade ou buscar um interesse. De qualquer forma, estabelecer objetivos e padrões, seja para tarefas de curto prazo (terminar uma tarefa) ou aspirações de longo prazo (entrar na pós-graduação), é uma habilidade crítica a ser desenvolvida.

FALE COM OS PROFESSORES. No ensino médio, seus adolescentes devem aprender a se comunicar com seus professores ou tutores; na faculdade, serão seus professores universitários, monitores e orientadores acadêmicos. Muitos problemas aparentemente intransponíveis na sala de aula podem ser resolvidos simplesmente falando com aqueles que estão à frente dele. A maioria dos professores adora ensinar, e eles estão felizes em esclarecer uma tarefa e rápidos em sugerir maneiras de obter mais ajuda (ou até oferecê-la). Aprender a falar com aqueles em posição de autoridade é uma crucial lição de vida que não é possível ser ensinada muito cedo.

GERENCIE SEU TEMPO. Para muitos jovens, o maior desafio com seus estudos acadêmicos não é a substância do material que estão sendo ensinados, e sim serem capazes de organizar e gerenciar seu tempo. No ensino médio, eles podem ser tentados a deixar projetos e estudar até o último minuto. E talvez isso funcione no ensino médio. Mas, se a faculdade for a próxima, com menos tempo para tarefas ainda mais demoradas, é muito fácil ficar para trás ao longo de um semestre.

Para Lisa foi difícil quando ela tentou ensinar a habilidade da gestão do tempo para um de seus filhos. O "ensinamento" muitas vezes gerava aborrecimento e discussão, e as tarefas de casa ainda estavam escapando pelas lacunas inacabadas ou atrasadas. Ela se lembra:

Um dos meus filhos lutava para planejar bem seu tempo, então pendurei um quadro branco enorme na parede do quarto dele. Ele marcava suas tarefas em um planejador ou em um aplicativo de calendário em seu telefone ou (pior de tudo) em pequenos pedaços de papel enfiados em cada bolso. Esses métodos revelaram-se muito fáceis de ignorar. Então, em vez disso, eu insisti para que ele escrevesse tarefas, testes, questionários e datas de vencimento todos os dias, assim que ele chegasse em casa do ensino fundamental e, mais tarde, do ensino médio.

Pendurar o quadro branco na sua escrivaninha, mesmo por cima do seu amado computador, impediu-o de ignorar as tarefas e de dizer: "Que trabalho tenho que fazer?" Planejamento é uma habilidade que, para alguns adolescentes, vem naturalmente, e para outros precisa ser condicionada. Ao obrigá-lo a documentar as suas tarefas e planos todos os dias, eu estava muito lentamente ensinando-o a praticar suas habilidades da mesma forma que ele praticava futebol.

Essa história deveria ter um final feliz, em que lhe digo que ele foi para a faculdade sabendo conciliar com sucesso os requisitos do primeiro ano. Mas, não, não foi isso o que aconteceu. Ele lutou um pouco mais durante o primeiro ano e até mesmo no segundo, mas conseguiu entender como resolver seus problemas de gestão de tempo e, ao longo de sua carreira universitária, aprendeu a dominar essa habilidade.

Como pais, uma meta é que nossos filhos entendam como maximizar suas oportunidades acadêmicas, mas muitas vezes nós precisamos de maneiras mais explícitas para ajudá-los a fazer isso. Assim, procuramos a sabedoria de dois educadores experientes: uma professora do ensino médio de Inglês AP e uma professora universitária de ciências políticas. Pedimos a cada um que nos desse conselhos concretos e práticos que os pais pudessem oferecer e os filhos pudessem seguir. Por exemplo, o que um calouro pode realmente fazer, seja no ensino médio ou na faculdade, para facilitar sua transição e começar a prosperar academicamente? Suas respostas estavam cheias de bom senso — e de uma visão incomum.

UM BOM COMEÇO NO ENSINO MÉDIO

Os seguintes insights vêm de Emily Genser, uma mãe que lecionou no ensino médio por mais de 15 anos (e que já viu de tudo).

Há duas coisas que os adolescentes precisam lembrar quando se trata de conseguir um bom começo para o ensino médio: (1) construir relacionamentos desde o início e (2) ser honesto. Essas duas regras são os fundamentos mais importantes, mas aqui estão algumas outras que ajudam.

SABER O QUE ESPERAM DE VOCÊ DURANTE O VERÃO. Muitas de suas aulas (não apenas de idiomas) agora requerem leitura de verão, ou algum tipo de trabalho de verão em preparação para o outono. Chegar à sala de aula despreparado no primeiro dia causa uma má primeira impressão ao professor.

No entanto, se você ainda não fez o trabalho, vá logo em frente. Eu sempre preferiria que um aluno chegasse até mim no primeiro dia e dissesse: "Não fiz a leitura de verão, o que posso fazer para me preparar?" Isso mostra maturidade e ambição — ambas são características necessárias para se dar bem em qualquer curso.

TRABALHAR ARDUAMENTE NA PRIMEIRA MISSÃO. Esta é sua chance de mostrar ao seu professor o que você pode fazer e o que ele pode esperar do futuro. Você deve ler atentamente, escrever o melhor que puder e participar plenamente das atividades dessa primeira semana.

É difícil mudar a impressão que alguém tem de você, e você quer que a pessoa que está classificando seu trabalho sinta que você está tentando desde o início. Eles estarão mais dispostos a aceitar os deslizes mais tarde, no final do ano, se você tiver demonstrado vontade de trabalhar arduamente desde o início.

PARTICIPE. É assim que conhecemos nossos alunos. Seu professor não se importa, particularmente, que suas respostas não estejam 100% corretas, mas queremos ver que você está se esforçando e prestando atenção ao que já foi dito. Não fale apenas por falar, fale para acrescentar a discussão.

FAÇA PERGUNTAS QUANDO NÃO ENTENDER ALGUMA COISA. Se tiver uma dúvida, é provável que outra pessoa também a tenha. É provável que muitas pessoas tenham a mesma dúvida, mas sejam tímidas demais para perguntar. Se a pergunta não for feita, provavelmente não será respondida. Não fique pensando.

SEJA HONESTO SOBRE TUDO, SEJA NO SEU TRABALHO, SEJA NA VIDA. Já perdoei muitas transgressões com base na honestidade. Não importa quão próximo você pense que é de seus colegas de classe, nove em cada dez vezes eles o colocarão na reta para se salvar. A verdade virá à tona. Eu entendo que se cometem erros. Todos nós fazemos más escolhas quando estamos sob estresse ou sobrecarregados. É a forma como lida com as consequências de suas escolhas que diz quem você é.

Se trapacear na minha aula, fico chateada. Mas se você for honesto sobre isso quando for pego, ou (melhor ainda) antes de ser pego, eu provavelmente lhe darei outra tarefa para compensar parte da nota ou o ajudarei a encontrar uma maneira de fortalecer sua nota após o fato. Quero que entenda que o que fez foi errado, mas não quero que falhe por causa de um lapso momentâneo. Nenhum professor quer isso. Sua honestidade me ajuda a ajudar você.

SE O CURSO É UM OBJETIVO PARA VOCÊ (UMA CLASSE DE HONRA OU UMA CLASSE ESPECIAL QUE QUERIA TENTAR), ESTEJA PREPARADO PARA PEDIR AJUDA. Você não pode crescer sozinho. Defenda-se. A ajuda pode vir de qualquer lugar, mas deve sempre começar com o professor. Ele pode já saber que você está lutando, e definitivamente quer saber que você se importa com o próprio sucesso.

Se acha que não consegue a ajuda que está procurando do seu professor, encontre outro recurso. Mas deixe-o sempre saber que está trabalhando arduamente. Mencione que comprou (ou pediu emprestado da biblioteca) um livro de prática de AP. Diga-lhe que tem recebido mentoria de um estudante mais experiente ou um adulto.

Se seu professor sabe que você está tentando crescer, é provável que o ajude a alcançar seu objetivo.

SE NÃO FIZER UMA TAREFA OU TIVER PROBLEMAS COM UMA TAREFA, NÃO ESPERE ATÉ A HORA DA AULA PARA CONTAR AO SEU PROFESSOR. Procure-o antes do primeiro período e, mais uma vez, seja honesto.

Seu professor sabe o quão estressante é sua carga de trabalho acadêmico e pode ser mais compreensivo do que você pensa sobre as pressões do estresse extracurricular e/ou familiar.

DESENVOLVA UMA RELAÇÃO MAIS PRÓXIMA COM, PELO MENOS, TRÊS PROFESSORES. Você vai precisar de, pelo menos, dois professores para escrever uma recomendação de faculdade (ou servir como referência para um estágio ou emprego), e você não quer se colocar em uma posição precária quando chegar a hora de pedir. Saiba quem será o seu melhor advogado e fale com esse professor, pessoalmente. A pior coisa que pode acontecer é um professor dizer não. É por isso que deve ter aquele terceiro professor guardado em sua manga.

CONHEÇA SEU CONSELHEIRO DE ORIENTAÇÃO. É fácil esquecer que cada orientador tem centenas de alunos pelos quais é responsável. Não espere até uma crise para procurar sua ajuda. Quanto melhor ele conhecer suas qualidades, mais poderá ajudá-lo quando você mostrar seu pior lado. Marque reuniões para o check-in, veja se está no caminho certo e faça perguntas sobre o que pode estar faltando em sua carga horária do ensino médio.

Os conselheiros de orientação são especialistas em suas áreas, mas é difícil para eles o orientarem se não o conhecerem.

UM BOM COMEÇO NA FACULDADE

Esta próxima seção de conselhos sobre como começar a faculdade com o pé direito tem sido aperfeiçoada por muitos grupos experientes ao longo dos anos.

Michelle Miller-Adams, mãe de um adolescente e professora de ciências políticas na Universidade Estadual de Grand Valley, explica:

> Essa lista começou como um presente de aniversário de 18 anos para meu sobrinho que estava indo para a faculdade. Cinco anos e um grau mais tarde, beneficiou-se do feedback de mais de 20 colegas, amigos e antigos alunos, que apontaram algumas lições importantes de que eu tinha esquecido e acrescentaram as próprias reflexões.
>
> **MOSTRE-SE**. Assista a todas as aulas, a menos que esteja com uma doença contagiosa. A ausência constante é a principal razão pela qual um aluno se dá mal em minhas aulas. Conheça a si mesmo e seja estratégico — se você tem dificuldade em acordar cedo, não se inscreva para as primeiras aulas. Escolher o próprio horário é uma das melhores coisas da faculdade! E você não se sentirá prejudicado; eu praticamente consigo prever a nota de um aluno com base no local onde ele ou ela se senta. A turma do fundão será igual a notas mais baixas, com poucas exceções.
>
> Aparecer também o ajuda a desenvolver uma relação mais próxima com seus professores. É difícil ser notado quando não se está lá. E aparecer pode melhorar sua nota. Não sou a única professora a dar crédito apenas pela presença (e por estar acordado). E, se um aluno está em uma área cinza quando se trata de notas finais, olho para seu registro de frequência — com frequência perfeita ou quase perfeita, opto em dar notas mais altas.
>
> Mas aparecer não é só para causar uma boa impressão ou para uma nota melhor. Meus colegas e eu acreditamos que o que acontece na sala de aula tem valor (é por isso que estamos lá e é por isso que nos preparamos). Conselhos bônus: quando escrever para

dizer ao seu professor porque faltou à aula, nunca pergunte: "Perdi alguma coisa importante?" É claro que achamos que sim!

APRESENTE-SE. Arranje um motivo para ir ao horário de expediente do seu professor, não apenas uma vez, mas duas ou três vezes por período. Faça um esboço do seu ensaio para revisão; uma vez que o trabalho classificado tenha sido devolvido, volte e peça conselhos sobre como melhorá-lo. Seus professores serão seus árbitros, advogados e, possivelmente, até mesmo, seus amigos futuramente; querer é bom que eles se lembrem de seu nome após o semestre acabar.

Alguns professores podem parecer intimidantes ou reclusos, mas a maioria de nós entrou nessa área porque se preocupa com os o e gosta de interagir com eles. Não podemos fazer isso se não lhe conhecermos. Visite também o orientador acadêmico designado e, se você não se sentir bem com essa pessoa, encontre outro membro do corpo docente que desempenhe esse papel. Parte do nosso trabalho é ajudá-lo a fazer boas escolhas sobre aulas e carreiras, e orientá-lo para recursos que possam ajudá-lo a ter sucesso.

Finalmente, se seu professor está dando uma palestra ou realizando uma performance, apareça — e certifique-se de que ele ou ela sabe que você o fez. Se o seu professor cancela uma aula para assistir a uma conferência, pergunte-lhe como foi. Somos humanos, gostamos da atenção. Dica útil: lembre-se sempre de seu nome ao encontrá-los. Ao longo dos anos, temos ensinado muitos alunos — além disso, a nossa memória não é o que costumava ser — e seremos gratos pela ajuda.

EMPENHE-SE. Venha à aula, suficientemente preparado para fazer uma pergunta perceptiva ou um comentário útil. Não seja antissocial, mas também não domine — seus colegas não o amarão se sua mão for sempre a primeira a se levantar. E, não tenha medo de discordar do professor ou de seus colegas. A maioria de nós saúda o debate e as novas perspectivas, desde que possa apoiar seus argumentos com provas.

Desligue o celular e não envie mensagens de texto durante a aula. Podemos dizer. Quando enviar um e-mail ao seu professor, faça por uma boa razão e com respeito. Um colega diz: "Não há perguntas estúpidas a não ser que a resposta esteja no programa." Não se dirija a nós como "meu" ou use nossos primeiros nomes, a não ser que tenhamos pedido. Fomos para a escola por muitos anos, tempo suficiente para ganhar um "Professor" como nossa saudação.

EXPLORE. Não se estresse se não souber o que quer fazer depois da faculdade. Essa é sua oportunidade de descobrir. As probabilidades são boas, você pode ter muitos empregos e até mesmo carreiras depois que se formar, então a chave é obter as habilidades de que você precisará para passar por eles. Empregadores e programas de pós--graduação querem ver que você desenvolveu o tipo de pensamento crítico, comunicação e habilidades analíticas que são ensinados em muitas carreiras.

O escritório de aconselhamento do seu colégio pode encorajá-lo a escolher uma carreira (e talvez alguns menores) o mais rápido possível, mas isso pode ser um erro. A menos que esteja absolutamente certo de seus planos futuros, trabalhe primeiramente em exigências da instrução geral da sua faculdade ou faça exame de uma classe ou de dois em seu campo de interesse possível, para ver se você gosta realmente da carreira, antes de comprometer-se com ela. Nunca vi carreiras complexas ou simples darem certo adquirindo títulos com que nenhum empregador ou comitê de admissão da escola de graduação se importará, então não gaste tempo extra.

Uma vez que você se instale em uma área de habilidade principal, evite mudá-la — mudá-la pode mantê-lo na escola por mais tempo do que o necessário, e os custos podem aumentar. Use o tempo economizado para ganhar experiências e habilidades — estudar no exterior, ganhar competência em idiomas estrangeiros, melhorar suas habilidades quantitativas, realizar um projeto de pesquisa complexo.

AFILIE-SE. Aproveite o que seu campus tem a oferecer — você vai encontrar clubes, eventos, viagens de serviço, grupos religiosos, e mais para cada interesse e aspecto de sua identidade. Junte-se a um grupo o mais cedo possível no semestre, na primeira semana, se der — as atividades estudantis começam imediatamente, e não há melhor maneira de conhecer calouros. Experimente todos e quaisquer grupos que lhe pareçam interessantes até encontrar seu nicho. A afiliação enriquece a experiência e lhe dá habilidades e recursos que serão úteis no mundo real.

APRENDA LÍNGUAS E CULTURAS ESTRANGEIRAS. As competências linguísticas estão entre as credenciais mais procuradas pelos estudantes que entram no mercado de trabalho; a experiência intercultural, do tipo que se obtém quando se vive em outro país, também está em alta. No mundo real, aprender um novo idioma é algo caro e difícil de fazer. Aproveite as aulas diárias e os laboratórios de idiomas que estão incluídos no preço do seu curso.

Tente estudar em outro país. Mesmo se você não conseguir fugir por um semestre inteiro, encontre um programa de primavera ou verão de curto prazo; seu estudo no exterior pode durar poucas semanas. E não pense que não pode pagar por essa experiência até pesquisar. Muitas faculdades e universidades têm subsídios ou bolsas de estudo disponíveis especificamente para estudar no exterior — e, se estiver disposto a se aventurar em algum lugar incomum, sua experiência pode ser totalmente paga. (Tenho alunos que passaram um ano na Eslovênia, Gana e Polônia por um custo inferior ao que teriam se ficassem em casa.)

MANTENHA-SE SAUDÁVEL. Não negligencie sua saúde. Coma bem e não se esqueça de dormir o suficiente. Ficar doente significa aulas perdidas, prazos perdidos e diversão perdida. O centro da recreação, a academia, as aulas de ioga ou os esportes internos são grandes maneiras de encontrar pessoas e ajudarão manter sua mente desobstruída. Não abuse de substâncias ou consumo excessivo de bebidas alcoólicas. E não entre em um carro com alguém que tenha bebido demais ou que envie mensagens de texto enquanto dirige (e não envie mensagens de texto enquanto dirige). Os acidentes de carro continuam a ser o assassino número um de estudantes universitários.

Pratique sexo seguro! Nada pode interromper sua experiência universitária e a do seu parceiro com uma gravidez não planejada ou uma IST.

E toda faculdade tem um centro de aconselhamento — seja preventivo sobre falar com um terapeuta se tiver alguma preocupação sobre sua saúde mental.

EXPLORE OS RECURSOS. Carreira e aconselhamento profissional; financiamento para estágios, estudo no exterior, ou viagens; oportunidades para trabalhar com professores em pesquisa; aconselhamento de saúde mental e serviços de apoio à deficiência — são todos oferecidos pela maioria das escolas, mas cabe a você reconhecer suas necessidades e fazer uso de tais recursos.

Na universidade onde eu leciono, há pessoas esperando para ajudá-lo a formular uma pergunta de pesquisa, analisar seus dados, melhorar sua escrita, identificar um caminho de carreira adequado, preparar-se para uma entrevista de emprego, encontrar um estágio, gerenciar uma separação ruim ou problema de colega de quarto, rastrear um recurso de biblioteca difícil de obter e ajudá-lo a se candidatar a bolsas de pós-graduação — entre outras coisas! Aproveite os muitos recursos de pesquisa fornecidos pela sua faculdade ou universidade. Você está pagando por eles, afinal de contas!

SEJA SOCIÁVEL. Se está vivendo em um dormitório, deixe a porta do seu quarto aberta a maior parte do dia e cultive um amplo grupo de amigos. Olhe para frente e faça contato visual enquanto anda pelo campus e antes das aulas. Forme um grupo de estudo com algumas pessoas para compartilhar ideias, perguntas e notas se você tiver que faltar a uma aula.

Muitos de nós lamentamos que nossos círculos sociais da faculdade não são amplos. É tentador ficar somente com seu colega de quarto ou, se não estiver morando na universidade, cometer o erro de se isolar. Sua faculdade está repleta de pessoas interessantes como você, e algumas delas podem se tornar amigos duradouros ou importantes recursos de networking. Abra-se para conhecer uma ampla gama de pessoas; envolver-se na vida do campus pode ajudar com isso.

SABOREIE SUA INDEPENDÊNCIA. A faculdade é tempo de crescer. Faça do lugar onde você mora uma casa longe de casa com uma medida de conforto pessoal. Crie uma atmosfera positiva que o alimentará. Mantenha o seu sistema de apoio — amigos, família — no lugar e ligue para eles quando precisar, mas não tenha medo de afrouxar os laços. Aproveite ao máximo cada dia. Eu lhe garanto, os anos passam.

A ALEGRIA DE UM JOVEM "NORMAL"

Parte da culpa pela pressão acadêmica recai sobre nós, não sobre nossos filhos ou fatores externos. Assistimos ao desfile de estudantes elogiados pelas escolas de ensino médio dos nossos adolescentes e nos perguntamos por que isso não está acontecendo com o nosso filho. Quando nascem, sentimos que nossos filhos estão destinados a grandes coisas. E eles são — mas essas grandes coisas devem ser em seus próprios termos e em seu próprio tempo, e podem não incluir ser um destaque acadêmico. Aceitar o fato de que nossos filhos estão indo muito bem, mesmo que não recebam os elogios de um destaque, às vezes pode ser um desafio maior para um pai do que para seu filho adolescente.

Sharon Greenthal, escritora e mãe de dois jovens adultos, faz uma retrospectiva honesta da criação de um "estudante na média".

Um dos aspectos mais desafiadores de criar meu filho foi aceitar o fato de que ele era um estudante desmotivado. Embora seu pai e eu tentássemos não deixar que suas notas definissem como o víamos, especialmente durante o ensino médio, seu desempenho acadêmico teve impacto na forma como nos víamos como pais. Tivemos momentos de dúvida e, por vezes, questionamos a forma como o tínhamos criado. O que fizemos de errado? O que não conseguimos fazer para motivá-lo a buscar o sucesso?

Nada realmente, acontece. Não nos cabia motivá-lo tanto quanto tentamos. Ele tinha de encontrar a motivação dentro de si mesmo.

No mundo hipercompetitivo do ensino médio, com aulas de AP, classes de honra, tribunas de honra, alunos do mês, resultados perfeitos no vestibular, médias 4,0 e superiores, atletas acadêmicos e uma infinidade de outras maneiras de os alunos se destacarem, ter um filho com notas médias é considerado um problema sério por muitos pais e pode até ser visto por algumas mães e pais, mal orientados, como embaraçoso ou vergonhoso. A inscrição de um estudante nota "C", eles temem, será jogada de lado sem um olhar pelos escritórios de admissões na maioria das faculdades competitivas.

Não é de admirar que os pais de alunos comuns — pais como eu — fiquem frenéticos com a preocupação de que o seu filho não tenha sucesso. Mas aqui está o que aprendi. Só porque um aluno tira notas médias no ensino médio não significa que não terá sucesso na faculdade — e, mais importante, na vida.

Meu filho era um estudante na média no ensino médio, graduando-se com uma média de 3,0. Houve algumas razões para o seu desempenho medíocre no ensino médio, entre elas o seu TDAH (transtorno de deficit de atenção e hiperatividade) e uma teimosa falta de motivação. Seu pai e eu fizemos tudo o que pudemos pensar para despertar o interesse dos estudos acadêmicos na sua mente inteligente, mas desinteressada. Uma das pessoas que alistamos para ajudar foi seu professor de inglês do ensino médio, que tinha sido tão inspirador para a nossa filha mais velha. Como vi casualmente em sua sessão de mentoria a cada semana, fiquei impressionada com o quão entediado meu filho estava, apesar da maneira fascinante (se um pouco exasperado) o professor explicou o romance que meu filho estava lendo para a aula. Para mim, leitora voraz e formada em inglês, o desprezo do meu filho pela literatura era triste e um pouco aterrador. Como é que ele sobreviveria à faculdade sem a capacidade de interpretar a escrita complexa?

Os pais de estudantes na média podem querer considerar fazer as coisas de forma diferente do que nós fizemos e lutar contra a necessidade de empurrar o aluno para um melhor desempenho no ensino médio. Muitos adolescentes não atingem um nível de maturidade para encontrar o ímpeto de trabalhar arduamente até depois do ensino médio. As brigas e discussões sobre como fazê-lo trabalhar mais, estudar mais e ter um melhor desempenho foram superficiais e frustrantes, e causaram um estresse desnecessário para meu filho, meu marido e para mim.

Os esportes e a competição motivaram o meu filho. Seu pai e eu sentimos que as lições de vida que ele aprendeu jogando futebol no ensino médio — compromisso, disciplina, respeito e trabalho em equipe — seriam de grande valor mais tarde em sua vida, por isso apoiamos nosso atacante e sua equipe. Mesmo quando fazia sentido tirá-lo do futebol para passar mais tempo na escola, nós o deixávamos continuar jogando, porque sabíamos o quanto era importante para ele fazer parte de algo maior do que ele era. Pertencer à sua equipe de futebol de ensino médio deu-lhe um foco e um sentido de propósito que os estudos acadêmicos não tinham e, instintivamente entendemos que isso não era algo para lhe tirar. Estávamos certos sobre isso.

Quando se tratava de esportes, meu filho era também um fã apaixonado e curioso que queria compreender mais do que apenas as regras do jogo. O seu domínio das estatísticas de beisebol e futebol era enciclopédico. Ele poderia dissecar e avaliar cada partida em um jogo de futebol americano da mesma forma como os matemáticos resolvem equações complexas. De que lhe serviria toda essa informação? Seu pai e eu nos perguntávamos. Esperávamos que seu zelo por aprender sobre esportes algum dia se traduzisse em atividades acadêmicas também.

A crença de que frequentar uma faculdade de elite com uma taxa de aceitação de um único dígito é o único caminho para o sucesso não é apenas falsa, mas também impossível para os 95% dos alunos do ensino médio que não têm as notas ou a capacidade financeira para frequentar uma dessas instituições. E há milhares de faculdades excelentes que vão admitir estudantes na média e oferecer-lhes as experiências de crescimento e educação que são as melhores razões para frequentar uma faculdade, em primeiro lugar.

O meu filho teve a sorte de ser aceito por uma delas. Formou-se em História Americana e conseguiu se formar em quatro anos. Ele conseguiu encontrar o apoio certo e aconselhamento ao longo de sua experiência na faculdade, juntamente ao simples crescimento. Sua dissertação de mestrado falou sobre o campeonato mexicano de beisebol e seu impacto no esporte nos Estados Unidos. Ele recebeu um "B+" no papel. Ele deixou a faculdade com dois empregos esperando por ele, um como gerente de equipe e treinador de linha ofensiva para um time de futebol americano universitário júnior e outro em assuntos públicos para uma grande empresa de energia. Depois de alguns anos de trabalho, decidiu voltar à faculdade — dessa vez, para obter sua credencial de professor de ensino médio.

Meu filho, o aluno médio, será um professor maravilhoso — e ele planeja treinar o time de futebol americano do ensino médio também. Um de seus sonhos é criar uma disciplina de ensino médio que entrelace a história do esporte nos Estados Unidos com a história da política do país.

É improvável que a média do seu ensino médio apareça durante uma entrevista de emprego — e nem deveria. Você é muito mais do que a média de suas notas.

BATALHANDO DURANTE O ANO MAIS DIFÍCIL

O caminho para a faculdade passa pelo ano mais difícil de todos, segundo ano do ensino médio. Foi um ano em que vimos nossos serenos adolescentes "derretendo". Um ano em que nós derretemos. Muito disso foi porque não sabíamos o que antecipar ou como planejar nosso caminho ao longo do desafio dos testes e atividades.

Fizemos muitas viagens até o segundo ano do ensino médio, e aprendemos muito ao longo do caminho. Primeiro, houve nossas próprias viagens há décadas atrás. Mais recentemente suportamos este ano tortuoso, o sétimo círculo do inferno acadêmico, com cada um de nossos filhos. É um processo exaustivo tanto para os pais quanto para os filhos. É um emaranhado de nove meses com os horários acadêmicos, esportivos e sociais do nosso filho, enquanto tenta se encaixar nas visitas à faculdade, navegar em um campo minado de testes padronizados, e ensiná-los a dirigir.

Foi também o momento em que pudemos ver o fim. Uma visão borrada que se aproximava de nós ficou muito mais clara, e quase pudemos sentir o quão perto estávamos do dia em que nossos filhos iriam embora. Esse é um sinal de aviso dos deuses da parentalidade lembrando-nos de saborear todos os dias, para conhecer melhor nosso filho que está passando por uma fase de transição e para nos prepararmos para direcioná-los para seguir seu caminho. Essa realização intelectual aumentou a temperatura emocional em tudo o que se seguiria daqui.

Em cada viagem até o segundo ano do ensino médio, pegamos uma ou duas pérolas de insight parental. Aqui estão elas, sem nenhuma ordem particular:

ESCREVA O TCC COM O AUXÍLIO DE UM PROFESSOR DE PORTUGUÊS. Para nossas famílias, a melhor pessoa para trabalhar com nossos filhos em seu TCC foi um experiente professor de idiomas do ensino médio. Um professor fará todas as perguntas certas e ajudará a levar o processo adiante ("É isso que você quer dizer aqui? Isto não está claro para o leitor. Você tem mais detalhes que pode acrescentar para dar vida à sua história?"), mas eles não vão escrever uma palavra para o seu filho. Peça ao seu filho para encontrar esse professor de português (ou um conselheiro universitário/outro adulto de confiança) durante o ensino médio e lhe perguntar se ele pode fornecer ajuda e orientação de escrita durante o verão antes do terceiro ano do ensino médio. Muitos pais, mesmo aqueles que escrevem para ganhar a vida, acham que agir como um leitor do TCC de seus adolescentes é uma experiência difícil e que ter um adulto diferente envolvido facilita muito o processo.

NÃO VISITE AS FACULDADES ANTES DO PRIMEIRO ANO. Uma das maneiras mais fáceis de aliviar a pressão sobre os adolescentes é proibir conversas sérias sobre faculdade e visitas a faculdades, durante o segundo ano do ensino médio. Muitas dessas conversas e viagens iniciais são desperdiçadas precocemente, porque os adolescentes mudam muito ao longo de seus quatro anos. Se os jovens se concentrarem em seus estudos, atividades e testes padronizados, elas terão feito um favor a si mesmas, assim que o processo de pesquisa da faculdade começar pra valer. O ensino médio tem de ser sobre o ensino médio, não apenas uma preparação para a faculdade. Como adultos, lembramos que é um momento incrivelmente especial na vida, e não queremos arruinar esse tempo com um foco constante na faculdade. Nos bastidores, os pais podem fazer alguma pesquisa sobre quais faculdades serão melhores para atender ao orçamento da família e aos interesses dos filhos, mas até o primeiro ano, os alunos devem apenas se concentrar no trabalho em questão. Já é difícil o suficiente.

FAÇA UM EXAME DE CONSCIÊNCIA. A única maneira a que nossos filhos do ensino médio podem recorrer para se preparar para sua eventual busca na faculdade é pensar em si mesmos como um estudante universitário e, idealmente, em que tipo de ambiente eles prosperam. Embora seu filho mais novo acabe aprendendo muito sobre faculdades específicas com conselheiros, outros alunos e visitas, é útil ele se conhecer um pouco antes do início do processo.

Algumas das perguntas que eles podem se fazer são:

- Como eu gosto de aprender?
- Preciso de muita interação com professores e professores?
- Eu me sinto confortável em um ambiente grande ou estou mais feliz quando conheço uma proporção considerável das pessoas ao meu redor?
- Gosto do ambiente descontraído de uma grande escola de esportes ou a cena social é pouco convidativa?
- Quanto é que a minha família pode pagar e que outros meios posso ter para ganhar bolsas de estudo e financiamentos?
- A que distância de casa quero estudar? Quero ir dirigindo para a faculdade ou seria bom morar nas redondezas?
- Gosto da vida na cidade grande, dos subúrbios ou de um ambiente rural?
- Que interesses acadêmicos e extracurriculares tenho agora ou poderei ter nos próximos quatro anos, e quais as faculdades que melhor se adéquam a esses interesses?

Um aluno que possa responder a algumas dessas perguntas (reconhecendo que as respostas podem mudar com o tempo) descobrirá que o tempo gasto com os orientadores é muito mais produtivo.

Assim que seu filho se encontrar com o conselheiro dele, está na hora do espetáculo. Este pode ser um tempo maravilhoso ou absolutamente terrível em sua vida, mas é certamente o único que você vai percorrer por esse caminho de explorar faculdades juntos. Ouvimos histórias de filhos e pais que mal trocaram uma palavra em toda a jornada; esse é o caminho de um adolescente mal-humorado. No entanto, outros pais falam carinhosamente em usar esse tempo como uma maneira de se aproximar de um adolescente que pode estar se afastando, e de falar sobre alguns dos sonhos e planos que eles têm para a vida depois do ensino médio.

PEÇA RECOMENDAÇÕES AOS PROFESSORES COM ANTECEDÊNCIA. As recomendações do professor precisam ser escritas por um professor que conheça os alunos. Com o prazo de inscrição antecipada para a faculdade caindo em novembro, um professor do ensino médio é uma boa aposta. Os alunos devem pedir essa carta de recomendação antes que as aulas terminem, no último ano do ensino médio. Os professores serão inundados com pedidos, e os alunos devem perguntar antecipada e educadamente, e dar ao professor o verão inteiro para escrevê-las.

APRENDA A DIRIGIR NO VERÃO. Dependendo do aniversário do seu filho, ele pode frequentar uma autoescola durante as férias, antes de começar o último ano do ensino médio [nos EUA]? Isso não é possível para todos os jovens, mas para aqueles cujos aniversários permitem, o verão é a melhor época para aprender a dirigir, quando eles têm mais tempo livre e o mau tempo não é um problema.

INICIE O ANO DESCANSADO. A coisa mais importante a realizar no verão antes desse exigente ano é certificar-se de que seu adolescente está descansado. Os jovens do ensino médio têm empregos de verão e talvez, pela primeira vez, fiquem de fora um pouco mais tarde. Se eles estão estudando para o ENEM, aprendendo a dirigir ou simplesmente ficando acordados até altas horas, porque são adolescentes, é fácil não ter o sono que eles precisam. Começar o segundo ano do ensino médio sem que esteja descansado será apenas uma desvantagem no ano que vem.

PAIS: PREPAREM SUAS ORELHAS E OMBROS. A coisa mais importante que um pai pode fazer pelo seu aluno do ensino médio é oferecer apoio e um ouvido atento. Até mesmo o mais calmo dos adolescentes atingirá dias ruins, e surgirão rompantes furiosos ou lágrimas de exaustão. Estar lá para ouvir, consolar e oferecer conselhos é a melhor coisa que um pai pode fazer ao guiá-lo nesse ano difícil.

Comece Com o Que É Mais Importante

Sente-se por uma ou duas horas ininterruptas e sem telefones celulares (nós sabemos, mas isso é importante) em algum momento do primeiro semestre. É muito fácil os alunos se atolarem no processo de estudar para o ENEM. Em pouco tempo, seu filho adolescente conciliará atividades como inscrições, recomendações, visitas à faculdade, reuniões com seus orientadores, talvez entrevistas com ex-alunos também. Antes que esse frenesi de atividades ganhe vida, retroceda, tenha papel ou computador à mão e tenha uma longa conversa tranquila com seu filho adolescente.

Esse deve ser um olhar muito real sobre o seu aluno e o que é importante para ele. Quais são as coisas mais importantes, listadas por ordem, que ele espera que sua experiência na faculdade lhe proporcione? Examine a lista de perguntas da seção "Faça um exame de consciência" (página 159) e peça a seu filho adolescente que registre suas respostas. As respostas mudarão e evoluirão, mas esse é um documento ao qual ele pode se referir ao criar sua lista final ou ao decidir entre mais de uma aceitação. É uma diretriz útil para ter em mente durante as visitas às faculdades e para você usar nas discussões. Essa lista é muito exaustiva, mas permitirá que você inicie uma discussão e fique mais perto de uma situação ideal.

UM NOVO RELACIONAMENTO PAIS/PROFESSORES

À medida que nossos filhos passam pelo ensino médio, nosso relacionamento com os professores muda profundamente. Já não podemos enviar um e-mail para explicar porque o nosso filho fez ou não fez alguma coisa — isso agora é com eles. Apesar do fato de que essa pessoa tem a melhor visão da vida acadêmica de nosso adolescente, podemos vê-los uma vez, em uma noite de volta à escola e mal ouvir deles novamente depois disso. E, embora isso possa ser como deveria ser, na ausência de quaisquer questões maiores, há muitas coisas que podemos aprender e compreender com os professores do nosso filho do ensino médio. Lori Stratton compartilha sua experiência:

Como mãe de três jovens adultos e professora de inglês há 27 anos, entendo como é importante para professores e pais manter relacionamentos fortes. Mas, também sei que, às vezes, essas relações podem ser confusas, pois todos nós tentamos encontrar a melhor maneira de ajudar os adolescentes a passar pela adolescência. Por isso, compilei uma lista de 15 coisas que os professores do ensino médio querem realmente que os pais dos seus alunos saibam — coisas que podem ajudar a encorajar a comunicação e a compreensão entre a sala de aula e a casa.

1. Adoro quando recebo um e-mail me contando sobre seu filho. Em razão dos meus diplomas universitários e da minha experiência profissional, considero-me especialista em educação, mas você é o especialista quando se trata do seu filho. E quero saber mais sobre os meus alunos, por isso sinta-se à vontade para compartilhar tudo o que possa me ajudar a trabalhar com ele de forma mais eficaz.

2. Passo muito tempo planejando aulas e avaliações. Se você está confuso sobre o porquê de eu ensinar algo de uma maneira particular, por favor, pergunte. Trabalho arduamente para atender aos padrões curriculares e ainda planejo aulas que serão envolventes e relevantes para meus alunos.

3. As notas não são tão importantes como parecem. Na minha experiência, como professora e mãe, muitas partes do ensino médio são mais importantes do que ter um bom aproveitamento, incluindo ajudar os adolescentes a descobrir interesses e paixões ao longo da vida e ensiná-los a se relacionarem bem. Aprender a advogar por si mesmo e como lidar com o desapontamento são também habilidades essenciais que os alunos podem aprender e praticar no ensino médio.

4. Em uma nota relacionada: não há problema se o seu filho falhar em um teste ou tarefa. É muito melhor para os adolescentes experimentarem isso pela primeira vez no ensino médio, quando existem muitos sistemas de apoio, do que quando estão na faculdade. Aprender como falhar em algo e sobreviver é uma habilidade importante para a vida. Não desistirei do seu filho, e algumas notas ruins não definem quem é seu filho.

5. É normal que seu filho se comporte de forma diferente na escola do que em casa. Lembre-se de que a escola é onde os adolescentes praticam ser jovens adultos e assumem novos papéis e identidades. Em casa, espere que seu filho adolescente ainda queira ser tratado como criança de vez em quando.

6. Preocupo-me com o seu filho, mas não brinco de favoritos. É por isso que não discuto o comportamento dos outros alunos com você. No entanto, estou sempre disposta a discutir quaisquer questões relativas ao seu filho adolescente.

7. Nem sempre envio trabalhos de casa, e não faz mal. A pesquisa em torno da eficácia do trabalho de casa sobre o desempenho dos alunos é mista. A escola parece muito diferente hoje do que era quando estávamos no ensino médio. Em vez de planilhas e papeladas, seu filho pode estar trabalhando mais em projetos colaborativos que usam tecnologia.

8. Por favor, fale com seu filho sobre a ética do celular. Perco tanto tempo nas aulas pedindo aos alunos para guardarem os celulares. E, por favor, não mande mensagens nem ligue para seu filho adolescente durante a minha aula. Se for uma verdadeira emergência, ligue para o escritório da escola.

9. Os adolescentes sentem muito estresse hoje em dia, e é fundamental observar os sinais de estresse e aprender a reconhecê-lo. Tente lembrar como é ter 16 anos. Não é fácil. E, as redes sociais adicionaram uma nova camada de estresse que não experimentamos na idade deles. Por favor, faça com que sua casa seja um refúgio seguro dos estressores do mundo para os seus adolescentes, mesmo que isso signifique arquivar conscientemente as discussões sobre notas, resultados de testes e faculdade. Confie em mim, os seus filhos sabem que esses desafios estão lá fora e têm de ser enfrentados. Mas, às vezes eles só querem conversar com você sem terem de falar sobre o futuro deles.

10. Dito isso, a competição para admissão em faculdades e dinheiro para bolsas de estudo é intensa. Os alunos sabem disso, e, como trabalhamos com adolescentes, temos visto e acredito que seja um grande contribuinte para o aumento dos níveis de estresse. Na minha experiência, a maioria dos adolescentes continua a levar uma vida feliz e produtiva, não importa que tenham ido ou não para a faculdade. Tente ajudar seu relacionamento com seu filho adolescente sempre pensando na faculdade e na possível bolsa de estudos.

11. Ajude o seu filho a dormir o suficiente. A maioria dos adolescentes que vejo, em um determinado dia, é privado de sono, e isso afeta seu aprendizado, suas atitudes — até mesmo sua tendência a experimentar ansiedade e depressão. Fale com eles sobre a importância do sono, e tente que eles modelem um horário de sono saudável por si mesmos. Eles ouvem o que você diz e observam o que você faz muito mais atentamente do que você imagina.

12. É só cabelo. É verdade. Voltará a crescer. E já vi de tudo — modelado, raspado, cor-de-rosa, verde, até cabelos grandes em homens. É normal que os alunos dessa idade brinquem com sua aparência. Prometo não fazer um julgamento

moral ou acadêmico sobre seu filho com base na sua aparência em um determinado dia.

13. Quando dou aos meus alunos uma escolha de tópicos de escrita, na maioria das vezes eles escolhem escrever algo sobre suas famílias. Eles podem não lhe dizer ou mostrar, mas valorizam o tempo passado com suas famílias. Tradições são importantes para eles, assim como avós, animais de estimação, férias, hobbies compartilhados, irmãos e até piadas de família. Tente passar mais tempo com seus adolescentes, mesmo quando parece que eles não querem.

14. Os adolescentes falam a sua própria língua, e não me refiro apenas a gírias. Quando um adolescente diz: "Esta tarefa é estúpida", o que ele está querendo dizer é: "Não entendo isso e receio não ser bom o suficiente para fazê-la". Quando você está dirigindo para deixá-lo em uma atividade e ele diz: "Não quero ir. Ninguém vai", o que ele pode estar dizendo é: "Tenho medo de não conhecer ninguém lá, vou ficar com vergonha." Uma vez que você descubra o que seu filho adolescente está realmente dizendo, você pode então lidar com a ansiedade por trás das declarações mal-humoradas.

15. E, finalmente, me sinto muito honrada por você ter confiado seu filho a mim. Não vou desprezar essa confiança. É um privilégio acompanhar essas pessoas divertidas e interessantes no seu caminho para a vida adulta.

AJUDANDO O SEU CALOURO UNIVERSITÁRIO EM DIFICULDADES

Enquanto esperamos que as coisas corram bem para nossos filhos na faculdade, até mesmo os estudantes mais capazes às vezes se pegam em problemas acadêmicos em seu novo ambiente. No primeiro ano alguns jovens dão de cara com os muros acadêmicos, incapazes de se adaptar rapidamente ao padrão de mudança de sua educação à medida que fazem a transição do ensino médio para a faculdade. Professores e pais, Polly Diven e Michelle Miller-Adams da Universidade Estadual Grand Valley comentam que os estudantes universitários podem voltar aos trilhos.

Os testes já foram feitos; o ensino médio, concluído; as cerimônias de formatura, arranjadas; as faculdades, escolhidas; e os dormitórios, organizados. Está na hora de os pais suspirarem de alívio quando os filhos começarem a faculdade, certo? Talvez não. Nos EUA, quase 1/3 dos calouros não conseguem retornar à faculdade para o segundo ano, embora essa taxa varie muito por tipo de instituição superior. Há várias razões por trás dessa estatística, mas os esforços acadêmicos são um fator importante. Os alunos que lutam, academicamente, em seu primeiro semestre de faculdade podem trancar ou falhar na disciplina, ou até mesmo desistir. O que esses alunos podem fazer para se ajudar, e o que vocês, como pais, podem fazer para ajudá-los?

Sem compreender as razões do fracasso, é difícil pensar em soluções. Mas, antes disso, há outro desafio: você pode não saber que seu filho está tendo dificuldades. As proteções federais sobre privacidade (muitas vezes referidas pela sigla FERPA [Family Education Rights and Privacy Act] — Lei de Direitos de Educação Familiar e Privacidade) significam que os pais — mesmo aqueles que pagam as mensalidades — não têm acesso às notas dos filhos, a menos que essa permissão seja expressamente concedida pelo aluno. Os pais também podem não saber se o aluno está procurando ajuda de um conselheiro, se abandonou a aula ou se está em penalidade acadêmica. (Nós achamos que muitos estudantes em nossa universidade que estão sob o risco de extinção de matrícula não disseram a seus pais.) Por mais próximos que você e seus filhos possam ser, isso não será informado por eles.

Não é possível ajudar a menos que você saiba o que está acontecendo, por isso mantenha as linhas de comunicação abertas. Seus filhos precisam saber que você quer ouvir sua experiência na faculdade, boa, ruim ou neutra. E considere pedir ao seu filho que lhe dê o direito de acompanhar suas notas. A questão não é vigiar a experiência universitária do seu filho, mas estar preparado para ajudá-lo se algo der errado.

POR QUE ALGUNS CALOUROS FRACASSAM

Muitos calouros nunca tiveram dificuldades ou fracassos acadêmicos. Afinal, o aumento da grade curricular é um fato da vida. Os anos do ensino médio às vezes criam expectativas irreais para os estudantes e para seus pais a respeito da transição para a universidade. Embora seja normal os alunos verem suas médias afundarem, o fracasso acadêmico é menos comum e muito mais preocupante.

Uma razão para o fracasso durante o primeiro ano é a falta de preparação acadêmica para a faculdade. Os alunos podem acabar em parafuso, enfrentando um nível de rigor acadêmico e exigências para as quais o ensino médio não os preparou.

Em nossa experiência, há alguns ajustes importantes que alguns calouros não conseguem fazer. Os alunos têm de estar prontos para ler e rever os materiais por conta própria com menos orientação e menos apoio instrucional do que tinham no ensino médio. Embora os guias de estudo para exames tenham se tornado comuns em cursos universitários, poucos professores usam o tempo de aula para revisar, e os instrutores universitários raramente (se é que alguma vez) fornecem "revisões" para os testes.

Normalmente, os cursos universitários duram três ou quatro horas diárias, e os professores esperam que os alunos passem muito mais horas a cada semana lendo e revisando por conta própria. (De acordo com as estatísticas, um curso de três horas por semana exige de duas a três vezes mais horas fora da classe.) Em uma orientação universitária de um verão, trabalhamos com uma nova estudante que agendou todas as suas aulas as terças e quintas-feiras, observando com entusiasmo que ela teria "cinco dias de folga". Aquela estudante estava iludida a respeito da carga de trabalho fora da sala de aula.

Ainda assim, esse tipo de ajuste não costuma resultar em fracasso. Uma estudante universitária típica que enfrenta novas expectativas pode tirar algumas notas ruins no primeiro semestre, mas elas tendem a melhorar conforme ela se adapta. No entanto, uma estudante que tenha optado por uma faculdade ou um curso de estudo que não é uma boa combinação vai ver suas notas continuar a diminuir. Descobrimos que muitos estudantes universitários calouros se sentem pressionados a escolher cursos e carreiras no início, muitas vezes antes de estarem preparados para isso. A maioria dos estudantes pode identificar apenas algumas atividades principais, mas seus planos de carreira não vão além de ser um médico, advogado, enfermeiro ou professor. Após o primeiro ano, seu filho pode estar pensando sobre carreiras em análise de políticas, gestão da cadeia de suprimentos, recursos humanos ou planejamento urbano.

É verdade que algumas carreiras exigem que os alunos entrem cedo para completar o curso em quatro anos. Isso é especialmente verdade para os estudantes que esperam ser engenheiros e profissionais de saúde. Mas, muitos estudantes que entram em áreas STEM (Science, Technology, Engineering, and Mathematics — Ciências, Tecnologia, Engenharia e Matemática) enfrentam obstáculos nos cursos introdutórios que, às vezes, chamamos de disciplinas "weeder" (disciplinas em que os alunos não conseguem passar). Nesse ponto, um estudante precisa reavaliar essa carreira. Alguns alunos terão de retomar cursos difíceis, se eles estão comprometidos com sua escolha de carreira original. Os estudantes com dúvidas sobre essas carreiras devem experimentar antes que muito tempo e dinheiro sejam desperdiçados em um programa que minará seu progresso acadêmico.

Outro desafio que pode prejudicar os alunos é gastar muitas horas ganhando dinheiro para pagar o curso. Enquanto o trabalho é uma realidade para muitos, os alunos precisam encontrar um equilíbrio entre pagar pela faculdade e deixar um tempo livre para completar os trabalhos e tarefas. Encorajamos os alunos nessa situação a pensar na faculdade como um trabalho e agendar um horário para estudar.

Alguns desafios acadêmicos resultam em más escolhas que os jovens fazem quando saem de casa e não estão preparados social ou emocionalmente para a faculdade. Eles podem passar muito tempo festejando, jogando videogames e socializando. Algumas dessas más escolhas são tradições universitárias honradas ao longo do tempo. Mas, em alguns casos, os estudantes podem encontrar provações acadêmicas.

Em outros casos, os desafios da vida, como a depressão, a ansiedade, o estresse familiar ou o abuso de substâncias químicas, causam o colapso acadêmico. Normalmente, os alunos que experimentam tal colapso param de frequentar as aulas, param de apresentar trabalho e falham, na maioria ou em todos os seus cursos. Esse tipo de fracasso acadêmico é muito mais preocupante. Nesses casos, os alunos precisam de ajuda profissional para abordar questões subjacentes.

Finalmente, é possível que seu filho esteja em uma faculdade que não se adapte à sua formação, interesses ou personalidade. Um aluno introvertido que está acostumado a turmas pequenas pode estar sobrecarregado e à deriva em uma grande universidade estadual. Um estudante que cresceu em uma cidade grande e diversificada pode se sentir isolado e entediado em uma pequena faculdade de uma cidade de interior. Transferir-se para uma escola que se ajuste melhor, com menos dificuldades para você, pode fazer toda a diferença. Parece-nos estranho que os pais muitas vezes cedam aos seus filhos, que estão todos entre 17 ou 18 anos, para decidir qual é a melhor faculdade para eles. Muitas vezes, essas decisões são baseadas naquilo que mais os alunos ouvem de seus amigos ou que um oficial de admissões da faculdade vem oferecer. Os pais podem ajudar envolvendo-se na pesquisa da faculdade de seus filhos e ponderando sobre sua qualificação antes do tempo.

COMO UM ESTUDANTE EM DIFICULDADES PODE RETOMAR O RUMO

Os pais podem ajudar os adolescentes a determinar a melhor abordagem para as dificuldades acadêmicas durante o primeiro ano. A boa notícia é que existem muitos recursos, alguns específicos para a faculdade e outros disponíveis além de seus aposentos. A má notícia é que esses recursos são geralmente oferecidos em estilo bufê, sem alcance direcionado e com a responsabilidade de apoiar o aluno para encontrar a ajuda que ele ou ela precisa. Se seu filho pode se aproximar do primeiro ano armado com o conhecimento dos recursos disponíveis, esse primeiro ano potencialmente turbulento pode ser mais tranquilo.

A maioria dos professores se preocupa com o sucesso do aluno e está disposta a dar-lhes orientação sobre como focar seus estudos, esclarecer um ponto confuso de uma palestra, ou apontar o caminho para outros recursos. Dependendo do tipo de faculdade, o apoio pode ser disponibilizado por um professor ou assistente de ensino. O apoio dos pares, como os grupos de estudo, também pode ser inestimável.

As faculdades investem grandes recursos em serviços acadêmicos e outros serviços de apoio. Embora a qualidade varie, quase todas as faculdades oferecem aconselhamento e tutoria (às vezes online e pessoalmente), bem como recursos de aconselhamento e programas de apoio para alunos com deficiência. Alguns podem hospedar programas voltados para estudantes desfavorecidos, enquanto grandes instituições podem oferecer programas de coorte ou serviços especializados para populações que variam de veteranos a jovens LGBTQIA+ a estudantes que envelhecem fora do sistema de acolhimento. Nossa universidade tem centros dedicados a ajudar os alunos a realizar pesquisas, usar materiais de biblioteca, trabalhar com estatísticas e melhorar sua escrita.

Há também programas de apoio mais intensivos disponíveis para prevenir ou abordar o insucesso escolar. Os alunos que entram na faculdade com fraquezas acadêmicas identificadas podem ser solicitados ou obrigados a vir mais cedo para um programa de reforço de verão ou fazer cursos de desenvolvimento em um assunto específico. Programas de experiência de primeiro ano, programas opcionais de pré-universitários ou seminários para calouros são populares; estes procuram criar afiliação e coesão entre um grupo de estudantes entrantes.

Mais ajuda pode ser encontrada fora da instituição. Recursos de tutoria online, como a Khan Academy, têm exercícios práticos, vídeos instrucionais e diagnósticos pessoais que fornecem estudo guiado gratuito. Participar de um "curso online aberto de massa" (ou MOOC — massive open online course) oferecido por um provedor gratuito de alta qualidade pode reforçar o que os alunos estão aprendendo no campus; entre os maiores deles estão Coursera, Udacity e edX. E muitos pais acessaram as páginas de Facebook das universidades, voltadas aos pais, uma fonte valiosa de aconselhamento e experiência para lidar com os problemas que os filhos enfrentam.

Para os estudantes que experimentam desafios acadêmicos mais severos, a desistência de uma matéria (contanto que os estudantes estejam cientes das penalidades econômicas, incluindo a perda potencial de ajuda financeira) é geralmente preferível a receber uma nota de reprovação. Muitas vezes, as desistências podem ser organizadas mesmo após o prazo formal com documentação de desafios específicos de saúde ou de vida que podem ter interferido com o semestre. Não somos grandes fãs da nota incompleta e, como professores, somos encorajados a concedê-la apenas em circunstâncias muito especiais. Ajustar um calendário rigoroso de cursos para combinar aulas mais fáceis com aulas mais desafiadoras é uma boa jogada. Mudanças nas carreiras também podem ser solicitadas, e diminuir a carga horária do curso também pode ser uma solução.

Ao longo da nossa pesquisa, ouvimos de muitos pais sobre a falta de prontidão dos seus filhos — e deles próprios —, a falta de compreensão dos próprios interesses e a falta de uma ideia clara dos motivos para eles estarem na faculdade. A boa notícia é que a maioria desses jovens voltou à universidade (às vezes, para outra) depois de um intervalo e se formou. Como a sociedade tem enfatizado cada vez mais a necessidade econômica de um diploma universitário, parece que muitos estudantes frequentam a faculdade simplesmente porque se espera deles. Os pais precisam ouvir seus filhos, deixá-los tirar uma folga e esperar que estejam prontos para a faculdade, se necessário. Dificuldades no primeiro ano da faculdade são cada vez mais reconhecidas como uma barreira à conclusão. A boa notícia é que, se você e seu filho puderem trabalhar durante o primeiro ano de uma maneira positiva, a jornada adiante será mais fácil.

O PRÓXIMO PASSO NEM SEMPRE É A FACULDADE

Embora tenhamos nos concentrado principalmente no processo de preparar academicamente nossos filhos para a faculdade, há muitas outras rotas valiosas e recompensadoras que os jovens podem seguir. Enquanto Melissa Fenton, bibliotecária, escritora e mãe de quatro filhos, passava por algumas das clássicas celebrações de final de ano para seu filho do ensino médio, ela considerou algumas dessas opções.

Na semana passada foi a noite de finalistas de *cross-country* regional do meu filho. Antes do início da corrida, todos os veteranos das escolas participantes se alinhavam com seus pais e eram, então, apresentados e agradecidos por sua participação atlética. Cada veterano também recebeu um aplauso caloroso e votos de felicidades para o seu futuro.

E, pelo que foi dito sobre aqueles veteranos, que futuros fantásticos pareciam estar a caminho! Pais orgulhosos e radiantes deram as mãos com seus filhos e filhas, enquanto os treinadores liam sobre os elogios acadêmicos de cada atleta e os planos futuros da faculdade.

Coisas como John estará em Harvard no outono, construindo uma carreira em direito ambiental, e Laura aceitou uma bolsa acadêmica integral em Vanderbilt e espera um dia ser cirurgiã cardiotorácica, e Rachel estudará em Brown no próximo ano, com dupla especialização em matemática aplicada e literatura russa.

Sorri junto com seus pais orgulhosos, batendo palmas com a multidão e reconhecendo essas grandes conquistas e todo o trabalho duro que esses jovens investiram para chegar aonde estão.

Então, quando um aluno que superou o desempenho após o outro foi apresentado, me peguei à deriva, vagando pela minha lista de tarefas de casa. Uma lista que incluía encontrar um encanador para reparar nosso purificador de água defeituoso.

E foi aí que me atingiu. Entre estes 40 ou tão maravilhosamente brilhantes e dedicados jovens adultos, não havia um único que procurasse uma carreira em um campo vocacional ou técnico. NENHUM.

Não houve um aluno veterano que tenha anunciado com confiança que, após a formatura, estaria à procura de um estágio em alvenaria ou construção.

Não havia ninguém que partilhasse que o seu futuro implicava formação sob a orientação de um eletricista durante os próximos 18 meses para se licenciarem.

Ninguém disse que faria cursos de estética ou de massoterapia.

Ninguém andou orgulhosamente para fora na multidão e disse que queria se tornar flebotomista, um assistente de enfermagem certificado ou educador infantil.

Ninguém se gabava de ter ingressado nos serviços armados para se tornar mecânico ou procurava se tornar higienista odontológico. Não havia um único aluno que compartilhasse algo além de ir para uma universidade por quatro anos como seu plano futuro e história de sucesso final. E tudo, ironicamente, antes mesmo de terem pisado no campus de uma faculdade como calouros.

Quando é que o sucesso dos nossos jovens se tornou única e exclusivamente dependente de frequentar uma universidade por quatro anos? Bem, para começar, quando estigmatizamos quaisquer outras opções pós-escolares, escolhas de carreira, Forças Armadas, faculdades comunitárias e escolas técnicas e vocacionais como "fracassos", ou opções apenas para aqueles que "não podem".

Começou quando as escolas de ensino médio substituíram os programas profissionalizantes e de carreiras técnicas e de transição, os programas agrícolas, e aulas como compras, design gráfico e economia doméstica por outro conjunto de aulas — aquelas com um prefixo AP [Advanced Placemente — similar a um cursinho pré-vestibular].

Mas o que é possivelmente ainda mais assustador do que como essa mentalidade de "faculdade só para o sucesso" começou e continua a ser aceita é o quão assustador nosso futuro vai parecer sem uma força de trabalho qualificada. É por isso que, no meio da noite de êxitos, meu único pensamento foi: Onde estão todos os encanadores?

Alguém nas escolas de ensino médio de hoje está oferecendo outras opções e um tipo diferente de futuro para os alunos? Alguém está hospedando ou promovendo uma noite de escola profissionalizante e técnica com tanta emoção e entusiasmo quanto a noite de faculdade?

Enquanto a noite de finalistas se arrastava, pensei sobre o que podemos fazer como pais (e educadores, se você for um deles), para encorajar e inspirar os jovens, não importa quais sonhos tenham para seu futuro — mas especialmente se tiverem um que não se encaixe no modelo de quatro anos de universidade.

Lembro-me de um tempo em que eu ajudava os alunos em uma aula de inglês na biblioteca da escola. Estavam fazendo pesquisa de carreira e escrevendo sobre os seus planos futuros. Entre uma mesa de futuros médicos, advogados e analistas financeiros, estava uma jovem que falou e disse: "Honestamente, eu quero fazer o curso de bartender, e eu já sei o que você vai dizer sobre isso. Vai dizer que é uma decisão terrível e que mereço algo melhor."

Todos à mesa ficaram chocados com a minha resposta. Eu disse o seguinte à jovem mulher:

"Acho que é uma grande decisão e lhe explicarei o porquê: você vai adquirir uma habilidade que provavelmente sempre será capaz de lhe proporcionar um emprego. Irá oferecer-lhe flexibilidade e a opção de trabalhar à noite e ir à escola durante o dia, se assim desejar. Vai ser lucrativo e possivelmente vai impedi-la de entrar em uma enorme dívida de financiamento da faculdade. E se é algo pelo qual você é realmente apaixonada e faz você dar o seu melhor, então, eu não quero que você só pense em trabalhar no bar, eu quero que você pense em um dia ser dona do bar. Por que, adivinhe o que todos os futuros médicos, advogados e analistas financeiros desta mesa precisam no final do seu dia de trabalho? De uma bebida."

Acho que nunca vi um sorriso maior no rosto de uma adolescente. Nesse momento, alguém validou seus sonhos e os fez parecer não apenas possíveis, mas bem-sucedidos e livres do estigma, não inferiores.

Encorajar nossos alunos do ensino médio a lidar com a vida e seu futuro como acharem melhor, e especialmente quando é um caminho menos tomado, é algo que todos nós precisamos naturalizar. Além disso, não consigo pensar em uma única casa que nunca tenha precisado de um encanador, você consegue?

Entrar ou Não Entrar no Portal, Eis a Questão?

Como estudantes do ensino médio, há muito tempo, nossas notas estavam em grande parte confinadas a uma discussão no meio do semestre e no final do semestre. Nossos pais viviam em uma felicidade ignorante das nossas notas até o fim. Nesse ponto, poderia ter havido uma explosão curta, mas intensa (com talvez um pouco de crise) se as coisas tivessem corrido muito mal, mas a nota já estava lançada. E. durante nossos anos de faculdade, nossos pais nunca pensaram em nos perguntar.

Entrem no portal, pais. Agora os pais podem ver as notas dos filhos online quando quiserem. Ao simplesmente entrar no software designado, um pai pode saber a nota em um teste ou tarefa de casa antes mesmo que seu filho adolescente esteja em casa, voltando da escola. E os pais podem saber as notas dos filhos antes de eles mesmos saberem.

Perguntamos à comunidade Grown and Flown [Crescidos e Independentes] se isso era uma coisa boa e quantas vezes por semana os pais verificam as notas dos seus filhos. Muitos responderam: "Na semana? Quantas vezes por hora?" Infelizmente, os pais não estavam brincando, e mais de um explicou: "Sou um viciado do portal dos pais em recuperação, principalmente depois que começou a afetar meu relacionamento com meu filho."

Então, como é que os pais devem usar o portal das notas? A verdadeira resposta é que, como tantas outras coisas na parentalidade, é uma questão particular. Alguns pais verificam as notas ao longo do semestre para que não tenham surpresas no final, e para que possam ajudar seus filhos com tutoria ou insistir para que falem com seu professor se a média começar a oscilar. Outros dizem a seus filhos com que frequência verificarão, por exemplo, semanal ou quinzenalmente, e isso funciona como um incentivo para que os seus filhos se mantenham a par do seu trabalho — ou mesmo como determinante se vão sair nesse fim de semana para festas ou casas de amigos. Um tema comum que ouvimos dos pais é que eles verificaram mais no nono ano, quando seus filhos estavam se adaptando ao ensino médio e, em seguida, diminuíram quando viram que seus filhos adolescentes podiam gerenciar a carga de trabalho sem ajuda. Alguns pais até mesmo automatizaram o portal de notas e obter suas informações em um e-mail semanal ou notificação automática para seu telefone quando uma nota foi inserida.

À medida que questionávamos mais pais online, as respostas chegavam em dois campos. Havia aqueles que raramente ou nunca verificaram o portal das notas. Tinham as seguintes razões:

"Tentamos isso e foi um desastre. Os professores nem sempre têm tempo (compreensivelmente) para introduzir as informações imediatamente, e isso fazia meu filho ficar estressado. Havia também ocasiões em que eram feitos "pré-testes", e as notas eram lançadas, mas essas notas nunca entravam na contagem final. Acho que depende da situação particular do jovem e da família, mas esse nível de acompanhamento parecia causar mais tensão e alimentar um medo de fracasso nesta casa."

"Nunca. E isso não me torna menos 'ativamente envolvido'. A certa altura, um aluno tem de ter as suas notas sozinho."

"Não! Não! Não! Não! Afaste-se do portal! Verifico muito ocasionalmente, talvez 3–4 vezes por semestre. A escola é o trabalho dos meus filhos, não meu."

"Só verifico se me envia um e-mail informando que a nota é C ou inferior. Depois notifico os meus filhos para verem o que aconteceu."

"Para a minha própria sanidade, parei de verificar. Minha filha (uma caloura) tem o aplicativo em seu telefone, e, quando quer fazer as coisas no fim de semana, peço que ela verifique suas notas e certifique-se de que todas as suas tarefas sejam feitas. Deixo que ela assuma o controle. Reduziu o meu nível de estresse e o número de brigas que temos."

Os pais do outro lado, que usaram o portal das notas, argumentam:

"Os pais precisam estar ativamente envolvidos. Estas são responsabilidades de aprendizagem dos adolescentes, e os pais precisam estar presentes para orientação — é preciso saber o que se passa nas suas vidas."

"Além disso, os professores apreciam os pais que estão interessados em verificar o progresso dos filhos. E, se seus filhos vão muito bem, é um momento oportuno elogiá-los merecidamente; se não, talvez o telefone celular ou o carro devam dar um tempo. Observar as notas é definitivamente uma forma de dizer ao seu filho que se importa."

"Sim, absolutamente. As notas do ensino médio são muito importantes para os testes pré-ENEM. Todas as séries são importantes, e às vezes é necessária uma intervenção, como aulas de reforço ou outro tipo de assistência."

"Sim, nós monitoramos. Recebemos uma notificação cada vez que uma nota é colocada. Um, para ver se há alguma tarefa em falta. Dois, já encontramos erros quando os professores lançam a nota. Três, a escola vem primeiro... nossos filhos são muito estudiosos, dedicados com as lições de casa, sabem planejar seu tempo e se preocupam com suas notas. Nós, como pais, nos mantemos ativamente envolvidos."

Finalmente, alguns pais argumentaram que não existe uma abordagem-padrão para todos:

"Já não verifico as notas da minha filha online. Eu me importo, mas minha filha é responsável e tem notas excelentes. Ela também é aberta e honesta conosco, e vejo os seus relatórios de progresso e boletins. Ela nos conta o que se passa com as suas notas e aulas, bem como com os esportes e amigos, todos os dias. Ela está no último ano do ensino médio, por isso também precisa aprender a ser independente. Agora, meu filho está no último ano do fundamental e não é tão responsável ainda, então verifico suas notas online algumas vezes por mês. Suponho que talvez não haja uma maneira certa ou errada, e não é um reflexo do quanto os pais se preocupam — cada jovem é diferente e precisa de diferentes níveis de apoio."

Enquanto as opiniões dos pais sobre a verificação do portal de notas variavam da obsessão à indiferença, muitos viam o conflito de curto prazo gerado. Mas Jessica Lahey, mãe, educadora e autora de *The Gift of Failure: How the Best Parents Learn to Let Go So Their Children Can Succeed* ["O Presente do Fracasso: Como os Melhores Pais Aprendem a Deixar o Controle Para que Seus Filhos Tenham Sucesso", em tradução livre], nos lembra de que há questões maiores em jogo:

Os portais objetivam a vigilância. Quando você coloca um programa no telefone do seu filho que lhe permite saber onde ele está (24/7), e ele sabe que está sendo rastreado, isso é vigilância. E embora eu não esteja dizendo que não devemos nunca usar essas coisas, precisamos ter muito cuidado com o que fazemos e como o fazemos. Porque, se você quer que seu filho busque a motivação dentro dele, se quer que ele faça os trabalhos escolares sem nenhuma segunda intenção, ou se quer que seu filho seja honesto com você, suas chances de conseguir esses comportamentos dele são melhores quando você não o vigia. Estudos mostram que os filhos que são mais controlados mentem mais para os pais. Não sou fã do uso do portal, porque ele mina as relações entre pais e filhos, e entre pais e professores, é uma forma de controle, reduz o sentimento de autonomia dos filhos e nos deixa loucos.

Pensamos que essa é uma pergunta difícil para os pais, mas tendemos a defender que o portal não seja usado, exceto quando é necessário. Vamos explicar. À medida que os jovens passam pelo ensino médio, passamos a responsabilidade da maioria dos aspectos de suas vidas para eles. Na maioria dos casos, é um processo gradual, e essa transição é feita por partes. No mundo acadêmico, jovens do ensino médio já podem monitorar as próprias notas. Vemos um processo vencedor no qual expressamos nossas expectativas sobre seus esforços e, enquanto eles estiverem trabalhando duro e suas notas refletirem seus esforços, o portal permanecerá fechado para nós. No entanto, nos casos em que os alunos estão abaixo do desempenho, mentindo sobre suas notas, ou falhando em tentar, o portal deve ser aberto. Defendemos uma barganha: eles fornecem diligência e honestidade, e em troca os tratamos como adultos que não precisam ser monitorados.

Os estudos acadêmicos vão além daquilo que os adolescentes aprendem com os livros e as notas que recebem. Embora a maioria de nós não possa começar a ajudar nossos filhos com muitas de suas matérias acadêmicas, nem devemos fazê-lo, podemos ajudar a preparar nossos filhos para os maiores desafios acadêmicos que encontrarão na faculdade. Um passo crucial é que eles entendam que seus professores são parceiros na educação. Se saírem de casa e entenderem como administrar seu tempo, como aprender melhor e quais são os valores e expectativas da família em relação à educação, significa que nós os preparamos bem.

CAPÍTULO SEIS

Admissões em Faculdades

Embora haja muitas alternativas dignas e importantes, a faculdade ainda pode ser o próximo passo para nossos filhos. Nos EUA, quase 70% dos graduados saídos do ensino médio, em 2018, se matricularam no ensino superior. E como mães que, juntas, temos cinco filhos que foram ou estão indo para a faculdade, sabemos que o processo de admissão na faculdade é um campo minado.

Eu (Lisa) me lembro de não saber quase nada sobre admissões na faculdade quando meus filhos mais velhos chegaram ao segundo e ao terceiro ano do ensino médio. Não fazia ideia de quais as universidades seriam adequadas para eles ou quais os critérios deveriam ser utilizados para escolher, quais visitar e, mais tarde, se candidatar. Eu desconhecia a montanha de testes padronizados que são aplicados e a amplitude de informações subjacentes. Mesmo como escritora, lutei para julgar seus textos. Um pouco cega pelo amor, tendo a achar que tudo o que eles escrevem é ótimo, mesmo quando não é.

O processo de admissão na faculdade é um dos maiores desafios da parentalidade e vem até nós quando começamos a enfrentar a partida iminente de nossos filhos. Como a escritora, professora e mãe de três filhos Gabby McCree explica: "É irônico que sejamos obrigados a ser os melhores e mais importantes pais em meio a tanto estresse, emoções (felicidade e tristeza) e nostalgia. É uma grande responsabilidade. É um momento em que precisamos ser pais, mas também é um momento em que mergulhamos em nós mesmos. Nossos filhos precisam de nosso aconselhamento — sobre as mudanças da vida, sobre definição de um rumo — e podemos não ter muito mais respostas do que eles."

Como pais, temos de fazer uma pausa durante o processo de admissão na faculdade. Teremos triunfos de parentalidade — momentos em que nossos filhos precisarão de apoio ou aconselhamento, ou simplesmente de um ouvido amigo, e vamos conseguir. Mas também devemos antecipar falhas absolutas — crises em que nos encontramos gritando ameaças ou ultimatos em frente a uma porta fechada de um quarto com um garoto quase certamente usando fones de ouvido do outro lado.

Uma das coisas mais difíceis e importantes a fazer nesse processo é separar nossas frustrações ou problemas reais do processo de ingresso na faculdade, incluindo nossos sentimentos sobre nossos filhos saírem de casa. Fazer com que seu filho se concentre na escolha de um curso e em estudar para o ENEM é um campo de batalha. Mas você está liberando essa ansiedade porque seu filho ainda está perdido perto do final do prazo de inscrição ou essa tensão tem mais a ver com a perspectiva de "perder" seu filho para a faculdade? Você está realmente criticando um orientador do ensino médio que não enviou a recomendação prometida ou será que está agitado pela perspectiva de um ninho vazio?

É fácil se sentir ansioso. Há a ansiedade muito real de pagar uma quantia impressionante de dinheiro para um ou mais filhos frequentarem a faculdade. O processo de admissão parece uma loteria na qual nossos adolescentes têm pouco controle sobre o resultado. Mas esses sentimentos são intensificados e facilmente confundidos com os sentimentos que temos sobre as mudanças iminentes em nossas famílias. Temos de ser honestos com nós mesmos e separar essas emoções.

Esse não é um guia de admissão para a faculdade; isso é algo que está muito além da nossa experiência. Mas esperamos examinar a experiência que os pais e seus filhos adolescentes têm durante esse processo e lhe trazer algumas lições aprendidas com muito esforço, tanto dos pais como dos especialistas. Vamos observar estratégias pessoais de enfrentamento e depois estreitar o olhar para o panorama mais amplo das admissões de um colunista do *New York Times* e presidente de universidade.

Um alerta: fique à vontade para ler as páginas seguintes se seu filho estiver no ensino fundamental, mas, por favor, preste atenção à nossa forte sugestão de que seu filho se afaste desses processos até ingressar no ensino médio.

Por que tanta cautela? Porque nossos adolescentes precisam viver cada momento e experimentar todo o espectro de diversão e aprendizagem e crescimento que cada fase tem para oferecer. Pensar na faculdade muito cedo faz com que o ensino médio seja a faculdade. Isso os tira de sua realidade imediata e os faz viver absorvidos pelo futuro. Não deixe que isso aconteça. Temos visto adolescentes "perderem" seus anos de ensino médio porque suas famílias estavam focadas no resultado de sua busca pela faculdade.

Se esse não for um argumento suficientemente forte para você (e realmente esperamos que seja), lembre-se do quanto seu filho mudará entre 15 e 18 anos e de quanto tempo e dinheiro você terá desperdiçado pesquisando faculdades com um adolescente muito jovem. Assim que tiver pesquisado e visitado todos os programas de engenharia mecânica do Meio Oeste, seu filho adolescente anunciará que decidiu fazer ciência da computação na Costa Leste. Por isso, poupe o estresse até eles estarem prontos.

Preparação para o Vestibular

Mantenha um registro.
Peça a seu filho para manter um arquivo, em papel ou digital, que descreva suas realizações. O ensino médio tem apenas três anos, e pode parecer que ele não se esquecerá de nenhuma de suas atividades ou de elogios que recebeu, mas você ficaria surpreso. E, mesmo que ele se lembre de tudo o que fez, a lista será um bom arquivo para ajudar na pesquisa das universidades.

Mas faça as coisas pelas razões certas.
Seria desonesto e irrealista dizer que seu filho nunca deve fazer nada só por causa do vestibular. Durante todo o ensino médio, ele tomará decisões com esse objetivo em mente, seja selecionando um determinado curso ou estudando para o ENEM. Mas os jovens também precisam fazer o que realmente lhes interessa — e as faculdades se preocupam com isso.

O QUE É PRECISO SABER O QUANTO ANTES

Lisa frequentou uma grande universidade pública na Califórnia; com boas notas e bons resultados do vestibular, a admissão estava quase garantida. Ela não era obrigada a escrever um ensaio ou apresentar recomendações de professores. A noção de escolas de "alcance" e "segurança" ainda não era conhecida, e a faculdade que a admitiu foi a única para a qual ela se candidatou. Mary Dell entrou em uma universidade pública ainda maior, que a admitiu automaticamente com base em seu histórico do ensino médio. Entrando no processo de admissão com nossos filhos décadas depois, nós não sabíamos quase nada da incerteza que está embutida na candidatura à maioria das faculdades hoje em dia.

Lisa reflete:

Eu me sentia como se estivesse perdendo a cabeça quando tentava ajudar meus filhos com o processo do vestibular, que eu mal entendia.

A experiência de ajudar meus filhos a procurar uma faculdade me ensinou muitas coisas — mais, principalmente, que meu desconforto surgiu do meu medo do desconhecido. Não sabia para qual universidade meus filhos iriam ou em qual estudariam. Eu não sabia se eles encontrariam amigos para toda a vida ou se eles se afastariam facilmente (ou dolorosamente) um do outro e da nossa família. E eu não sabia como lidariam com as dores da rejeição, embora soubesse que elas, inevitavelmente, chegariam.

Mas a incerteza mais dolorosa de todas era: como lidarei com a saída dele de casa?

Quando seu filho começa a estudar para o vestibular, as memórias de quando você mesmo entrou no colégio vêm à tona. E, na manhã em que o deixa no local de provas, tudo fica mais real. A cada visita ao campus, você passa a imaginá-lo vivendo lá, com a situação completamente mudada, e você sendo apenas um visitante em sua vida. Claro, há orgulho e alívio por ter chegado a esse momento. Há gratidão pelo fato de seu filho ter estabelecido um objetivo e por ter começado a caminhar em direção a ele. E há empolgação por esse passo importante que seu filho está prestes a dar.

Mas também há dor, há uma dor real.

O conselho que oferecemos agora é se acalmar, refletir, aproveitar esse período e colocar as necessidades dos seus filhos na frente do processo. Então vamos nos sentar, pegar mais uma xícara de café e nos concentrar em como um pai deve passar pelo processo de admissão na faculdade, talvez mais de uma vez, sem perder a cabeça.

Aqui estão seis maneiras essenciais de preservar a sanidade, que aprendemos ao longo do caminho:

1. **Encontre um amigo.** Não, queremos dizer um verdadeiro amigo, alguém a quem você possa revelar todo o seu pânico. Certifique-se de que seja alguém em quem confia piamente. (Se a pessoa estiver passando pelo processo da faculdade agora ou o fez há pouco tempo, muito melhor.)

   Depois de encontrar esse amigo, não discuta o processo de admissão com mais ninguém. Não há nada a ganhar se comparando, e você pode perder sua sanidade. Somos seres humanos e precisamos compartilhar. Você e seu amigo serão confidentes. Vocês se apoiarão, solidarizarão e celebrarão juntos.

2. **Entregue-se ao seu amor.** Apoie completamente seu filho nesse processo. Ele é fantástico, e seu amor por ele pode levá-lo às lágrimas. Deixe sua mente vagar por recortes de momentos em que seu amor por ele foi o mais intenso possível. Haverá momentos difíceis (23h58, o texto ainda não está terminado e o prazo restante é de 120 segundos) quando esse amor será, até mesmo, testado. Agarre-se a essas imagens de amor, pois você precisará delas de vez em quando. Pode parecer improvável agora, mas você vai conhecer e

amar esse garoto ainda mais no final do processo. E, com sorte, ele sentirá o mesmo.

3. **Ignore o que não lhe convém.** Você não é responsável por todos os jovens da cidade, então ignore as buscas de outras pessoas. A comparação não é apenas um ladrão de alegria; é a fonte da angústia. Há muito mistério, muitas incógnitas para entender por que esse garoto foi aceito aqui e que um deles estava na lista de espera ou foi negado. Se você é pai de um aluno do ensino fundamental ou médio, pode facilmente se perder nas fofocas ao seu redor sobre as admissões na faculdade. Deixe tudo isso de lado, para não se sentir sufocado pelo sucesso alheio.

4. **Organize o caos.** Um dos desafios nesse processo é o caos completo que sua mente se torna com tudo o que precisa ser feito pelo seu filho e, em menor medida, por você. Faça uma planilha, um arquivo em papel ou o que for preciso para evitar que a lista aparentemente interminável de tarefas e questões a decidir se repita.

Identifique com seu filho adolescente como ele cumprirá os prazos e reunirá todas as informações de que precisa para selecionar a faculdade que deseja. Esta é uma das melhores chances de ensinar a sua filha de 17 anos como os adultos tomam decisões complexas e que mudam sua vida. Demoramos para pesar as alternativas. Solicitamos informações tanto de especialistas como de pessoas com experiência direta. Finalmente, restringimos nossas opções e escolhemos a melhor para nós.

E não deixe nenhum olhar de reprovação envergonhá-lo insinuando que essa busca é do seu filho e que você deve apenas ficar parado assistindo. Primeiro, a menos que seu filho esteja recebendo uma bolsa integral ou indo para uma universidade pública, e não haja dinheiro envolvido, essa é uma decisão familiar. Claro, é ele quem deve escolher a universidade para a qual irá, mas as formas para isso acontecer envolvem os pais.

Segundo, não deixe passar esse grande momento de aprendizado. É mais do que provável que seu filho não atinja a nota de corte mais de uma vez. A rapidez com que eles sacudirão a poeira e seguirão em frente depende, em parte, de vocês. Uma das coisas mais importantes sobre o processo de admissão na faculdade é a forma como lidamos com as consequências das decisões e do fracasso inevitável. Aqui está uma chance de viver a parentalidade no que ela tem de mais essencial, mostrando-lhes como você entende sua frustração, deixa seu filho remoer um pouco, elenca todas as lições que podem ser aprendidas e, em seguida, o ajuda a se recuperar.

5. **Mantenha o silêncio.** Quem me dera que alguém tivesse dito isso quando meu filho mais velho estava entrando no ensino médio: "Não precisa responder a nenhuma pergunta sobre a faculdade, nem seu filho." Quando você tira esse peso das suas costas, alivia a pressão do seu filho também. Adultos bem-intencionados acabam sufocando alunos nessa fase com o questionário habitual. *Já sabe para onde quer ir? Está estudando? Como estão suas notas?* E assim por diante. Eles dão informações desatualizadas sobre as faculdades. Sem ser solicitados, se metem e dão opiniões. Se ainda não aconteceu com você, em algum momento irá. Nenhum aluno do ensino médio precisa dessa pressão extra. Explique ao seu filho que ele não precisa se submeter a esses questionamentos. Instrua seu filho a responder: "Meus pais e eu vamos conversar sobre isso depois de ouvirmos algo definitivo das faculdades. Estamos na fase exploratória neste momento."

6. **Prepare-se para o mar de emoções.** Seu filho pode ficar irreconhecível. Pode ficar sentimental e carinhoso, emocionados só de ouvir alguém falar que eles sentirão falta do cachorro. Eles podem se tornar tão desagradáveis quanto eram durante o segundo ano de vida, com quase o mesmo número de crises e uma natureza igualmente irracional. E podem oscilar entre os dois. Se você não está

preparado, pode parecer que perdeu seu filho, mesmo que ele ainda more no final do corredor.

Nenhum pai pode protegê-los da montanha-russa emocional em que vai se envolver durante esse processo. Mas você pode se afastar e repetir este mantra útil sobre o comportamento dele: "Tudo normal, tudo normal, tudo normal."

ESTE NÃO É SEU BOLETIM DE NOTAS

Antes de nossos filhos enviarem a primeira candidatura ou visitarem o primeiro campus, é importante ficarmos de olho no que se deve levar em conta na escolha de uma faculdade. Vamos compartilhar alguns pensamentos de especialistas em como melhor avaliar essa adequação, junto a palavras sábias de reitor sobre o que os pais e filhos devem procurar — mas antes disso vamos ter uma conversa honesta.

Escolher uma faculdade é procurar um lugar no qual seu filho possa se desenvolver, fim da história. Mas não. É muito mais do que isso, e não vamos enterrar a cabeça na areia e negar. O que vamos dizer é que enfrentar essas coisas de cabeça erguida permite que as compreendamos e possamos passar para o que é verdadeiramente importante.

Infelizmente, as admissões universitárias são vistas por muitos como o derradeiro boletim de notas sobre parentalidade: uma carta única, definindo a nota dada no final de 18 longos anos de esforço amoroso. Se a faculdade fosse vista como apenas quatro anos da vida de uma pessoa, seria mais fácil avaliar friamente, mas é como se fôssemos todos, pais e filhos, janelas traseiras de carros com decalques universitários afixados para sempre em nossas testas.

Nunca ninguém perguntou à Lisa se ela criou três bons homens... três filhos carinhosos... três cidadãos educados. Nem nunca conheceu alguém que, ao saber que ela (ou qualquer outro pai) tem filhos em idade universitária, não tenha perguntado qual curso fazem. Se duvida do quanto a faculdade importa em alguns círculos, fique no meio do Bed Bath & Beyond e segure um pacote de jogo de cama XL em uma das mãos e uma extensão de tomadas ou uma caixa de armazenamento sob a cama na outra. Agora espere para ver quanto tempo um perfeito estranho leva para fazer a pergunta inevitável: "O garoto vai para a faculdade? Para qual?"

Parece não haver escapatória — todos são especialistas no assunto. Os avós compartilham conhecimentos universitários que estão meio século desatualizados. Os amigos enumeram as faculdades que os filhos adoravam, mesmo eles não sendo nada parecidos com seu filho. E, quando você comete o erro de dizer às pessoas onde seu filho está pensando em estudar, encontra uma das três reações: silêncio, dúvida ou ironia. As três são tensões da pressão social que você e seu filho passam.

Lembre-se de que todos têm uma opinião, que a maioria dessas opiniões se baseia na experiência pessoal, *muito* limitada, de um indivíduo, e que o grosso dessas opiniões pode ser ignorado com segurança. Aqui está o que importa:

Seu filho. O que ele precisa. O que funciona para a sua família.

Simples assim.

Em 2015, o colunista do *New York Times* Frank Bruni publicou um livro reconfortante e importante intitulado *Where You Go Is Not Who You'll Be: An Antidote to the College Admissions Mania* ["Aonde Você Vai Não Define Quem Será: Um Antídoto para Obsessão por Admissões em Faculdades", em tradução livre]. Bruni, que optou por frequentar a Universidade da Carolina do Norte, em vez de Yale, faz uma reflexão sobre abrir os olhos sobre o impacto da faculdade na vida das pessoas que a frequentam. Ele fala sobre como a escolha da faculdade se tornou uma avaliação da nossa parentalidade ou um julgamento sobre o valor das realizações do nosso filho adolescente, em vez de ser um ponto de orgulho que seu filho encontrou uma instituição de ensino superior na qual se desenvolver. Ele explica como a busca por faculdades foi descartada de qualquer proporção razoável e passou a ser "vista como a medida conclusiva do valor de um jovem, um prenúncio incontestável das realizações ou decepções que virão". Vencedor ou perdedor: É assim que o julgamento é feito. Essa é a grande e brutal eliminação seletiva.

Em seu livro, Bruni desmonta o edifício construído ao longo do século XX, e fortificado drasticamente nos primeiros 20 anos, de que existem algumas grandes universidades e que é somente por meio delas o único verdadeiro caminho para o sucesso. Mas isso deixa a questão de saber se os pais estão desamparados da realidade ao se importarem tanto quanto eles fazem com as admissões de seus filhos na faculdade. Esta pergunta divide-se em duas partes: importa mesmo a qual universidade os nossos filhos irão? E há algum dano que fazemos aos nossos filhos por nos preocuparmos?

A resposta à primeira pergunta é: não importa tanto o que pensamos, mas isso não é o mesmo que dizer que nada importa. Os pais são obcecados por universidades bem-conceituadas, não porque acreditem que não há outro caminho para os sonhos dos seus filhos, mas porque acreditam que encontrar um caminho de sucesso é mais provável em uma faculdade mais seletiva. Eles também são obcecados por certas faculdades diante da evidência de que os adolescentes prosperam quando há um bom ajuste entre o que uma instituição oferece (em todos os sentidos dessa palavra) e o que ele precisa.

Como pais, não somos tão loucos para escolher qual universidade nossos filhos frequentam, mas estamos tão loucos quanto eles por escolher. E o nosso carinho importa ou de alguma forma prejudica os nossos filhos? A isso responderíamos um retumbante sim. Como explica Bruni: "O clima do processo de admissão em faculdade é superestimado, de forma que perturba os adolescentes desnecessariamente e pode ser prejudicial para a sua educação, pervertendo o verdadeiro motivo de aprendizagem, que não é sobre a aquisição de títulos. É sobre o refinamento de uma mente, o cultivo de uma alma. Vamos concentrar-nos nisso."

Em *Where You Go Is Not Who You'll Be*, Bruni deixa os pais um pouco fora do circuito, e nos permite esse comportamento louco. Parte do que nos deixa loucos é que todos à nossa volta ficam loucos. Podíamos levantar e dizer: "Não vou fazer parte disso", mas poucos têm essa coragem. Embora estejamos preparados por uma vida inteira de experiência na escola e no local de trabalho, que mostra como é possível atingir quase todos os objetivos, sob quase todas as formas, com alguma determinação e esforço, não reconhecemos o que vemos e, em vez disso, concentramo-nos no que receamos: que aqueles que se formaram, em certas instituições, possam ter uma vantagem permanente.

Bruni demonstra o seu caso, e é convincente, que onde quer que a vida de nossos filhos os levem, qualquer nível de sucesso profissional ou felicidade pessoal que possam encontrar é determinado, em grande parte, por seus esforços próprios, não pela sua alma materna. Ele nos lembra de que: "A faculdade não tem o monopólio sobre os preceitos para o sucesso profissional ou para uma vida reconfortante." Bruni foi gentil o suficiente para responder a algumas de nossas perguntas sobre admissões em faculdade, e suas respostas revelam uma reformulação muito importante que devemos dar ao processo: o valor da experiência sobre a admissão.

P: Não concordo muito com essa regra de pensar que para qualquer faculdade que meu filho vá será menos importante do que eu pensava, mas não completamente irrelevante. Parece que, para os pais, o perigo real advém de se preocuparem tanto — que o investimento dos pais na faculdade ou, pior ainda, em uma determinada faculdade, infiltra-se na vida familiar, prejudicando tanto o relacionamento entre pais e filhos. Ao estabelecer expectativas estreitas, os pais dão aos filhos muito espaço para falharem. Isso seria justo?

R: Em primeiro lugar, "menos importante... mas, não inteiramente irrelevante" é precisamente o caminho certo. A admissão a uma faculdade de elite envolve um roteiro muito particular: cursos avançados de aplicação, pontuação nos exames, triunfo atlético e serviço comunitário. A distinção de seu filho pode não ser acomodada por esse script, então não amarre sua autoestima a ele. Ao definir expectativas menos específicas, você dá ao seu filho muito espaço para ter sucesso de acordo com uma métrica menos implacável.

P: Você diz que uma aceitação em uma faculdade como a Duke ou a Northwestern é um "veredito obrigatório sobre a vida que [um estudante] levou até aquele ponto". Você acha que o mesmo pode ser dito dos pais ou, pelo menos, do trabalho que eles fizeram como pais? A admissão em faculdade não é vista como um boletim de notas sobre a nossa parentalidade?

R: Muitos pais veem o que acontece durante o período de admissão em faculdade como um reflexo deles. Digo isso não de uma forma condenatória, mas de uma forma simpática: esses pais são produtos da cultura em que vivemos e estão recebendo as suas dicas de tudo o que veem à sua volta. Mas, sim, a admissão em Stanford ou Duke ou Northwestern ou Williams é a derradeira glória: a honra da sociedade e o troféu de atleta e a liderança no jogo da faculdade, em que todos estão envolvidos por um só objetivo. E os filhos percebem que a importância do que lhes acontece tem um grande significado para seus pais.

P: Os pais não aspiram obter uma pequena vantagem que tornará a viagem dos nossos filhos pela vida um pouco mais fácil? Não estamos apenas à procura de algo que possa contribuir para o sucesso profissional, ainda que ligeiramente, a favor do nosso filho?

R: Os pais, da melhor maneira possível, querem dar aos filhos o máximo de ajuda em um mundo competitivo e querem formar uma rede de segurança para eles. E têm razão. Isso é uma espécie de responsabilidade e trabalho, se estiver dentro das suas possibilidades. E, nesse sentido, os pais realmente pensam que entrar em uma faculdade de elite, com as conexões e a rede que ela pode trazer, se enquadra nas categorias de "uma ajudinha" e "rede de segurança".

Eles não estão totalmente errados. Em muitos casos e de certa forma, uma faculdade de elite tem suas vantagens. Meu ponto é que essas vantagens são anuladas, e talvez até mesmo revertidas, se o filho compra totalmente essa ideia dos pais, e muda a qualidade e a energia do trabalho empenhado na faculdade. Esse é o perigo de acreditar demais e falar sobre a importância do nome de uma faculdade.

O perigo é que você acha que a admissão é tudo e a experiência é secundária. Se você adotar essa perspectiva, mesmo sem querer, e agir de acordo, sua faculdade de elite não vai fazer muito para aumentar suas chances de sucesso profissional ou garantir uma vida tranquila.

O Perigo do Ranking de Faculdades

Os rankings de faculdades são concebidos para mexer com a cabeça dos pais. E, realmente, são mesmo. Vivemos em um país com milhares de faculdades incríveis e, ainda assim, aqueles que as classificam tentam reduzir sua rica complexidade para um único dígito ou dois. Não se deixe enganar. Primeiro, há dezenas de classificações e todas elas diferem — por isso, claramente, não estão todas "certas". Em segundo lugar, as mais conhecidas são simplesmente as mais antigas, não as mais vantajosas. O que devemos pensar? De um modo geral, ignore os rankings. Podem ser úteis, quando você quer encontrar todas as escolas em Illinois que têm programas de bioengenharia e você não sabe por onde começar. Mas não dê importância maior do que isso.

> *Perceba que se aplicar para uma faculdade é um processo, e vai levar tempo. É uma decisão muito importante, mas não se preocupe, porque todos chegam aonde merecem. Dê tempo a si mesmo para estreitar a sua escolha, e tudo se unirá no final. Se você pode pagar, dê a si mesmo algumas opções para que você tenha uma escolha. Eu não sou fã de decisões antecipadas, porque você pode não se sentir pronto e capaz de tomar esse tipo de decisão no outono.*
>
> *— MATT, 22*

ENCONTRANDO A ÚNICA COISA QUE IMPORTA

Uma das razões pelas quais ficamos presos às faculdades é que esquecemos o que cada conselheiro do ensino médio e responsável pelas admissões em faculdade lhe dirá que é o fator mais importante ao escolher uma faculdade: adaptação. Mas isso pode ser uma ideia difícil de assimilar. Que tipo de adaptação e por que isso importa? Como sei que o meu filho encontrou a adaptação certa? Adaptação social? Acadêmica? Uma adaptação financeira da família? Como muitas perguntas importantes, não existe uma resposta simples. Adam Weinberg, pai de três filhos e reitor da Universidade Denison em Granville, Ohio, lança alguma luz:

> Deixe-me começar com uma observação. O processo de busca por faculdades tem sido fortemente impactado pelo estado da economia geral. Para muitas famílias, escolher uma faculdade é considerada uma das decisões mais importantes que elas tomarão. As famílias estão visando um mercado de trabalho competitivo e acreditam que a decisão da faculdade vai impactar o potencial financeiro do seu filho (e, consequentemente, para o resto) durante toda sua vida. Estão visando apenas valores.
>
> O meu primeiro conselho é este: o valor conta, em grande parte, para essa adaptação. Há muitas faculdades boas neste país, onde você pode obter uma grande educação, mas, se fizer a adaptação errada, será quase impossível obter essa grande educação — não importa quão boa seja a faculdade.
>
> O que significa isso? Não temos de adivinhar — temos muitos dados sobre o que mais importa sobre a faculdade. Os alunos precisam ir para uma faculdade que forneça o seguinte:

- Mentoria: É uma das características definidoras de uma experiência universitária transformadora. Em particular, a orientação do corpo docente é crucial.

- Envolvimento dos alunos: Os alunos são mais propensos a ter sucesso quando são capazes de participar de atividades fora da sala de aula que complementam seu aprendizado (atletismo, agremiações estudantis, artes etc.).

- Envolvimento de aluno para aluno: Os alunos aprendem muito uns com os outros. Eles precisam estar em uma faculdade onde eles estão cercados por colegas que estão na faculdade pelas razões certas e estão incentivando e estimulando uns aos outros de maneiras corretas.

A questão é: como encontrar uma faculdade onde seu filho ou filha provavelmente se adapte rapidamente, desenvolva um relacionamento de mentoria próximo a um membro do corpo docente e se envolva em atividades extracurriculares contínuas que lhes permitam encontrar bons amigos e desenvolver fortes habilidades para a vida? Agora é a hora de ter uma conversa séria com seu filho sobre seu próprio desenvolvimento pessoal e que tipo de faculdade vai ser melhor para ele. É mais provável que ele prospere em salas de aula grandes ou em turmas pequenas? Sentirá maior conforto em um ambiente urbano ou rural? Que perfil de pessoas tende a prosperar naquele ambiente?

Certifique-se de que ele compreenda quais são os custos financeiros. O orçamento real, ou seja, não somente as mensalidades. O financiamento estudantil que acabou de receber pode induzir ao erro. Certifique-se de que ele entende: quantos anos em média, leva um estudante para se formar? Em Denison, como na maioria das faculdades privadas, são quatro anos. Em algumas universidades públicas, muitas vezes são necessários cinco ou até mesmo seis anos (portanto, um ou dois anos a mais de aulas). E o apoio financeiro vai durar o tempo em que estiverem na faculdade?

Um dos erros de prospecção que as famílias cometem é selecionar uma faculdade por causa de diferenças muito pequenas de valor. A adaptação é muito importante. Não faz sentido ir para uma faculdade que é um pouco menos cara se a adaptação não for correta. Ainda assim, pensar nas despesas é importante. Minha opinião é que uma dívida administrável se torna válida para obter uma educação que seja mais adequada para o estudante, e as famílias precisam determinar esse orçamento.

Muitas vezes, os rankings levam os pais a crer que escolher uma faculdade certa é saber em que posição elas se encontram. Nada poderia estar mais longe da verdade. Escolher a faculdade certa é muito mais pessoal do que isso.

Escolha uma faculdade onde o seu filho possa lutar pelas suas paixões. Se ele pratica um esporte ou tem uma paixão por um envolvimento artístico, escolha uma faculdade onde será capaz de cultivar seus interesses e talentos. Isso é realmente importante — não escolha uma faculdade onde só serão capazes de ver o sucesso dos outros. Escolha uma faculdade onde ele será suscetível a se integrar a uma equipe, se envolver em uma peça de teatro, participar de um grupo musical e ter a chance de se envolver em suas paixões.

Isso também serve para os alunos que querem se formar em ciências. Muito do valor do trabalho de graduação em ciências vem da pesquisa prática. Escolha uma faculdade onde os alunos de graduação começam a realizar suas próprias pesquisas em laboratórios. Tenha cuidado com as faculdades onde os estudantes de pós-graduação, por vezes, substituem os professores nas salas de aula e excluem os alunos de graduação dos laboratórios.

Preste atenção ao conteúdo programático do primeiro ano. A transição para a faculdade pode ser difícil. Selecione uma faculdade onde muita atenção é dada em como os estudantes fazem essa transição para a faculdade e o apoio que recebem, se e quando tropeçarem. Uma vez que os alunos consigam se conectar a cursos, professores, amigos e atividades extracurriculares, eles vão ficar bem.

Considere a localização. É legal estar em um campus que tenha um bom ambiente. Também acho que seja uma grande vantagem estar em um local que tem uma comunidade vizinha saudável próxima a faculdade e que tenha fácil acesso a um aeroporto e à cidade. Visite as faculdades mais de uma vez. Tente participar de um dos dias de visita; a maioria das faculdades oferece agora um dia para estudantes admitidos. Deixe seu filho passar uma noite em duas ou três das melhores faculdades, então lhe diga para seguir seus instintos. Mais do que fazer observações, faça perguntas: onde se sentiu mais confortável? Qual foi o melhor lugar?

(Nota das editoras: Algumas faculdades pagarão para que os estudantes admitidos façam visitas ao campus, caso suas famílias não possam pagar. Não deixe que o custo de uma nova visita impeça o seu filho adolescente de tomar uma decisão fundamentada.)

Ouça as Pessoas que Realmente Conhecem

Um dos melhores lugares para aprender sobre admissões em faculdade é com pessoas que realmente admitem os estudantes. Muitas faculdades têm excelentes blogs de admissões (vá para a página de admissões de uma faculdade, não ao site), que são escritos pelos próprios reitores de admissões. Nessa página, pais e alunos podem aprender muito sobre admissões, em geral, e sobre aquela faculdade em particular. Aprendemos muito com os reitores de admissão da UVA e da Georgia Tech lendo seus sites informativos. E lemos também os sites de muitas faculdades para as quais nossos filhos não estavam se candidatando, para saber mais sobre o processo. Pesquise nas redes sociais para obter mais informações e siga as faculdades em que o seu filho adolescente está interessado — muitas têm páginas sobre admissões — páginas em redes sociais específicas. O Conjunto de Dados Comum é também uma fonte incomparável de informações imparciais sobre a faculdade. É uma ótima maneira de fazer testes comparativos entre duas faculdades. Pesquise as palavras "Conjunto de Dados Comum" adicionando o nome da faculdade.

É RESPONSABILIDADE DELES

Helene Wingens sabia que a decisão sobre a faculdade era do seu filho, mas, quando o processo não saiu exatamente como planejado, ela achou difícil de se lembrar disso.

No último ano do meu filho no ensino médio, fiz um voto silencioso e firme de que não participaria da insanidade em torno dos exames para faculdade. Não permitiria que o meu pensamento claro se confundisse com a loucura das pessoas. Por fim, é claro, isso foi mais fácil de dizer do que de fazer.

Depois que meu filho adiou a decisão precoce sobre sua faculdade, estávamos esperançosos em ter notícias das cerca de meia dúzia de escolas às quais ele havia se candidatado. Mesmo que meu filho fosse um garoto que nunca havia perdido um prazo, e mesmo que eu estivesse confiante de que ele faria suas inscrições para a faculdade, depois que sua admissão para uma faculdade de preferência não deu certo, comecei a importuná-lo, convencendo e ameaçando-o até que todas as outras aplicações fossem concluídas. Não foi o meu melhor momento e isso anunciou uma série de momentos "não tão bons".

Mais tarde, quando as aceitações e rejeições estavam se acabando, embora tivéssemos reiterado com força e repetidamente que o aspecto mais importante da seleção da faculdade era encontrar uma adaptação social e acadêmica adequada, e mesmo que tivéssemos incentivado ele a ignorar nomes e o ranking de uma faculdade, em favor de seu sentimento *expresso* sobre o lugar, eu não pude resistir à vontade esmagadora de intimá-lo fortemente para escolher a faculdade com o nome mais prestigioso. Na verdade, a pressão que lhe fiz foi mais por mim do que por ele.

Em razão das nossas conversas presenciais ficarem tão saturadas, começamos a nos comunicar por texto. Às minhas repetidas súplicas para escolher a faculdade mais bem avaliada, o meu filho respondeu:

Sei que você tem mais experiência de vida e confio que você e o pai estão sempre cuidando de mim e me encorajando para aquilo o que acreditam ser o melhor, e quando acham que estou prestes a cometer um erro, a única reação que têm, logicamente, é fazer o que puder para me impedir de cair no precipício. Eu entendo e agradeço. Mas, às vezes, vocês precisam confiar que eu também estou cuidando de mim e que preciso fazer minhas próprias escolhas e sofrer com as consequências.

Agora percebo a sabedoria desses sentimentos, mas naquela época eu só podia vê-lo cometer o que eu pensava ser um grande erro na vida.

Continuei insistindo, acusando-o de basear sua decisão em emoções e não na razão, ao que ele respondeu,

Sim, parte desta decisão é motivada pela emoção. Nos últimos dois meses me apaixonei pela ideia de ir para a Universidade XX. Fui capturado pelas pessoas, pela atmosfera, pelo campus e pela própria instituição.

De certa forma meus argumentos também estavam repletos de emoção, então como eu poderia culpá-lo por tomar uma decisão com base emocional?

Não acredito naquele clichê que os jovens estarão "onde deveriam estar". Acredito que se você os ensinar a serem resilientes, eles se sairão bem onde quer que estejam. Você precisa confiar neles para tomarem a decisão certa para si. Creio que você precisa procurar pela melhor forma de adaptação, em vez de um nome certo, e mais do que nunca o que você faz quando chega à faculdade é muito mais importante do que para qual faculdade você vai.

Para os pais que se sentem como eu, sugiro que respire fundo e tente evitar o máximo possível se envolver emocionalmente no processo. É realmente a vida do seu filho, a decisão dele de fazer e viver com ela. Esse processo não reflete a essência do seu filho. Ele não define a pessoa que ele será, e não prevê o sucesso que terá na vida, qualquer que seja a sua definição de sucesso.

A faculdade para a qual seu filho vai importa, mas (aqui está o enigma) você nunca vai saber como as coisas teriam sido diferentes em outros lugares, então aceite o que está acontecendo e espere que seu filho encontre seu lugar único na comunidade em que ele se matricular.

Em um processo repleto de incertezas, há uma certeza. Antes mesmo que você possa tranquilizar seus pensamentos, seu atual aluno do ensino médio estará se matriculando para os cursos como calouro. E, em breve, receberá seu diploma. Esperamos que sim.

PRONTOS OU NÃO?

Assumindo que nossos filhos tenham completado o ensino médio com sucesso e que eles estão matriculados em uma faculdade, depois das férias de verão eles partirão. Quando nossos filhos são jovens, reconhecemos prontamente que eles andam, falam ou leem em idades diferentes. Embora, enxerguemos a faculdade como um momento sem prerrogativa de idade, aos 18 anos alguns adolescentes ainda não estão preparados, no ponto de vista acadêmico, social ou em termos da sua capacidade de viver como adultos independentes.

Como pais, assistimos aos nossos filhos completarem o ensino médio e começando a faculdade ou dando o próximo passo em suas vidas. Mas prosperar na faculdade é o nosso objetivo, não apenas participar de uma. E para o seu filho adolescente ter sucesso na faculdade significa começar a faculdade quando ele estiver pronto, não os seus colegas de classe.

Nos Estados Unidos, pouco mais de 58% dos calouros retornaram à mesma faculdade para o segundo ano. Se os pais querem ter certeza de que os seus filhos prosperem na faculdade, precisam ficar atentos à questão de saber se eles estão prontos. Nós nos reunimos com alguns especialistas sobre o assunto de estar pronto para uma faculdade e simulamos o que os pais pensavam sobre se uma aplicação à faculdade ainda não seria a melhor opção para seu estudante.

A Dra. Lisa Damour, que conhecemos antes, ressalta que não devemos confundir admissão em faculdade com estar pronto para a faculdade, pela sua experiência com adolescentes como psicóloga. Ela diz que quando estudantes universitários procuram seu consultório por causa de um primeiro semestre desastroso: "Eles passaram o último ano do ensino médio e, geralmente, anos antes, sugerindo, se não mesmo 'demonstrando', que não estavam prontos para ir à faculdade."

Como pais, quando podemos diferenciar tropeços normais de um adolescente do ensino médio de problemas mais sérios que possam sinalizar uma passagem desastrosa para o campus? E o que podem — e devem — fazer os pais ao perceberem que seu aluno não está pronto para faculdade? As nove perguntas a seguir podem ajudá-los a avaliar a preparação do seu filho para a faculdade e (mesmo com um adolescente que esteja completamente pronto) fazê-lo pensar em alguns dos pontos que o ajudarão a ter sucesso.

1. **Quem está se candidatando para a faculdade (ou seja, você está fazendo todo o processo para o seu filho adolescente)?**

   Howard Greene, um conhecido consultor educacional e autor de muitos guias universitários adverte que os pais devem se preocupar quando se veem fazendo todo o processo da faculdade pelo seu filho adolescente. Quando os pais estão gerenciando as aplicações da faculdade de seus filhos e transportando seus adolescentes passivos ou mesmo resistentes, eles precisam refletir se seus alunos prosperarão na faculdade no ano seguinte.

2. **O seu filho adolescente consegue lidar com desafios?**

   A vida emocional de um adolescente é muito agitada. No ensino médio e superior, muitas vezes, eles lidam com contratempos acadêmicos, sociais ou românticos. Terão momentos de triunfo e exuberância, bem como de dúvida e decepção. Tudo isso é normal e até mesmo desejável como forma de prepará-los para a vida adulta.

Um olhar atento sobre a forma como o seu filho adolescente lida com estes momentos desafiantes lança alguma luz sobre ele estar pronto para viver por conta própria, explica Damour. Quando se saem mal em um exame, vão correr ou beber uma cerveja? Quando um interesse amoroso os rejeita, eles se acalmam com música ou drogas? Quando sofrem com dúvidas, voltam-se para os seus pais à procura de um ouvinte amigo ou para alguém que resolva os seus problemas? Será que eles conseguem lidar com os seus problemas sem a ajuda dos pais? Os alunos que lutam para lidar de forma independente e eficaz com desafios no ensino médio podem se sentir sobrecarregados no ambiente universitário.

3. **Seu filho adolescente pode assumir toda a responsabilidade pelo autocuidado?**

O autocuidado é um dos requisitos básicos para a vida na faculdade. Esse conjunto de competências abrange uma vasta gama de questões, desde o sono à alimentação, do exercício físico e do autocontrole, e Damour sugere que os pais avaliem a capacidade do seu filho adolescente de gerir sozinho cada uma dessas coisas. Jovens no ensino médio que ainda precisam ser lembrados que têm que dormir, que não têm noção das necessidades nutricionais ou que têm dificuldades em exercer autocontrole sobre a presença de drogas, álcool ou distrações podem ficar relutantes quando estão sozinhos. Pergunte a si próprio se o seu filho pode marcar uma consulta, cuidar de si próprio fisicamente ou falar com um professor sobre um problema que ele está tendo. Se não conseguem gerir os aspectos práticos da sua vida, podem precisar de mais tempo.

4. O seu filho adolescente consegue gerir seu tempo?

Na teoria, deve ser delegado aos jovens do ensino médio cada vez mais o controle sobre seu tempo e o aprendizado para gerenciá-lo eficazmente, mas, na realidade, sua vida ainda é altamente estruturada. Uma vez que os adolescentes entram na faculdade, com mais tempo livre em seu dia a dia, e maior flexibilidade em torno de suas atividades, a programação de seu tempo torna-se uma novidade e, para alguns, uma pesada responsabilidade.

A maturidade necessária para fazer o gerenciamento do tempo depende, em parte, do desenvolvimento do cérebro de um adolescente. Mas os alunos que mostram repetidamente no ensino médio que têm dificuldade em conseguir fazer o seu trabalho a tempo ou em gerir as exigências concorrentes de várias turmas e tarefas em longo prazo podem achar a faculdade muito desafiadora. Os pais que constantemente intervêm com lembretes para os seus alunos do ensino médio sobre as responsabilidades acadêmicas e outras precisam perceber que os seus adolescentes podem não ser capazes de gerir as suas próprias obrigações.

5. O seu filho adolescente sabe quando e como procurar ajuda?

Quando nossos filhos vivem em casa, é fácil dizer-lhes quando precisam se consultar com um médico ou sugerir-lhes que procurem ajuda adicional de um professor. Quando estiverem na faculdade, eles precisarão decidir por si mesmos quando procurar serviços médicos ou psicológicos ou apoio acadêmico. Os adolescentes que não aprenderam a avaliar seus próprios problemas e a buscarem ajuda apropriada podem vacilar quando confrontarem problemas inevitáveis.

A Dra. Julia Routbort, diretora-associada de assuntos estudantis para saúde e bem-estar na Faculdade Skidmore, enfatiza que os calouros precisam ter mostrado no ensino médio que podem tanto aprender quanto se recuperar dos seus fracassos, e que não se entregam quando enfrentarem contratempos. Ela observa que é importante que os estudantes que vão para a faculdade possam reconhecer quando têm algum tipo de problema (acadêmico, emocional ou outro), avaliar a gravidade e ser capazes de pedir ajuda no campus.

6. **O seu filho pode assumir a responsabilidade e aprender com as suas decisões ruins?**

Os adolescentes cometem erros. O seu bom senso continua a desenvolver-se e o seu autocontrole está em curso. Damour sugere que um dos sinais de que um adolescente está pronto para sair de casa não é que ele não cometa erros ou ocasionalmente faça um julgamento equivocado (já que isso é muita responsabilidade para a maioria dos adolescentes lidar), mas quando um mau comportamento ou julgamento errado é descoberto e o adolescente assume sua responsabilidade e altera seu comportamento futuro.

Os adolescentes têm a capacidade de mudar muito mais rápido do que os adultos, observa Damour, então, não se desespere se você ameaçar seu filho com "Faça isso novamente e você não vai para a faculdade no próximo ano". Muitos adolescentes se intimidam com essa estratégia e aprendem a mudar seu comportamento. No entanto, pode ser preocupante quando os pais fazem tal ameaça e o comportamento de seus filhos permanece inalterado.

7. **O seu filho adolescente demonstrou conseguir viver em um ambiente sem a sua família?**

Nem todos os adolescentes têm a oportunidade de passar um tempo longe da família. Mas se o seu filho demonstrou que no acampamento, em uma viagem ou no local de trabalho que é capaz de gerir o próprio comportamento, esse é um ótimo sinal que demonstra sua capacidade de conviver sem a proteção da família.

8. **O seu filho consegue avaliar o risco?**

A faculdade é uma época de comportamentos mais nocivos. Os adolescentes e jovens adultos precisam avaliar constantemente os riscos das suas ações. Seu filho adolescente pode pensar nas consequências dessas ações quando está envolvido em uma decisão sobre sexo, drogas ou álcool? Damour sugere que os adolescentes que demonstram maturidade necessária para a faculdade invertem o valor de seu questionamento sobre suas atitudes de: "Quais são as chances de eu ser pego?" para: "Quais as consequências se eu fizer isso?"

9. **A faculdade é um presente (caro) como nenhum outro. O seu filho adolescente vai aproveitar-se dos benefícios que ela tem para oferecer? A decisão de ir, realmente, é dele?**

Routbort acha que alguns jovens chegam à faculdade como calouros quase como um padrão. Ou seja, essa situação já era esperada pelos pais, e não houve uma conversa com seu filho sobre isso. A dificuldade dessa situação é que a decisão e, portanto, o êxito, pertence aos pais e não ao próprio aluno.

Uma das soluções para um jovem que não está pronto para a faculdade é adiar o momento por um ou dois anos. Fazer um ano de intervalo ou passar algum tempo localmente em uma faculdade comunitária pode ser útil para jovens que precisam de um pouco mais de tempo antes de partir por conta própria.

Embora adiar a faculdade e tirar algum tempo para trabalhar, viajar e amadurecer ainda não seja um padrão nos Estados Unidos, muitos especialistas sugerem que um ano longe dos estudos após o ensino médio pode ter um efeito notável para o amadurecimento de um adolescente. Routbort acredita que um "ano de intervalo dos estudos", ou seja, um ano em que o aluno fará planos e, em seguida, realizará esses planos cuidando de si, levará a uma experiência universitária qualitativamente melhor.

Greene salienta que a maioria das faculdades permite que os alunos adiem a admissão por um ano e tenham um tempo para se prepararem. Ele observa, muitas vezes, que os pais estão preocupados com um ano de intervalo dos estudos, temendo que seu filho não se matricule na faculdade. Segundo a sua experiência, não foi isso que aconteceu. Depois de um ano trabalhando, a maioria dos adolescentes estão ansiosos e muito mais prontos do que estavam inicialmente para ir à faculdade.

MESMO UM ESPECIALISTA PODE SENTIR-SE COMO UM AMADOR

Jess Lahey é a autora de *The Gift of Failure* ["O Presente do Fracasso", em tradução livre], que aborda a importância em deixar de comandar a vida do seu filho e deixá-lo falhar para que ele possa aprender a ter independência e, finalmente, obter o sucesso. Escreve e fala aos pais e educadores de todo o país sobre os perigos da hiperparentalidade. Seu livro tinha se tornado um best-seller nacional quando seu filho atingiu o fim do ensino médio, o ano em que Lahey viu sua vida divergir da sua pesquisa. Leia a história dela, e depois reflita.

Minha estratégia é a calma, a isenção e experiência na parentalidade. Tenho sido uma dessas mães escritoras lembrando aos leitores para deixar seu filho falhar, pararem de serem pais, apenas por um momento, e pensar em longo prazo, que os fracassos do ensino médio podem se tornar o sucesso na faculdade de medicina. Minha estratégia me valeu um best-seller, uma agenda lotada, e um trabalho para escrever artigos que recebem muitos *likes* e compartilhamentos, porque se trata de uma abordagem calma, isenta e com experiência na parentalidade, soando tão atraente, razoável, ao senso comum.

Depois desse ano, parecia que o meu filho conseguiria avançar para a faculdade, e a minha estratégia alcançou seu objetivo.

Fui avisada que isso poderia acontecer. Pais mais velhos, mais sábios e cujos filhos haviam crescido e criado independência com sucesso me avisaram dos perigos do processo de aplicação para a faculdade em gráficos detalhados. Eles reclamavam sobre a ansiedade, os prazos, os custos, o pânico e o estresse. Ouvi tudo e achei mesmo que tinha entendido.

Mas, quando o impacto da temporada de aplicação da faculdade atingiu nossa família, eu me tornei incapaz de raciocinar e esqueci meu próprio conselho.

O meu filho mais velho, Ben — o meu primogênito, o meu bebê —, de 18 anos, atingiu a maioridade civil. Poderia ir para a guerra, votar, usar drogas e comprar cigarros se fosse louco o suficiente para fazê-lo. Recentemente, uma enfermeira me informou que, por ele ter 18 anos, eu não precisava assinar sua ficha médica ou acompanhá-lo para arrancar seus dentes do siso. No entanto, ele vai precisar de alguém que o leve para casa se por algum motivo estiver distraído na direção, então sou eu a motorista responsável. Além disso, um adolescente sedado é um adolescente obediente, e eu não perderia, por nada, uma manhã com o obediente Ben.

O que quero dizer é que o Ben já não precisa muito de mim, e isso inclui o processo de aplicação à faculdade. Ele pesquisou novamente as faculdades com base em seus interesses e pontos fortes, e fez uma sólida lista de candidaturas. Agendou e estudou para os testes que precisava fazer. Planejou as visitas e as entrevistas e as sessões informativas. O meu trabalho, portanto, é o de pessoal de apoio: acompanhar as visitas guiadas, ouvir e tentar não o atrapalhar.

Regras simples e, no entanto, consegui falhar em tudo. Importunei-o por causa da sua dissertação, mesmo sabendo que ele a havia feito com tranquilidade. Não porque achei que isso o ajudaria, mas porque me fez sentir melhor. Pressionei-o, por várias vezes, para que se candidatasse a escolas que ele não amava, não porque fossem certas para ele, mas porque no meu ponto de vista achava que eram as certas. Por isso, quando chegou o momento de visitar as escolas que ele tinha selecionado, jurei ter uma atitude melhor.

FACULDADE 1: OPS! Chegamos ao escritório de admissões para nossa sessão informativa e subsequente visita à faculdade, na Nova Inglaterra. Estávamos ambos ansiosos com a primeira visita, cada um por suas razões pessoais. Ben mal podia esperar para pisar no campus e imaginar sua vida na faculdade, enquanto para mim seria um fiasco emocional; alternando entre o lamento pela perda do meu bebê e pelos vislumbres do homem que ele se tornou. No entanto, o que eu preferi não compartilhar com Ben foi o fato de que a Faculdade 1 era aquela que eu gostaria de ter frequentado.

Mas, na manhã da visita, segurei o meu impulso em usar o meu filho como forma de remediar os meus arrependimentos pessoais, consegui uma xícara de café e encontrei um lugar ao fundo da sessão informativa.

Fiquei quieta e discreta por uma hora, mas quando os palestrantes nos apresentaram aos nossos guias da visita, percebi que o nosso era um dos meus ex-alunos, um garoto que eu adoro.

Realmente, tentei manter a calma. Mas eu estava tão orgulhosa do meu ex-aluno por demonstrar tanta capacidade de caminhar por uma hora sem tropeçar, que monopolizei a visita, enchendo-o de perguntas e apontando todos os interesses que ele tinha em comum com meu filho.

Prometi ao Ben me comportar melhor da próxima vez.

FACULDADE 2: (VISITA INCOMPLETA). De fato, me comportei melhor da próxima vez, mas o Ben disse que não valeu a avaliação, porque não terminamos a visita.

No momento em que o nosso guia de visita estudantil terminou enumerando suas muitas realizações acadêmicas e pessoais, e as muitas e muitas razões pelas quais os candidatos teriam a sorte de serem admitidos para participar da Faculdade 2, Ben e eu entramos em um acordo velado para escapar da visita. Ben não queria que o guia se sentisse mal ao fugirmos, furtivamente, da visita, então voltamos e encontramos uma oportunidade quando o grupo virou uma esquina em torno de um dormitório.

Esperamos até que a sua voz sumisse, a distância, e depois demos a volta por trás do edifício, passando pelas lixeiras e em direção ao nosso carro. Tenho a certeza de que a nossa fuga passou despercebida.

FACULDADE 3: HORRÍVEL. Para minha defesa, tentei ficar fora do caminho do Ben.

Infelizmente, meu método para ficar fora do caminho do Ben era me entreter tuitando a visita à faculdade. Esse foi um bom momento para mim, mas Ben repreendeu meu uso do iPhone quando eu deveria admirar a nova e impressionante biblioteca, como ele qualificou, "horrível".

Ele tem outra entrevista agendada para daqui a duas semanas, por isso tenho tempo para reavaliar o meu comportamento e encontrar uma forma de me manter ocupada e longe de distrações.

Posso não ter lidado bem com a busca do Ben para a faculdade, mas gostei de cada minuto. Claro, tive que assistir ao meu filho sofrer rejeição, ter dúvidas sobre si mesmo e passar por estresse, mas também o vi ganhar confiança, senso de identidade e autoestima. À medida que a pilha de catálogos das faculdades se acumula em sua mesa, o mesmo acontecia com as possibilidades, aventuras e opções.

As longas viagens pelas estradas rurais e as refeições nos restaurantes à beira da estrada me deram o que eu ansiava nestes últimos meses de sua adolescência: tempo para pôr a conversa em dia e falar sobre pequenas coisas que não costumam ser mencionadas em meio a nossas vidas ocupadas. Enquanto ele dirige, eu olho o rosto dele, procurando por vestígios do bebê que eu criei e me maravilhando com o homem que ele está se tornando.

Na próxima viagem, terei muito que pensar no que será suficiente para me manter ocupada e longe de problemas. Enquanto Ben procura o seu lugar no mundo, consigo visualizar as novas fronteiras do meu papel na vida dele. Isso é território desconhecido para nós dois, mas estou grata por estarmos explorando-o juntos.

> *Duas coisas sobre admissão na faculdade. Primeiro, considere todas as opções. Não se limite ao que você acha que pode gostar ou que pode parecer melhor no papel. Segundo, celebrar a admissão em escolas 'de apoio'. Recebi o e-mail de admissão para a minha universidade atual enquanto estava no trabalho e liguei para casa para contar à minha família. Todos nós, inclusive eu, não estávamos muito animados, pois estávamos olhando para as decisões da minha escolha principal. Isto ainda me incomoda que não tenha tido aquele 'momento de celebração'. Quando decidi ir para essa universidade, era mais um 'ok, acho que é aqui que eu vou pousar', em vez de 'mal posso esperar para viver o meu sonho!'. No entanto, do outro lado, para além de toda a espera e ansiedade, posso dizer que estou provavelmente tendo nesta faculdade uma experiência universitária semelhante à que teria na maioria dos outros lugares. Sua marca de sucesso é como você adapta seu novo lugar para promover seu crescimento. Você florescerá buscando pessoas que o apoiem e experimentem esse combustível e o desafiem, não importa onde esteja. Ah, e vá para a aula!*
>
> *— AMANDA, 19*

QUANDO AS NOTÍCIAS NÃO SÃO BOAS

A rejeição magoa. E um corte de nota que seu filho não alcançou para a universidade na qual pretendia ingressar o magoará profundamente. Orientadores universitários, pais e colegas dirão que você não deve levar isso adiante. Mas ainda haverá angústia. Uma nota insuficiente afeta seu filho no âmbito pessoal.

Pedimos a alguns especialistas que nos dessem conselhos sobre as formas de superar essa decepção. Aqui estão algumas coisas a considerar.

SINTA A DOR. Especialistas sugerem que os adolescentes (e, acrescentamos, seus pais) demoram um pouco para se recuperar da tristeza. Todos já ficamos desapontados antes. Sabemos que a dor normalmente desaparece com o tempo. Permita que seu filho, e até você mesmo, fique triste por um curto período de tempo, para chorar as mágoas do que seu filho queria (e, por sua vez, você queria para ele) e não terá no momento, mas siga em frente.

LIDE COM A REALIDADE. A verdade excruciante é que muitas vezes levamos as desilusões dos nossos filhos mais a sério do que eles. Temos sonhos para a vida dos nossos filhos, mesmo que eles vivam no aqui e agora. A vida está prestes a levar seu filho para um caminho diferente daquele que você pode ter imaginado. No entanto, todos nós já vivemos o suficiente para saber que assim pode ser melhor.

QUANDO A CARTA DE REJEIÇÃO DA FACULDADE CHEGAR, NÃO DÊ UMA SEGUNDA OPINIÃO SOBRE AS DECISÕES QUE VOCÊ OU SEU FILHO ADOLESCENTE TOMARAM. Não se martirize. Bons pais querem o melhor para os filhos. Não é hora de mudar essa fórmula, mas é hora de reconhecer que quando se trata de faculdade é impossível saber o que é "melhor". O melhor é uma faculdade em que nossos filhos possam prosperar, encontrar sua casa intelectual, fazer amigos para a vida e explorar oportunidades. Não há uma única escola onde isso possa acontecer, e sim muitas.

Quanto mais cedo um pai mudar, mais cedo seu filho adolescente será capaz de fazê-lo também. Sim, isso é mais fácil de dizer do que de fazer, às vezes. Mas a forma como um adolescente vê a faculdade que frequentará tem tudo a ver com a forma como seus pais abraçaram essa opção anteriormente.

SAIBA QUE NÃO É CULPA DELE. Sim, parece clichê, mas desencoraje seu filho de levar a rejeição da faculdade muito a sério. O comitê de admissões não conhece seu filho. Tem uma lista de fatos, algumas centenas de palavras e um punhado de recomendações. Seu filho é simplesmente um pedaço de papel, e, enquanto a maioria dos oficiais de admissão dá seu melhor para ver por trás da aplicação, o processo é altamente passível de falha.

Muitas faculdades rejeitam 50%, 60%, 70%, 80%, 90% ou mais de seus candidatos. Qualquer um que experimente uma rejeição da faculdade que define como ideal está em muito boa companhia. O *Wall Street Journal* observa que "os adolescentes que enfrentam rejeição ingressarão em boa companhia, incluindo ganhadores do Prêmio Nobel, filantropos bilionários, presidentes de universidades, acadêmicos constitucionais, autores mais vendidos e outros líderes de negócios, mídia e artes que já receberam suas próprias cartas de rejeição de faculdades ou escolas de pós-graduação".

A verdade dolorosa é que há sempre um elemento de acaso nas admissões.

AJUDE A MELHORAR (NÃO PIORAR) AS COISAS PARA SEUS FILHOS. Warren Buffett, o investidor, descreveu ser rejeitado pela Harvard Business School como um momento crucial em sua vida. Ele se matriculou na Columbia Business School e trabalhou com professores que ajudaram a formar sua abordagem para investir e definir o curso de sua vida.

Um dos seus maiores medos quando Harvard enviou as notícias aparentemente más? Desiludir o seu pai. Ser rejeitado magoa, mas ser rejeitado e desapontar seus pais só torna a experiência muito mais dolorosa.

Buffett descreve o alívio que ele sentiu quando seu pai mostrou "apenas este amor incondicional... uma crença incondicional em mim".

Uma rejeição da faculdade pode ser um dos melhores momentos "pedagógicos" na infância. No limiar da vida adulta, os nossos filhos podem sentir que sofreram um revés. Os pais sabem, e talvez neste momento os adolescentes possam aprender, que a única maneira de escapar de contratempos, desapontamentos e até mesmo fracassos é nunca correr riscos, nunca tentar. Neste momento, podemos ajudá-los a aprender um novo nível de resiliência.

DÊ OUTRA OLHADA NAS OPÇÕES. Depois de receber rejeições, é hora de aprender muito mais sobre as escolas que aceitaram seu filho adolescente. Em reconsideração, pode ser que outra escolha pareça mais atraente. Tempo para mergulhar em visitas, e-mails para professores ou pessoal de admissão, com quaisquer perguntas, planos para pernoitar, se possível, e consultar qualquer aluno atual sobre sua experiência.

Embora sua filha possa ter pensado que sabia exatamente o que queria estudar e por que aquela "escola que não pode ser nomeada" era perfeita para ela, considere isso: 80% dos estudantes mudam a sua área de habilitação principal ao que previam quando estavam no ensino médio. Sua filha pode estar partindo em uma nova direção na escola que será a melhor para ela.

DEIXE SEU FILHO SER DISPUTADO. Muitas instituições, depois de aceitarem seu adolescente, o disputarão. Elas lhe enviarão materiais por correio e e-mail, e até convidarão para visitas nas férias seguintes. Deixe seu filho ser disputado. Ser procurado é bom, e, quando seu filho conhecer as instituições que o aceitaram, pode descobrir uma nova opção interessante.

EVITE AS REDES SOCIAIS. Está na hora de tirar umas férias das redes sociais. Afaste-se do Facebook e peça aos seus filhos que desativem o Snapchat. As redes sociais ainda estarão lá quando você retornar, mas, durante a temporada de aceita/rejeita/espera, é uma boa ideia fazer uma pausa. As redes sociais são um lugar para se gabar, e poucas pessoas anunciam adiamentos e rejeições. Uma vez que seu filho esteja instalado, tenha estudado suas opções e encontrado seu novo amor, é seguro retornar às redes sociais.

LEMBRE-SE DE QUE A TRANSFERÊNCIA É UMA OPÇÃO. Pense que há poucas coisas imutáveis. Se seu filho não se adequar à sua segunda opção e ainda quiser ir para outra universidade, saiba que a maioria delas aceita transferências. Mas tenha em mente que, em muitas universidades, é ainda mais difícil fazer transferência interna, por isso é essencial que eles tenham algo para mostrar do tempo que passaram na instituição.

CONVERSE COM OUTROS JOVENS E SEUS PAIS. Às vezes, o processo de admissão à faculdade parece um inferno pessoal. Mas, na realidade, é um inferno cheio de companhia. Quando você ou seu filho adolescente estão sentindo as dores da rejeição, procure outros alunos que, em anos anteriores, tiveram uma experiência semelhante e agora estão prosperando. Não há nada tão inspirador como ouvir um estudante universitário falar sobre como ele também foi rejeitado e como acabou percebendo que está mais feliz hoje do que se tivesse sido aceito em sua primeira opção.

NÃO HÁ PROBLEMA EM NÃO SABER POR QUE ACONTECEU. Podemos especular por que alguns jovens entraram em certas faculdades e outros não.

Por que uma faculdade aceita um filho e não o outro, se ambos parecem ter o mesmo nível (ou o aluno rejeitado, ser mais qualificado)? Isso é incompreensível, e horas de especulação e imaginação não lhe darão uma resposta. Histórias de estudantes que são aceitos em escolas mais seletivas e rejeitados pelas aparentemente menos seletivas são abundantes. É um dos mistérios do Universo, e é melhor simplesmente aceitar e seguir em frente. Remoer com seu filho sua rejeição só o impede de avançar e fazer seu futuro acontecer.

PERCEBAM QUE ESTE É O INÍCIO DA VIDA ADULTA. Para muitos de nós, a rejeição da faculdade será a primeira vez que veremos nossos filhos sofrendo uma decepção adulta real. Todos nós sabemos que haverá mais. Mas, se seu filho adolescente lidar bem com isso, se sofrer sua breve frustração, se reerguer, se olhar para suas opções e se atirar de cabeça para as outras oportunidades oferecidas, podemos dar um pequeno suspiro de alívio sabendo que o preparamos bem para a vida.

Como aponta Julie Lythcott-Haims, ex-diretora de calouros da Universidade de Stanford e autora de *How to Raise an Adult* ["Como Criar um Adulto", em tradução livre]:

Gostando ou não, coisas indesejadas, decepcionantes e dolorosas acontecem no curso normal da vida, desde a infância. Nos nossos corações, queremos proteger nossos filhos de todas essas coisas. Na realidade, não podemos. Precisamos ensiná-los a lidar com as dificuldades e a continuar; em outras palavras, ensiná-los a se tornarem resilientes. A resiliência não é apenas útil nesse momento — é o dom constante da vida. Quanto mais resiliente seu filho se tornar, mais bem preparado estará para lidar com a próxima coisa que lhe acontecer. (E, sim, a próxima coisa vai acontecer.)

Ficamos mal por terminar este capítulo com uma nota triste, porque, na realidade, o processo da faculdade geralmente acaba bem. A maioria dos jovens entra em uma universidade que logo passa a amar, mesmo que não seja sua "universidade dos sonhos".

Uma nota final: você vai ouvir muitos conselhos sobre como esse processo é do seu filho, e não seu. A questão é que nossos jovens adultos precisam guiá-lo sozinhos, e que nós, pais, devemos ficar no banco de trás. Mas o processo de admissão na faculdade não é um único dia ou semana, ou mesmo, infelizmente, um ano. E acontece durante um período em que os adolescentes passam por um crescimento incrível e impressionante. Seu filho de 16 anos pode não ser capaz de planejar e reservar com eficiência uma visita prévia ao campus, mas seu filho de 18 anos pode não ter problemas para agendar tudo o que ele precisa para uma visita de alunos aceitos.

Eu (Lisa) via a educação dos meus filhos como um longo processo de entregar cada vez mais as responsabilidades da vida a eles. Comecei com controle total e, ao longo das décadas, fizemos a transição desse controle. Quando seu filho começa a pensar na faculdade, geralmente tem uma chance de conseguir se preparar pelos próximos 6 a 12 meses. Não tive problemas em gerir algumas das funções clericais em torno das admissões nas universidades. Algumas dessas coisas meus filhos conseguiam administrar, enquanto algumas das atividades me deram a oportunidade de ensinar aos meus filhos habilidades de vida de que não precisavam até então.

A questão aqui é que ajudar seu filho é, muitas vezes, apenas isso — ajudar. E ajudamos as pessoas que amamos. Portanto, não tenha medo de encontrar o equilíbrio no processo — certifique-se de que seus filhos são motivados pelo próprio desejo de frequentar a faculdade, e que estão agindo de maneira proativa. Mas, como pais, também não há problema em dar uma ajuda nesse processo cheio de pressões.

CAPÍTULO SETE

Separação e Despedida

Em uma manhã de domingo, uma semana após o nascimento do meu (Lisa) primeiro filho, meu marido comentou: "Nem acredito que daqui a 11 meses ele completará um ano de vida!"

Vivendo nesse turbilhão de emoções — da chegada de um bebê, exausta, e analisando o que nos aconteceu —, pude entender aquele comentário: meu filho tinha apenas sete dias, e eu já perceberia as marcas do tempo aparecendo em meu rosto.

Mesmo naquela época deveria saber que parentalidade significa aprender a se despedir, ela se resume a preparar nossos filhos para a estrada que percorrerão sozinhos. E essa caminhada começa no primeiro dia de vida.

Por um tempo, nos enganamos profundamente em relação à parentalidade, como se fôssemos viver para sempre. Entretanto, ninguém vive para sempre. E, à medida que passamos pelos anos do ensino médio, torna-se muito claro que os anos que nos restam com os nossos filhos em nossas casas — vivendo o dia a dia — estão contados. Então, um dia percebemos que é apenas uma questão de meses e, de repente, apenas de semanas.

Escrevemos *Crescidos e Independentes* porque achamos muito difícil nos despedir de nossos filhos. Alguns pais conseguem fazer isso muito bem. Eles sabem que este próximo passo, seja para a faculdade, para o trabalho ou para o Exército, será um estágio maravilhoso para seus filhos e têm muito orgulho do que essa realização significa. Eles sabem que a simples atitude de ajudar o filho em uma dessas próximas etapas da vida significa, também, que foram bem-sucedidos como pais. Os pais estão felizes por deixar seus filhos partirem, confiantes de que a vida terá um ritmo natural, até mesmo maravilhoso, e é assim que funciona.

Mas depois vem a angústia: paramos à beira da estrada, soluçando de chorar, depois de deixá-los no dormitório. Vencidos pela tristeza, não conseguimos entrar no antigo quarto de nossos filhos por semanas. Temos tantas saudades dos filhos que ficamos atentos aos telefones, esperando que as mensagens de textos apareçam. Não vamos citar nomes.

Se entendêssemos por que sentimos essa dor, nos sentiríamos melhores? Talvez pudéssemos superar, mais depressa, a perda pelas quais nossas famílias estavam passando? Ficou claro que o ingresso na faculdade é apenas mais um episódio de separação, algo que estava vivenciando com meus filhos desde o primeiro dia em que os deixei com a babá e fui trabalhar. Por todos esses anos estávamos nos afastando das suas vidas; e este passo foi, simplesmente, o mais doloroso.

Esse fato ficou mais evidente na formatura do meu filho mais novo, no ensino médio. Como todos os pais presentes, eu estava cheia de orgulho — e com uma pontinha de arrependimento. Semanas e meses passariam antes que ele partisse, mas a experiência me ensinou que ele se afastaria quando passasse por aquele estágio e quando tivesse o diploma na mão.

A primeira vez que esse fato aconteceu, foi com o meu filho mais velho. Perguntei-me: como sobreviveria?

A segunda vez, com o meu filho do meio, mas fui forte, mesmo sabendo o quanto isso doeria — e doeu.

A terceira e última vez, definitivamente me conformei, consciente de como é ter mais um filho seguindo em frente. Mesmo assim, eu me perguntava por que a dor ainda era tão forte.

Esse lamento dos pais termina à medida que tomam consciência de que a partida dos filhos faz parte do caminhar deles, e pela lembrança de que, como pais, devemos estar orgulhosos das conquistas deles. Os pais não têm noção de que se apegar aos adolescentes é inútil e inconveniente?

Eu me repreendi por ser uma mãe molenga — a mãe que não consegue se despedir sem lágrimas, que sente falta dos filhos todos os dias. Tive uma conversa séria comigo — sobre estar excessivamente apegada aos meus filhos e disse a mim mesma, por centenas de vezes, que não se trata da minha vida, e sim dos meus filhos. Concluí que deve haver algo de errado comigo, ou a falta de alguma coisa, se é tão difícil assim dizer adeus.

Em resumo, tenho me perguntado — infinitamente: por que dói tanto quando eles se vão?

Como em tantos outros aspectos da parentalidade, este acabou sendo uma simples situação de remoer sobre as coisas. A razão pela qual é tão difícil deixar os meus filhos partirem é que, no momento em que eles saem — seja para a creche, para o ensino médio, para a faculdade ou para sua "vida real" —, não ficarei mais a par de suas vidas.

Jamais vou amar alguém mais do que amo meus filhos, então por que devo saber menos sobre eles? Minha vida perderá o sentido pela ausência deles?

São pessoas que eu amava antes mesmo de sentir sua primeira respiração. Tornaram o meu mundo melhor e mais feliz, em todos os aspectos. Ser mãe me permitiu perceber a humanidade, com um olhar muito diferente. Fez de mim uma pessoa melhor.

Se me perguntassem quem no mundo conheço melhor, com certeza os meus filhos estariam em primeiro lugar. Sabia o ritmo de suas vidas, desde que eram crianças. Sabia o que os alimentaria, conhecia suas mentes e seus corações. Embora os rapazes não concordassem, às vezes sentia que os conhecia melhor do que eles próprios.

Quando eram pequenos, pareciam se comunicar por transmissão de pensamento, escutando quase nada do que eu falava. No ensino fundamental, eles se tornaram mais introspectivos, compartilhando um pouco do seu mundo e seus pensamentos, mas começando a esconder as coisas. E no ensino médio? Não sei se um estudante do ensino médio pode ou deve contar tudo aos seus pais. E, assim, começou o isolamento — o processo natural e inesperado de saber cada vez menos sobre eles.

Então, chega a hora que vão embora. Acordam em uma manhã, como se fosse outra qualquer e, à noite, já tinham partido.

Pensei! Isso será apenas como em um acampamento — dizia a mim mesma (minha capacidade de me iludir, aparentemente, não tem limites). Após alguns meses, como sempre, parei de fingir e enfrentei o fato de que a faculdade significava sair de casa.

A dor de um lar vazio é, em parte, apenas um anseio pela presença alegre dos meus filhos — a forma como as nossas vidas eram preenchidas com o nosso amor. Mas existe a dor real também, por termos a consciência de que não importa o quanto estamos próximos deles, ou permaneçamos em contato, e de como suas vidas divergem das nossas, saberemos deles muito pouco.

Cada ano eles viverão mais experiências, das quais só tomaremos conhecimento a partir de suas fotos e histórias. E todos os anos haverá cada vez mais experiências de que nunca ouviremos falar.

O amor pelos meus filhos permanece o mesmo, à medida que o conhecimento sobre a vida deles diminui — não no sentido amplo, mas dos detalhes como: alguma vez eles experimentaram uma paella? Com quem eles estudaram ontem à noite? Estão sentindo uma constipação ou será alergia? Fizeram seus trabalhos acadêmicos essa tarde ou desistiram de tudo e saíram para comer sanduíches? Existem professores e amigos que nunca conhecerei. Tento contentar-me com acontecimentos esporádicos: um envio de uma foto de algo que lhes parece engraçado ou esquisito; textos sobre pensamentos diversos; telefonemas para pôr a conversa em dia. Mas o ritmo do dia a dia de suas vidas é próprio.

Entretanto, a questão é a seguinte: nada relativo a eles deixou de ser fascinante para mim. Nunca achei menos interessantes as histórias que contam do seu dia, nem me sinto menos preocupada com o bem-estar deles. Podem ter ficado saturados de contar, mas nunca me cansei de ouvir.

Então, por que é tão difícil se despedir? Não que eu quisesse detê-los ou desempenhar o mesmo papel de mãe que um dia já exerci nas suas vidas. Não que eu queira que eles precisem de mim. Eles são as três pessoas que mais amo, mais do que eu imaginava que seria possível e, simplesmente, não quero abandoná-los.

PALAVRAS QUE QUEREMOS DIZER

No verão antes do primeiro ano como calouro, enquanto nos preparamos para mandar nossos filhos para a faculdade, podemos ser facilmente envolvidos pelas atividades da formatura do ensino médio, pelas compras para o dormitório e arrumação das malas, e pela organização da mudança. Nossos adolescentes tentam aproveitar, cada segundo, com seus amigos antes de partirem, e mesmo que eles ainda estejam, tecnicamente, vivendo em casa, pode não ser mais assim, já que, mais cedo, foram para seu emprego de verão e só chegam em casa tarde, depois de socializar. Mas a parentalidade é sobre seguir em frente e prepará-los para próxima etapa da vida. O verão, antes da mudança para a faculdade, é um momento para conversar, falar com sinceridade sobre alguns aspectos muito importantes da vida. Não se trata de ensinar adolescentes a lavar a sua própria roupa ou a inscrever-se para as aulas, mas sim de ajudá-los a encarar os verdadeiros desafios que se aproximam.

FALE COM ELES SOBRE A IMPORTÂNCIA DE UMA FACULDADE. Embora ingressar na faculdade estivesse nos planos, isso não diminui a importância desse passo. Esta é a conversa na qual devemos lembrar nossos adolescentes dessa oportunidade sem igual em suas vidas. É quando pedimos que reflitam e pensem sobre o fato de que, em outra época e lugar, estariam sendo obrigados a sair para trabalhar ou, até mesmo, chamados a participar de uma guerra. Agora é o momento de discutir os benefícios que um campus universitário oferece com suas palestras, apresentações artísticas, atividades de atletismo e cursos. Realmente, não há nenhum outro lugar como a faculdade, e eles precisam ser lembrados de que seria trágico desperdiçarem quatro anos apenas com jogos eletrônicos, bêbados ou fazendo compras online.

FALE SOBRE CONDUTA SEXUAL PERIGOSA. Não importa qual seja o gênero ou a orientação sexual do seu filho, esclareça para ele o que, como e porque uma conduta sexual perigosa acontece, e como agir, caso aconteça. Oriente-o a fazer a coisa certa, ser um verdadeiro amigo dos que precisarem e quanto às consequências emocionais, físicas e legais de um comportamento ruim ou descuidado. Fale com eles sobre como são os relacionamentos verdadeiros e como acontecem, e por que os valorizamos tanto. Esclareça sobre consentimento com objetividade e como cada parte envolvida pode ter certeza de que isso foi discutido. Essa conversa tem de ser séria, detalhada e esclarecedora. É uma conversa muito desconfortável. Pode não acontecer em uma noite apenas, e sim durante um período de tempo. Se precisar se fortaleça mentalmente e depois se sente com eles e converse.

FALE DE SAÚDE MENTAL. Precisamos falar com os adolescentes sobre quaisquer riscos à saúde mental nas nossas famílias. Eles precisam saber interpretar sinais de alerta de doença mental, para que os reconheçam. A faculdade é um momento de estresse, em que os embates emocionais e mentais podem surgir. Os calouros precisam saber quando e como solicitar ajuda para si próprios ou para um amigo.

PEÇA-LHES QUE SE IMAGINEM SE FORMANDO. Aos 18 anos pode ser difícil imaginar-se com 22 anos, mas questione-os mesmo assim. A graduação está próxima, então o que eles querem ter conquistado? O que se arrependerão de não terem feito? Talvez seja a hora de uma lista de realizações sobre a faculdade. Ao olhar para o passado, eles podem ter uma visão mais objetiva em enxergar seu futuro.

FALE DAS SUAS EXPECTATIVAS EM RELAÇÃO A ELES. A faculdade é uma nova etapa de vida e, com ela, podem surgir novas expectativas. Não espere até que você brigue com seu filho e se decepcione porque ele fez besteira. Exponha para eles suas expectativas em relação a notas, trabalhos acadêmicos ou qualquer outro aspecto da vida universitária. Entre outras coisas, Lisa esperava que seus filhos se integrassem e empenhassem na faculdade. No ponto de vista dela, não tinha sentido gastar seu dinheiro com mensalidades para ficarem assistindo à Netflix a tarde toda. Ela sempre conseguiu alcançar suas expectativas? Não. Mas, quando a fase ruim chegou, eles não podiam reclamar que não foram avisados.

FALE SOBRE CUIDAR DOS AMIGOS. Coisas ruins vão acontecer na faculdade. Esperamos que eventos infelizes como notebooks quebrados, aulas perdidas e a algumas noites de excesso de estudos não façam com que eles se fechem para o mundo. Independentemente de a má notícia ser grande ou pequena, a faculdade é o lugar onde aprendemos a apoiar os nossos amigos. Antes da faculdade, as famílias estavam por perto para ajudar. Da faculdade em diante, nossos amigos mais próximos passam a ser nossa família. Este é o momento de dizer aos seus filhos a importância de estar presente quando eles forem necessários e de ser o tipo de amigo que eles gostariam de ter.

FALE SOBRE A IMPORTÂNCIA DO SONO. Antes de os rapazes da Lisa ingressarem na faculdade, ela implorava todas as noites para eles dormirem. Foi talvez uma estratégia desagradável, mas os seus alunos do ensino médio dormiam mais de oito horas, querendo ou não. Como essa não era uma boa estratégia em longo prazo, era importante ensiná-los as maravilhas do sono e como nossos cérebros, corpos e humores sofrem com sua falta, antes que fossem para a faculdade. Infelizmente, ela relatou que eles a ignoraram e aprenderam suas lições de um jeito difícil… mas, pelo menos, quando as coisas começaram a dar errado, eles sabiam o motivo. O sono é o elixir dos deuses, atenuando doenças e, muitas vezes, nossos filhos não conseguem entender isso. Mas outra utilidade dessa conversa sobre sono foi que ela fez parte de uma discussão mais ampla sobre autocuidado e responsabilidade — uma discussão que tem estado presente há anos, mas que se inflama à medida que o momento da partida se aproxima.

A IMPORTÂNCIA DO MOMENTO DA DESPEDIDA

A forma como aprendemos a nos despedir é influenciada por muitos fatores, começando pela forma como essa despedida aconteceu conosco. Despedir-se de nossos próprios pais foi emocionante e assustador, e, agora que a situação se inverteu, muito do que eles fizeram ou não fizeram parece muito mais claro agora. Quando levamos nossos filhos para a faculdade, a memória dos primeiros dias quando éramos calouros vem à tona. Não conhecemos ninguém que amasse mais a faculdade do que a escritora, jornalista e mãe de quatro filhos Allison Slater Tate. Quando seu filho começou a pesquisar faculdades, não foi nenhuma surpresa que ela quisesse que ele se sentisse da mesma maneira. O que tornou suas expectativas diferentes para seu filho, sobre a faculdade, é que ela retirou seus óculos cor-de-rosa e se lembrou de como realmente ela se sentiu no seu momento de despedida.

> Estava em um quarto de hotel, com lençóis frios de algodão estaladiços sobre meus braços, e com o barulho do aparelho de ar condicionado sob a janela abafando o ruído ocasional da rua. Minha mãe sussurrando, na outra cama, do outro lado da mesa de cabeceira. Não conseguia ver o rosto dela.
>
> Pela manhã, ela partiria para a nossa casa, na Flórida, há milhares de quilômetros de distância; e eu, para o meu quarto, em um dormitório estilo anos 1960, para morar com uma garota que eu tinha acabado de conhecer e para dividir um banheiro a dois corredores, com estranhos de todo o mundo. Não havia aparelho de ar condicionado no dormitório para amenizar o calor de setembro,

em Nova Jersey, que parecia como se estivesse enrolado em um cobertor de lã.

Tínhamos passado o último dia etiquetando todas as caixas: meus pais abriram uma conta bancária para mim, e agora eu tinha um cartão de débito junto à minha nova identidade universitária, em um brilhante cordão laranja. Meu colchão foi coberto com uma colcha Laura Ashley azul e verde, da Bed Bath & Beyond, e fotos de meus amigos do ensino médio foram expostas em minha mesa.

Meu pai, que sabia o quanto eu estava despreparada para um inverno de verdade, comprou uma jaqueta acolchoada com um forro de flanela xadrez e botas de neve marrons, alguns dias antes. Ele me enviaria, depois, o que eu suspeito ser um casaco de lã azul da marinha, que ainda está pendurado no meu armário até hoje.

Tudo que eu tinha foi colocado em algumas caixas, debaixo da minha cama e em um único armário de madeira. Minha colega de quarto e eu tínhamos camas beliche construídas por colegas veteranos que eram tão frágeis que, se ela espirrasse, minha cama balançava para frente e para trás. Planejava jantar no local e sabia como achar uma enfermaria e uma loja de conveniência, sem me perder. Tinha o essencial.

Foi fácil passar a noite com a minha mãe no hotel; senti que estava aproveitando uma vida de luxo, em comparação com o sufocante quarto que me esperava na universidade. Enquanto eu estava deitada na cama — "sobrando" dentro de uma camiseta grande e calção de flanela xadrez, porque era o que se usava no início dos anos 1990 — não conseguia parar de pensar.

Curti o momento. Sabia que, pela manhã, não haveria tempo para longas despedidas ou conversas; haveria um voo para pegar e reuniões com os conselheiros de calouros me esperando. Este foi o meu último momento como filha.

Como mãe hoje, sei que a minha mãe me preparava para aquela noite há 18 anos. Então, naquele quarto de hotel, senti um pouco de pânico e faltar o fôlego, ao perceber que, depois de nos despedirmos no saguão do hotel, pela manhã seguinte, teria que ser corajosa e descobrir quem eu me tornaria, separando-me dela e do meu pai. Dormiria na cama que ela arrumou e usaria a jaqueta acolchoada que meu pai comprou, porém nunca mais estaria com eles.

Antes de cairmos de exaustão, eu queria perguntar à minha mãe tudo o mais que eu precisava saber. Precisava dizer a ela que os jogadores de lacrosse, da porta ao lado, eram fofos, que todas as pessoas do alojamento falavam apenas entre si, e que eu me sentia como uma garota do interior sem esperança. Queria dizer-lhe que tinha pensado nisso e que talvez bebesse na faculdade. Tinha pouca experiência com bebida e morria de medo da ideia de ficar bêbada. Mas parecia ser necessário agora, assim como o meu livro de filosofia.

"Mãe?" Todos aqui bebem. As palavras saíram antes que eu pudesse pensar. Provavelmente, vou ter de beber também, só para me socializar. Prendi a respiração.

Talvez ressentida demais ela falou que eu não era *obrigada* a beber. Falou que podia ficar segurando uma cerveja, que as pessoas não repararriam se eu não bebesse. Percebi um pouco de medo na voz dela, como se estivesse tentando tranquilizar nós duas. Ela não me convenceu, mas eu não lhe disse isso. Naquele momento ficamos ambas quietas e a distância entre as nossas camas parecia um pouco maior, à medida que adormecíamos.

Os primeiros meses de faculdade não foram fáceis. Minha colega de quarto tinha uma irmã mais velha inteligente e popular, e era incrivelmente mais legal do que eu. Estava intimidada, deslumbrada e perplexa com ela, mas acho que ela sentia o oposto. Levaria meses para sermos íntimas.

Eu também fiquei surpresa com os rapazes — na verdade, com os homens — no campus. Com pouca experiência sobre namoro e confiança zero em relação à minha habilidade de flertar, efetivamente, me via como a irmãzinha de todos, tentando andar na linha, com saltos altos demais.

Decidi aprender francês, pela primeira vez, como caloura universitária — aparentemente, uma má ideia. Quando o tempo mudou, meus pés nativos da Flórida escorregaram e eu caí na calçada coberta de gelo. Várias vezes. Sem pais que me dissessem o que comer ou quando dormir, me adaptei a uma dieta que consistia apenas em flocos de arroz cobertos com iogurte gelado de baunilha e roscas, nos intervalos dos estudos. Ficava acordada até as 4h ou 5h da manhã, todas as noites da semana, apenas porque podia fazer isso.

Em janeiro, fiquei doente — muito doente — e não fui ao médico como deveria ter feito. Acabei na enfermaria por uma semana, onde fiz meu exame final de psicologia, na cama de um hospital, e assisti à posse presidencial de Bill Clinton sozinha, de um sofá reclinável, na sala da enfermaria, com a neve empilhada sobre as janelas atrás de mim, e meus pais a milhares de quilômetros.

Tive paixões e decepções amorosas algumas vezes. Segurei dezenas de copos de plástico de cerveja e, eventualmente, bebia. Dancei em bares escuros ao som de Meat Loaf, Spin Doctors e Blondie.

Sentei-me à biblioteca olhando as palavras boiando pelas páginas e fiquei estressada com a certeza de que falharia em tudo. Aprendi a escrever um trabalho sobre artes. Para a aula de francês fiz um *bûche de noël* (tronco ou lenha de natal — uma sobremesa típica de natal na França) que não se parecia nada com um *bûche de noël*.

Nunca lavava os lençóis e pegava no sono em cima do edredom. Às vezes, me sentia sozinha, excluída e magoada. Por vezes, falei a coisa errada, fui egoísta e magoei os outros.

Na verdade, todos os quatro anos de faculdade foram vividos com intensidade, com boas decisões e julgamentos próprios, alguns espetacularmente ruins. Falhei em uma prova pela primeira vez na minha vida. Saltei de um telhado em cima do que eu pensava ser neve —, mas, na verdade, era gelo compactado — depois de muitas cervejas. Talvez minha mãe tivesse razão ao tentar convencer-me a não beber.

Curti com os rapazes. Fui à Times Square na véspera de ano--novo, debaixo de uma chuva torrencial. Fiquei acordada a noite toda. Briguei com os meus amigos, escrevi artigos sobre livros que nunca li e faltei às aulas. Sofri com ressacas que me fizeram jurar nunca mais beber.

Porém também fiz os melhores amigos da minha vida — as meninas que me conduziam, às vezes literalmente, eram as mesmas que torciam por mim, me amavam e acreditavam em mim, pelo resto da vida, e que estavam ao meu lado no dia do meu casamento e seguraram meu primeiro filho, quando ele tinha semanas e me disseram ser o bebê mais bonito que já viram.

Um dos meninos com quem curti se tornou minha alma gêmea, meu namorado, marido e o pai de meus quatro filhos. A pessoa que me conhece, entende e, de alguma forma, ama de qualquer maneira.

Descobri como me cuidar, como falar por mim e corrigir o caminho quando faço a escolha errada na estrada. Aprendi a ser corajosa o bastante para escolher o caminho da estrada. Decidi me perguntar: por que não eu?

E isso tudo sem a presença dos meus pais. Conversava com minha mãe ao telefone, várias vezes na semana, desabafando sobre minha frustração em relação a qualquer coisa e sobre todos. Assuntos que não conversávamos nas visitas dos pais, no fim de semana ou na mudança para o dormitório. Meus pais me fizeram acordar para vida.

Houve algumas ocasiões em que eles teriam todas as razões para intervir. Como na noite em que procurei ajuda e tive que acionar o seguro para levar o carro para uma oficina de automóveis, por exemplo, ou quando recebi uma multa por excesso de velocidade e tive que comparecer ao tribunal. Houve uma ocasião em que os acordei às 3h da manhã com o coração partido, chorando tanto que mal conseguia falar. Devo tê-los matado de susto; sei que aconteceria isso comigo se um dos meus filhos sofresse também. Mas não reclamaram da hora nem pegaram um voo para Nova Jersey no dia seguinte. Apenas me deixaram chorar até não poder mais, e, como se pode observar, isso era tudo o que eu precisava que eles fizessem.

Fui para a faculdade estudar e me formar, mas a faculdade acabou sendo muito mais do que apenas ser avaliada ou aprender disciplinas que eu nunca imaginava. A faculdade era o meu trabalho. Conversei com eles sobre tudo o que realizei.

Foi o melhor momento da minha vida.

Agora percebo que, na noite que passei com a minha mãe naquele quarto de hotel, ela provavelmente estava aterrorizada. Tínhamos conversado durante meses sobre o dia em que eu sairia de casa para a faculdade, mas não pensamos no fato de que, no último minuto, seria ela quem teria que se despedir. Ela fez o trabalho mais difícil.

Agora é a minha vez. Em breve, terei de me despedir do meu filho que partirá para um dormitório em um campus longe de casa. Ele tem a independência dos pais; não espero encontrar ele em casa, quando voltar. Vai estar longe partindo corações e tendo o coração partido, tentando e falhando, e realizando sonhos que ainda nem sequer sonhou, percorrendo as últimas estâncias da adolescência, para descobrir quem será, agora que já não será mais nossa criança.

Mal posso esperar para acompanhar tudo isso a milhares de quilômetros de distância.

LEMBRANÇAS DA DESPEDIDA: VERDADES EXTRAÍDAS DE MILHARES DE SEPARAÇÕES

Despedir-se de nossos filhos tornou-se uma questão quase controversa. De um lado, pelo espectro filosófico estão os pais argumentando que apegar-se a seus filhos adolescentes é um ato egoísta que impede o desenvolvimento para a vida adulta. Do outro lado, estão os pais que argumentam que não podemos amar demais nossos filhos. Adolescentes que sabem que seus pais estão por perto se beneficiam com uma base sólida, que lhes permite sair e enfrentar o mundo adulto.

Não surpreendentemente, ambos têm razão. Dessa forma, a abordagem mais adequada pode ser o meio-termo.

Após observarmos as histórias de milhares de pais, na vida e em nossas comunidades online, listamos abaixo as verdades sobre a preparação dos seus filhos para a faculdade:

1. Os pais não estão tentando prender seus filhos, de um modo geral, e nem sequer se apegam demais a eles. A maioria dos pais só quer preservar a intimidade singular entre pai e filho. Eles querem se apegar não ao seu filho, mas a um dos relacionamentos mais importantes da vida. É uma distinção importante e consequente.

2. As famílias nos sustentam psicologicamente e são uma das maiores alegrias da vida. Quando vemos os nossos filhos se afastarem, tememos que essa ligação se enfraqueça. Não se trata apenas da relação entre pais e adolescentes, mas da inter-relação que inclui irmãos, avós, tias, tios e primos. Claro, muito se conversa sobre saudade entre pais e filhos, mas, na verdade, é mais do que isso e inclui toda a família.

3. A maioria dos pais está mais do que agradecida e orgulhosa pelo fato de que seus filhos adolescentes entenderam o próximo passo e foram para a faculdade, para um emprego ou para o Exército. Eles estão entusiasmados por eles darem esse passo positivo nas suas vidas. Mas, da mesma forma que houve uma separação quando os deixávamos no jardim de infância ou no ensino médio, há também sentimentos de felicidade e orgulho coexistindo com esse sentimento de tristeza. Essa partida para faculdade é apenas mais uma de uma série de despedidas; não devemos nos sentir surpreendidos ou consternados da mesma forma como nos sentimos durante essas outras despedidas.

4. Muitas vezes os pais sofrem a desilusão por pensarem já não ser mais necessários. Sentir-se necessário para nossos filhos é um dos grandes dons da vida. Mas sentir-se necessário não é a mesma coisa que querer que o seu filho seja carente.

5. Estamos tristes porque eles estão partindo e levando um capítulo de nossas vidas. Adorávamos reclamar dos nossos filhos, mas isso não significa que perderemos o velho e agitado padrão de nossas vidas, assim que eles se forem. E, quando seguirem em frente, temos de seguir em frente também. Então, se essa situação parece assustadora, confusa e um pouco complicada, isso acontece porque, de certa forma, nós também estamos recomeçando.

6. Em razão dos padrões de vida mudarem, quando nossos adolescentes saem, alguns de nossos relacionamentos diminuem de intensidade. Outros pais e membros da comunidade, aqueles que víamos regularmente com nossos filhos e com quem compartilhamos tanto, se afastarão. Qualquer pai cujo filho pertencesse a uma equipe desportiva, a uma banda ou a um grupo de teatro dirá que é uma grande alegria ver nossos filhos brincando e criando laços com outros pais, em particular ou publicamente.

Ao encerrar esse capítulo, chega o fim de uma era. Sentir-se triste ou, pelo menos, saudoso é uma resposta natural.

7. Alguns dos nossos filhos estão ansiosos e com medo de dar o próximo passo. Nem todos saem tranquilamente para a faculdade, fazem amigos imediatamente e se matriculam em atividades e cursos. Essa é uma grande transição de vida e, para muitos adolescentes, cheia de medo e ansiedade. Alguns adolescentes terão problemas sociais ou acadêmicos e, a maioria deles, sentirá saudades de casa. Em uma pesquisa anual a Your First College Year, de 2016, o Instituto de Pesquisa de Ensino Superior da UCLA (Universidade da Califórnia em Los Angeles) descobriu que "quase 3/4 (71,4%) [dos alunos do primeiro ano da faculdade] relataram que 'eventualmente' ou 'frequentemente' se sentiam sozinhos ou com saudades de casa, e mais da metade (56,7%) disse que 'eventualmente' ou 'frequentemente' se sentia isolada no campus."

8. Também estamos assustados. Alguns dos nossos filhos nunca saíram sozinhos — e, para dizer a verdade, alguns deles ainda nem demonstraram capacidade em cuidar de si. Claro, eles vão chegar lá. Evidentemente, vamos nos culpar por não os preparar para a faculdade. Mas aqui está a verdade: não existe nenhuma "campainha" que toque sinalizando que todos os adolescentes estão prontos para partir. Alguns de nós enviamos filhos para a faculdade que não estão preparados para a independência, e os pais têm certa razão para se preocuparem. E, analisando os dados sobre calouros, as preocupações dos pais não parecem exageradas, mas realistas; haverá grandes desníveis nessa caminhada. Podemos confiar neles e saber que eles vão lidar com isso? Sim, mas não significa que não tenhamos alguma preocupação.

9. Muitos pais se esvaem em lágrimas com essa sensação súbita de que algo lhes foi arrancado. E, depois ficam tranquilos, quando percebem que seu filho está bem. Claro, eles contam os dias para o feriado de Ação de Graças, e algumas das dores começam de novo, embora menos intensas com cada despedida, mas a maioria dos pais se recupera, se o filho estiver prosperando.

10. Em algum momento na vida universitária do seu filho, talvez até mesmo na primeira visita deles, em casa, para o Dia de Ação de Graças, eles chamarão a faculdade de casa. Você vai escutar essa palavra e sentir uma falta de ar. Vai querer gritar, discutir ou deixar a sala em uma poça de lágrimas, se perguntando como eles podem chamar de "casa" um lugar com colchões tão duros como pedra e comida que beira o intragável. Mas depois vai fazer uma pausa e reconhecer a sua sorte. Apesar do estresse, da alegria e do trabalho difícil e do longo caminho para chegar à faculdade, seu filho adolescente tem um lugar que ele ama tanto quanto se estivesse em casa. Encontraram colegas de quarto ou amigos ou professores que se preocupam com eles e com as coisas que lhes interessam. Encontraram um lugar que os faz sentir que estão, exatamente, onde deveriam estar. Com essa palavra, você saberá que tudo está bem.

Por todas essas razões, você vai entender por que ficamos emocionados quando se tem de dizer adeus a alguém que ficou sob sua guarda por 18 anos, e isso não faz de você um "pai superprotetor" ou, pior ainda, um "pai controlador". É, simplesmente, um sinal do quanto você sentirá a falta dessa pessoa, que você ama, quando ela não estiver mais por perto.

Mas cada despedida é diferente, mesmo dentro da mesma família. A autora best-seller e mãe de três filhos Deborah Copaken explica:

Quando arrumei a *station wagon* da família para ir à faculdade, o carro encheu com o que hoje cabe na palma das mãos dos meus filhos, e eu estava realmente fora da vida dos meus pais. Os telefonemas a longa distância eram muito caros. As mensagens digitais ainda não faziam parte de nossas vidas. Os estágios de verão estavam longe de casa. Não me lembro de sentir saudades de casa na ocasião, pelo menos não de um jeito que eu tenha deixado isso transparecer. Senti-me eufórica. Eu tinha amigos para encontrar; trabalhos a escrever; festinhas para frequentar; gastar dinheiro em realizações; causas para abraçar; um novo eu para inventar; meninos para beijar; e um trabalho no jornal da escola, que me manteve mais ocupada do que eu pensava.

A minha filha de 21 anos está igualmente ocupada na faculdade. Atarefada, já que trabalha durante a semana para cumprir os requisitos de sua bolsa de estudos. Mas ela previra isso. E, no entanto, seu rosto aparece na tela do meu computador, no trabalho, pelo menos, uma vez por dia, no FaceTime. Não só para me enviar textos ao longo do dia: mas para dar um panorama sobre a vida ou das suas aulas; enviar vídeos de cachorros; memes engraçados; e ocasionalmente um "Nossa! Como estou estressada". Quando ela não está disponível para conversar ou trocar mensagens de texto, posso rolar meu feed do Instagram e ver o que ela acessou ou visitou no Snapchat para ver uma maratona de dança, ou entrar no Facebook, para conferir as fotos nas quais ela foi marcada por amigos. Ela até me permitiu seguir seu Finstagram (conta privada do Instagram), que contém fotos e vídeos que não se deseja que alguém dos recursos humanos acesse. Quando foi à Madrid no outono, como caloura, criou pequenos vídeos musicais das suas jornadas de fim de semana por toda a Europa e os compartilhou online, permitindo-me sentir como se estivesse lá com ela.

Essas mensagens digitais continuam me emocionando e, mesmo assim, eu também amadureci, para ver o seu irmão mais velho, de 22 anos, ir para faculdade: assustador. No dia em que ele partiu, terminei meu casamento, então havia dor, tristeza e raiva para processar, mas ele, como eu, desapareceu. Ele não gosta de enviar mensagem. Não posta nada. Nem sequer faz uma ligação ou compartilha algo. O pouco que eu sabia de sua vida universitária tinha que pesquisar durante os fins de semana dos pais, ou quando um de seus parceiros de banda ou colegas de quarto aparecia para jantar conosco durante os intervalos da faculdade. Isso me perturbava no início? Claro que sim. Apesar de relembrar a minha despedida com meus pais. Há uma charge do *New Yorker*, com duas mulheres ao lado de uma lápide entalhada com: "Descanse em paz, James Frost, 1969–2014, Filho Amado." A mãe de James carregava flores e seu pesar; a outra mulher com o braço em volta dela em condolências. A legenda dizia: "Ele finalmente ligou e isso o matou." Mostrei ao meu filho, e ambos ficamos assustados. Cada piada tem a sua origem na dor.

No entanto, agora que meu filho saiu da faculdade e está trabalhando no seu primeiro emprego, voltamos a nos aproximar. Consigo vê-lo no café, em muitas manhãs, graças a uma economia que torna o aluguel acessível à maioria dos recém-formados. Ele me ajuda a cuidar do irmão mais novo. E até se junta, às vezes, ao meu namorado e a mim para jantarmos.

Tudo isso para mostrar que existem diversas maneiras de separação, e nenhuma delas é melhor do que a outra. Eventualmente, seus filhos voltarão, a seu jeito. Na verdade, diria mesmo que é nosso dever seguir os passos dos nossos filhos e aceitar qualquer versão de separação que eles escolham, sem impor os nossos próprios parâmetros. Essa separação não é apenas necessária para o amadurecimento de nossos filhos para a idade adulta — é também crucial para sua saúde emocional e bem-estar.

Acontece que estou escrevendo este texto durante a madrugada, dentro do meu quarto de infância, na minha antiga casa, onde me encontro para o funeral de meu querido tio, que assumiu o papel de patriarca de nossa extensa família após a morte prematura de meu pai devido a um câncer pancreático. É evidente que a morte é a derradeira separação, sobre a qual todas as outras são ensaios e recordações. Devemos nos separar dos nossos pais para vivermos o resto do nosso tempo, como adultos, que se reúnem por escolha, não porque um pai nos impõe. Se brindamos nossos relacionamentos com muito amor, certamente ele estará sempre lá para nos saciar, mesmo quando estivermos separados.

A minha filha está dormindo ao meu lado. Amanhã ela terá um laboratório de biologia importante, e eu disse-lhe que não precisava se ausentar da faculdade para ir ao funeral, mas ela insistiu. Ela passava todos os verões com meu tio, amando-o como um avô, e quer estar aqui para prestar sua homenagem. Seus irmãos estão dormindo em colchões no chão do estúdio de arte do meu pai, desativado há muito tempo, liberados de suas telas e tintas. Mas o espírito e a curiosidade artística do papai ainda vivem nele. Minhas três irmãs estão espalhadas pelo resto da casa, sobre as quais a dor agora paira. E ainda ontem à noite tivemos uma festa com três gerações para celebrar o aniversário das minhas irmãs gêmeas. Enquanto nos livrávamos da nossa tristeza por esse pequeno momento de libertação, estávamos tão próximos e alegres quanto uma família. Mas essa proximidade, no cotidiano, não é sustentável nem desejável. É por isso que a separação, não importa como seja feita — como um "arrancão de curativo" ou no ritmo mais lento da ferida que se cura silenciosa — é imperativa: como um meio de nos unir novamente, por nossa própria vontade, quando for importante.

Dentro de algumas horas, vamos enterrar meu tio. Amanhã voltaremos para as cidades que cada um de nós chama de lar, separadas, mas para sempre ligadas, enquanto ainda tivermos fôlego para dançar.

DESTRUINDO O NINHO

Soa bem desagradável. A expressão "destruindo o ninho" veio para descrever o comportamento horrível, opositivo e deliberadamente difícil que nossos adolescentes, frequentemente, adotam durante as semanas (ok, podem ser meses) antes que eles se mudem de casa para a faculdade, para o Exército ou, possivelmente, para um trabalho. Nem todos os filhos fazem os pais passarem por isso, e os que fazem exibem a sua própria marca pessoal de destruição.

Como sabe quando seu filho adolescente "destruiu o ninho"? Se você ou o outro pai pensou ou falou: "está na hora de ele/ela partir", pode ter certeza de que está vivendo essa situação. Cada adolescente tem a sua própria maneira de destruição, mas alguns dos métodos mais populares incluem: querer passar cada minuto com os amigos do ensino médio, apesar de a família também querer estar com eles; recusar-se a se preparar para a faculdade, como se os seus pais fossem fazer com que isso aconteça por mágica (preencher formulários, fazer compras para o dormitório, registrar-se para eventos importantes); agir como um adolescente irresponsável egocêntrico, enquanto insistem em ser tratados como adultos; discutir sobre *tudo*; tratar os irmãos com ignorância; esquecer-se do cão da família. Essas coisas seriam crimes graves e contravenções? Claro que não. Mas cada atitude dessas é como um punhal entrando no coração de um pai, que sabe que o tempo está acabando e quer aproveitar o máximo das semanas restantes com seu recém-formado aluno do ensino médio.

Por que fazem isso e como podemos lidar melhor com o nosso querido, mas irritante, adolescente?

Os psicólogos dizem que nossos adolescentes demonstram esse comportamento por causa da própria ambivalência sobre o próximo estágio de suas vidas. Eles estão animados e mal podem esperar para começar a faculdade, como também estão com medo de deixar todos e tudo àquilo que já conheceram, temerosos de como sua nova vida vai se desenvolver. Por mais que deixar a sua família e a sua casa possa ser difícil, eles tentam facilitar as coisas nos afastando e lembrando-se de como é horrível estar conosco. Se eles podem se irritar o suficiente com sua família, que os enche de amor e apoio, isso se torna um bom argumento para partirem.

"Como se esse desejo de sair de nossas casas não fosse doloroso o suficiente, eles, às vezes, pioram a situação, agindo como se nos odiassem", explica Kenneth Ginsburg, médico, especialista em medicina da adolescência do Hospital Infantil da Filadélfia e professor da Escola de Medicina Perelman, da Universidade da Pensilvânia. "Pense nisto: por que eles gostariam de deixar um 'ninho' saudável e confortável? Para exercitar as suas asas e finalmente voar — como pedem os seus instintos —, precisam ver o ninho como praticamente inabitável ou, pelo menos, com espinhos."

O que podemos fazer nas últimas semanas dos nossos adolescentes em casa, quando nos deparamos com esse comportamento negativo? Entenda o que isso significa. É quase impossível não se engajar na luta emocional que nossos adolescentes estão travando (você não verá mais seus amigos esta semana, mas verá seus avós), mas sim tornar isso menos tenso, recuando e lembrando que este é apenas um momento que, quase certamente terá desaparecido, com as férias de outono ou, então, no feriado de Ação de Graças ou qualquer outra data, na qual os veremos novamente. Nossa relação não será, necessariamente, um mar de rosas nos próximos meses, mas sua necessidade de provar que eles podem viver sem nós (ironicamente, enquanto eles ainda estão vivendo com a gente), em breve se tornará irrelevante. Nossos filhos adolescentes estão saindo para o trabalho ou para o Exército, e estão nos preparando para uma pegadinha, tentando nos envolver das maneiras mais desagradáveis para que eles possam se lembrar de como somos realmente horríveis. Se, em vez disso, formos compreensíveis e bondosos, lembrando-os de que estaremos sempre por perto, talvez não seja mais fácil dizer adeus, mas os deixaremos com lembranças muito melhores dessas semanas antes da despedida.

OS "PAIS CORTADORES DE GRAMA"

Muitos de nós estamos nos acostumando com o processo de deixar nossos filhos partirem — descobrindo até onde devemos ir, aprendendo o equilíbrio certo entre ficar perto daqueles que amamos e tratá-los como adultos independentes. Essa é a visão de limite para os pais, mas como parece essa dinâmica para aqueles que lidam com nossos filhos todos os dias? A Dra. Karen Fancher, professora de oncologia na Faculdade de Farmácia da Universidade Duquesne (e mãe de dois filhos), compartilhou os insights que teve em oito anos de observação de pais bem-sucedidos em lidar com seus filhos em idade universitária:

Embora eu seja professora universitária, os visitantes do campus muitas vezes me confundem com a secretária do departamento: meu escritório fica em frente aos elevadores e mantenho uma política de portas abertas para meus alunos. Isso cria um drama recorrente a cada primavera:

Estou me concentrando em um assunto, quando vejo, pelo canto do olho, a porta do elevador abrir. Uma adolescente e uma mulher de meia-idade, presumivelmente sua mãe. O pai entra no meu escritório, a mulher que entra logo atrás dele fala: "Minha filha vai começar aqui no outono. Queremos mudar uma das suas aulas eletivas."

Tento fazer contato visual e me dirigir à garota, enquanto, educadamente, lhes dou indicações para o Escritório de Serviços ao Estudante, ao final do corredor, mas é a mãe que pede desculpas por me interromper. Eles saem do meu escritório com o calendário das aulas em mãos.

Percebeu o problema aqui? A adolescente foi aceita em uma grande universidade e está a semanas de começar em uma área de estudo difícil, mas seus pais estão fazendo de tudo para que o seu problema seja corrigido, enquanto ela não diz nada e parece ser arrastada contra a sua vontade.

Você provavelmente está familiarizado com o termo "pais superprotetores", em que os pais "pairam" sobre seus filhos e descem para resgatá-los ao primeiro sinal de problemas. No nível universitário, a presença física dos pais necessária para "pairar" pode ser impedida, e por isso estamos experimentando agora um estilo parental diferente: "pais controladores". Estes são os pais que se precipitam para intervir, salvando o filho de qualquer potencial inconveniente, obstáculo ou desconforto.

Outros estilos de parentalidade incluem os "pais limpa-neve", "pais retroescavadeira" e — o meu favorito — "pais abrem caminho", assim chamados por sua similaridade com os atletas olímpicos de *curling*, que correm à frente de uma pedra gentilmente empurrada através de uma pista de gelo, suavizando freneticamente seu curso em direção a um local predeterminado.

Deixando de lado os rótulos brincalhões, esse tipo de comportamento parental pode ter efeitos duradouros e prejudiciais para o seu filho. Alguns deles incluem:

- Deixar um adolescente mal preparado para lidar com o crescimento natural e experiências de aprendizagem. Isso inclui tudo, desde pedir orientações e lidar com um colega de quarto irritante até se comunicar com os superiores, negociar um item desejado e lidar com a decepção.

- Condicionado a seguir apenas o caminho preparado pelo pai, o adolescente é privado da oportunidade de desenvolver um sentido de motivação pessoal ou instinto.

- Tomar uma decisão, simples ou delicada, torna-se difícil sem a orientação dos outros.

- O aluno não consegue entender a mensagem negativa implícita no estilo de parentalidade controladora: não se pode confiar no adolescente para realizar coisas sozinho.

O estilo moderno da parentalidade, excessivamente presente, também forçou os administradores da faculdade a esclarecer certos limites:

- Incentivadas pelo comportamento claramente abusivo de alguns pais, muitas universidades mantêm uma política de que todo contato de um pai seja encaminhado ao escritório administrativo. O pedido de um pai para "manter esta conversa apenas entre nós" ou "não dizer à minha filha que eu liguei para você" é pouco provável de ser acatado; em vez disso, ele pode encaminhar seu filho para a administração — e não de uma forma honrosa.

- O Family Educational Rights and Privacy Act (FERPA), de 1974, proíbe que membros do corpo docente e administradores revelem informações aos pais de um aluno maior de 18 anos que não tenha autorizado a liberação. Isso cria cenários em que a universidade não pode compartilhar as notas do aluno com os pais, independentemente de quem está pagando a mensalidade. Os professores devem entrar em contato com a administração da escola para saber o que estão autorizados a divulgar.

- Se o comportamento dos pais de um aluno for ameaçador, estranho, repetitivo ou inapropriado, há uma boa chance de que isso acabe sendo discutido entre os instrutores. O aluno pode, então, rapidamente ganhar uma reputação negativa dentro da faculdade, que é exatamente o oposto do que o pai almejava.

- Os membros do corpo docente estão fortemente envolvidos com recrutadores, recomendações, encaminhamentos e afins. Se um dos pais tem me contatado para "ajudar" seu filho durante a aula, como posso honestamente classificar esse aluno como altamente comunicativo, motivador e maduro para um futuro empregador?

Acostume-se a quebrar o hábito de "abrir caminho":

Filhos em idade escolar: deixe seu filho falar o mais frequentemente possível. Isso inclui escolher restaurantes, pedir direções ou telefonar a um amigo para marcar uma data de jogo, em vez de ser você a organizar por meio de uma mensagem de texto.

Filhos no ensino médio: embora ainda haja espaço para o envolvimento parental nessa idade, primeiro insista que seu filho tente toda a comunicação por conta própria. Se faltar a um teste e precisar realizá-lo depois, faça com que ele combine isso com o professor; intervenha somente depois de ele ter feito a primeira tentativa por conta própria. Se tiver um conflito de agenda entre a prática atlética e as aulas de música, por exemplo, faça com que ele discuta a possibilidade de um ajuste de horário com os grupos envolvidos; assim, ele ficará mais estimulado em tomar a decisão — e lidar com as possíveis consequências.

Filhos de todas as idades: confie no seu filho para se sair bem. Deixe-o saber que você acredita que ele possa tomar boas decisões. Dê-lhe espaço para cometer erros — mesmo os maiores, às vezes — e aprender com eles.

Como pais, não podemos deixar de perceber os nossos filhos lutarem, sentirem-se desconfortáveis e até fracassarem. É doloroso? Sem dúvida. Mas você não está fazendo nenhum favor a seu filho tentando protegê-lo dessa parte da vida ou resolvendo os problemas deles. Em vez disso, dê-lhe oportunidades de aprender a ter força e autoconfiança. Essas ferramentas o prepararão para lidar com desafios futuros com segurança.

AS LÁGRIMAS

Mesmo quando falamos a nós mesmos que não vamos chorar, que não há razão para chorar, que é simplesmente humilhante cair aos prantos na nossa idade, as lágrimas de alguma forma encontram uma maneira de sair. Helene Wingens, editora-chefe do livro *Crescidos e Independentes*, era uma advogada atuante, antes de fazer uma pausa para criar seus três filhos. Quando Wingens voltou ao trabalho, foi como escritora; e agora, em algumas centenas de palavras, ela captou a essência de nossas lágrimas, enquanto encaramos a separação de nossos filhos. Estas são as palavras dela:

Neste fim de semana, deixamos nosso segundo filho na faculdade. Essa não foi a minha primeira experiência, então estava um pouco preparada para a onda de emoção que vem com o processo. Apesar de ter chorado por uma ou duas semanas, a separação propriamente dita ocorreu, surpreendentemente, bem — apesar de eu ter sentido aquele "bolo" subir na minha garganta, quando o vimos se afastando.

Refleti sobre a minha reação, mais tarde, e encontrei meia dúzia de razões, perfeitamente aceitáveis, que fazem os pais se lamentarem quando seus filhos vão embora:

- O meu coração está tão cheio de amor por ele, que sinto uma dor física; é essa plenitude quase insuportável que me leva às lágrimas.

- Vou sentir saudades de como éramos. As coisas vão mudar entre nós agora. Seremos sempre mãe e filho, mas me tornarei uma pessoa cada vez menos importante para eles — naturalmente.

- Sentirei falta de quase tudo sobre ele: do seu senso de humor; das suas longas e divagantes afrontas; até da porta do seu quarto fechado. Mas não é só você quem eu vou perder; sua luz e a vida que trouxe para esta casa, assim como seus amigos íntimos que se tornaram queridos para mim também, ao longo dos anos.

- Vou preocupar-me contigo porque desesperadamente não quero que se sinta perdido ou sozinho. Ainda assim, tenho certeza de que você vai experimentar dias "perdido e sozinho" — todo mundo os tem. Pensar nas vezes que você não estará bem (e o fato de que eu não posso fazer você ficar bem) me deixa terrivelmente triste.

- Não estou preocupada que não vá conseguir. Na verdade, exatamente o oposto: não tenho dúvidas de que será bem-sucedido e que esse sucesso o afastará ainda mais de mim. Mais uma vez, tudo isso é natural, mas é triste, mesmo assim.

- No momento em que se afastou de nós, no campus, tomamos caminhos diferentes. Você entrou em um novo capítulo brilhante da sua vida, em que as possibilidades são quase infinitas. Eu estava me afastando de um pedaço do meu coração, e a dor daquele momento não ficará perdida em mim.

Sei que vamos nos adaptar, em breve, permitindo-me ver este momento pelo que ele realmente é: um começo, e não um fim, para nós dois. Enquanto nos afastamos, olho para trás e espero ter feito a maioria das coisas corretas (ou corretas o suficiente), para que você faça escolhas sábias, e que a sorte esteja em seu caminho.

CAPÍTULO OITO

Mudança para a Faculdade

> *Eu estava com a adrenalina nas alturas e tão entretida explorando minha nova faculdade, que só fui perceber alguns dias depois. Uau! Percebi que precisava muito mais dos meus pais do que pensava. Você sente falta dos seus pais quando eles estão longe. O que mais me doeu foi perceber que eu não morava mais no mesmo código postal que eles.*
>
> — ANNA, 21

Fundamos o site Grown and Flown, em parte, porque lidamos muito mal com o dia da despedida de nossos filhos mais velhos.

Nada do que lemos nem nenhuma discussão nos preparou para a dor de "arrancar esse curativo" emocional. Ninguém nos orientou que a sensação de perda seria tão grande. Não se fala que o orgulho que sentiríamos em mandar nossos adolescentes para a escola seria uma fênix, e que a dor só mais tarde surgiria das cinzas. Achamos que merecíamos ter sido avisado, ou pelo menos termos um ombro para chorar, quando isso aconteceu. Desejávamos ter alguém que nos dissesse que não era seguro dirigir naquele estado emocional.

Mesmo agora, escrevendo essas palavras, anos após nossas primeiras despedidas de calouros, podemos cair em lágrimas só de pensar no dia da mudança. Uma mãe do nosso grupo no Facebook disse de maneira simples e certeira: "Se você chorou muito nas últimas 48 horas, agradeça." Outra respondeu perguntando: "Alguém pode me dizer quanto tempo leva para que esse sentimento terrível de vazio suma, depois de deixar meu filho na faculdade a 600 quilômetros de distância? Esta foi a situação mais difícil pela qual já passei. Não imaginava que choraria tanto."

Alguns incentivaram: "Você vai ficar bem e essa nova fase pode ser maravilhosa! Pense em todas as aventuras e momentos emocionantes que seu filho está passando... é isso que eles devem fazer... crescer e ter uma vida que eles lhe contarão! É muito, muito difícil e muito triste, mas, se você pensar nisso como o início de um relacionamento 'adulto' com seu filho, isso será um pouco mais fácil."

Muitos pais observaram que até seus animais de estimação ficavam deprimidos.

Então, olhamos à nossa volta. Nem todos os pais estavam agindo como se tivessem um membro amputado. Muitos estavam compartilhando a empolgação de que seus filhos estavam sentindo e ficaram muito felizes em aliviar alguns desse estresse dos pais. (Alguém precisa de carona?) Alguns pais compartilhavam da alegria de seus filhos adolescentes e sabiam que apenas entraram em um novo estágio, como aconteceu muitas vezes, durante os últimos 18 anos — e que isso estava longe terminar. Eles sabiam que a parentalidade era algo que nunca terminaria, e que seus filhos estavam, exatamente, onde deveriam estar.

Uma das mães disse: "Sou a única mãe que não chorou ao deixar nossos (três) filhos em suas universidades? Observo que algumas pessoas usam óculos escuros e escondem o rosto para que os seus filhos não percebam que estão chorando... Eu meio que sinto que o nosso trabalho foi bem feito e é um privilégio assistir-lhes abrindo as asas. É o que temos que fazer, sabendo que esse dia especial chegaria. Em vez disso, devemos celebrar com eles, ajudando-os na organização e arrumação de seus dormitórios... deixei uma 'carta de agradecimento' que escrevi para eles, junto a um pouco de dinheiro escondido, e nos despedimos: 'Até mais'."

E mais: "Todos esses posts sobre ficar triste ao ver seus filhos voltarem à escola me fazem sentir uma mãe terrível. Não chorei nenhuma vez desde que o meu filho foi embora. Estou muito feliz por ele e adoro vê-lo desfrutando e crescendo com sua experiência na faculdade. Não estou dizendo que há algo de errado em ficar triste, só queria saber se existem outras pessoas que também não ficam tristes."

Embora muito tenha sido escrito e aparentemente milhões de sites tenham explorado o processo de chegada de nossos bebês, e sobre tudo o que se seguiu na infância, muito pouco conteúdo existe sobre sua transição da adolescência para jovens adultos. Essa mudança para os pais se torna tão grandiosa quanto o dia em que saímos do hospital e os trouxemos para casa, mas não era sobre isso que estávamos falando.

O processo de transição de um adolescente para a faculdade começa no verão, antes do último ano do ensino médio. Esse verão é o pontapé inicial para o ano de preparação. Por 365 dias, o calendário, e nosso filho, nos relembram de que este será o último período que ficaremos [juntos]. Em nossos corações e mentes, começamos o processo de ingressar nossos filhos no próximo estágio de suas vidas.

Começamos a imaginá-los morando em outro lugar, embora ainda não tenham sido enviadas as inscrições para a faculdade, não sabemos onde será esse local. Ao longo do ano, nas datas importantes e tradições familiares, estamos cientes de que, em menos de 12 meses, comemoraremos ou nos reuniremos sem a presença deles. Quando descobrem onde continuarão seus estudos, começamos a imaginá-los em seu novo "lar". Então, os sinais presenciais surgem. Começa com um moletom da faculdade. Em seguida, as pilhas de lençóis, toalhas e um cesto novo para roupa suja aparecem durante o verão. E, então, um dia as caixas estão prontas e está realmente acontecendo.

Qualquer que seja sua reação à saída de seu filho, será uma reação positiva. Está tudo normal. Os pais que se alegram, também sentem falta dos filhos. Os pais que estão chorando desesperadamente no ombro de alguém logo se recuperarão.

Neste capítulo, falaremos das estratégias para o dia da mudança, da transição de calouros e, posteriormente, discutiremos com o reitor da Faculdade de Artes Liberais da Universidade do Texas, em Austin, algumas maneiras, pelas quais os calouros podem começar com o pé direito, quando do iniciam a jornada para a faculdade. Mas, primeiro, a despedida.

Palavras Sábias de Veteranos em Despedidas

Aqui estão alguns pensamentos a serem lembrados, após a despedida:

Essa dor horrível vai passar.

Seu filho já é um grande sucesso. Eles já aprenderam sobre trabalhar duro e esperar pela sua recompensa — duas boas lições para conquistas futuras.

Sinta-se orgulhoso. Você recebeu um bebê e criou um jovem adulto, que agora é um estudante universitário. Isso não é pouca coisa.

Seu filho é uma boa pessoa. Isso é uma grande satisfação. É também uma confirmação de sua parentalidade.

Trata-se de ir para a faculdade. Não de ir para guerra ou uma prisão.

Sempre aprendemos algo com nossos adolescentes. À medida que o mundo deles se expande, o mesmo acontece com o nosso.

Estamos no século XXI, não se preocupe, você terá notícias do seu filho de várias maneiras — talvez até mais do que deseja.

Alegre-se pelo seu filho; este é um dos momentos triunfantes da vida dele.

Um semestre na faculdade não demora tanto; de fato, você pode se surpreender com o tempo que seu filho passa em casa.

Pelo contrário, a parentalidade nunca termina. Este é o primeiro passo no caminho para um relacionamento mais duradouro que teremos com nossos filhos — aquele entre dois adultos.

> *Eu estava muita apreensiva com a mudança. Esperava, com ansiedade, finalmente, partir e me mudar para a faculdade, desde o meu primeiro ano do ensino médio. Minha mãe e eu esperamos na fila do estacionamento para descarregar minhas coisas, no meu dormitório e percebi o que estava acontecendo. Eu realmente ficaria sozinha, com minha família toda, do outro lado do país. Assim que conheci minha colega de quarto, senti que rapidamente se tornaria minha melhor amiga, uma sensação de alívio e afirmação de que estava pronta para essa grande transição.*
>
> —MAYA, 20

UMA CARTA MARCA PARA SEMPRE

Nossos filhos sabem que estamos orgulhosos deles. Eles desfrutam do nosso amor há 18 anos. Mas ninguém se cansa de ouvir o quanto tem valor.

Lisa reflete:

Quando meus filhos estavam partindo para a faculdade, não escrevi uma carta de despedida que eles gostariam de guardar para sempre. Em vez disso, fiz uma série de textos que há muito foram esquecidos em telefones sem uso.

Este é o momento em que você deixa seus filhos na faculdade, e desabafa e compartilha o amor que sentiu desde que os acolheu quando eram bebês e os levou do hospital para casa. O momento de dizer que você os amou mais do que jamais imaginou ser possível e que está cheio de orgulho ao vê-los partir. É a ocasião para compartilhar as últimas palavras de sabedoria, para confirmar, mais uma vez, e lembrá-los de que sempre estará por perto quando eles precisarem.

Nossos filhos têm consciência de que esse momento, o processo de saída, pode ser emocionante, como também assustador. Pode ser assustador para qualquer pessoa, especialmente para um adolescente, afastar-se de tudo o que já conheceu e amou, incluindo pais, irmãos e até animais de estimação. Eles podem estar preocupados se farão amigos tão íntimos, quanto os que têm onde moram ou se conseguirão lidar com os trabalhos, formar uma equipe ou ingressar em uma fraternidade. Podem estar preocupados em viver sozinhos pela primeira vez e em terem que se tornar adultos.

Se não fossem adolescentes, passariam mais tempo conosco e nos diriam o quanto nos amam, apreciam e sentirão a nossa falta. Mas, como são adolescentes, ocasionalmente expressam seu agradecimento dizendo "obrigado, mãe, por gastar US$700 para equipar meu dormitório", e o resto do tempo se tornam incrivelmente desagradáveis. Porque se eles semeiam a discórdia, se criam desarmonia em nossos lares, fica mais fácil nos afastar. Como explica a Dra. Lisa Damour: "A vida no lar pode se tornar tão desagradável que aqueles que antes temiam a saída de seus graduandos mal podem esperar para fazer as malas deles. Há uma função intrínseca nesse embate: é mais fácil se separar de alguém cuja companhia mal podemos suportar."

Um dos aspectos mais dolorosos dessa situação é a necessidade deles de passar o último minuto com os amigos, abandonando a família. Somos gratos e felizes por seus laços estreitos e vínculos com amigos ou mesmo romances, que tornam sua partida mais dolorosa, mas esse abandono pode ser profundamente frustrante para os pais. Damour pede aos pais que tenham uma visão diferente sobre esse comportamento difícil: "Os adultos não devem entender a vida social consumista de um adolescente como uma rejeição. A intensidade nos relacionamentos com os pares geralmente está ligada à tensão psicológica em se separar da família. Um adolescente que se preocupa em dizer adeus a seus amigos geralmente consegue se distrair de sentimentos difíceis por deixar sua família." Por nos enxergarem como vilões (não os deixando ficar fora todas as noites, insistindo para que fiquem em casa e seguros, querendo que jantem com os avós), eles se despedem da gente com mais facilidade.

Então, por que, finalmente, quando chegamos ao campus para a despedida, temos uma mistura de emoções controversas? Para os pais, esse adeus pode parecer profundo, iminente e sério, mesmo que essa não seja a nossa primeira experiência. E, então, procuramos por alguém que assistiu a esse ritual por décadas, para nos ajudar a entender esse evento importante.

Por que essa partida, o dia da despedida, é tão marcante? Se durante todo o verão estávamos esperando por esse dia, certamente não deveríamos estar preparados para isso? Por que o dia parece tão longo e tão curto ao mesmo tempo? A resposta, de acordo com o professor Marshall Duke, da Universidade Emory, é que existem apenas alguns dias na vida tão marcantes. Esses dias, e todo seu drama, são gravados para sempre em nossa memória, e não podemos nem devemos tratá-los como dias irrelevantes. Duke vivenciou esse processo por gerações e explica:

Nos parágrafos iniciais de seu romance *Ruído Branco*, o incrível Don DeLillo recorda uma imagem que se manifesta por toda a América, todos os anos — o retorno ou a chegada de estudantes universitários aos campi universitários:

Testemunhei esse espetáculo todo mês de setembro, por 21 anos. Invariavelmente, é um evento brilhante. Os alunos se saúdam com gritos hilariantes... Os pais ficam ao lado de seus automóveis, vendo reflexos de si mesmos em todas as direções... Eles têm uma sensação de renovação, de reconhecimento comunitário... Uma assembleia... Mais do que qualquer coisa que eles possam ter vivido ao longo do ano, mais do que formalidades ou leis, indicam aos pais que são pessoas com pensamentos e espiritualidades semelhantes, um povo, uma nação.

Como o narrador do romance de DeLillo, também testemunhei esse espetáculo, no meu caso, durante 42 anos, na Universidade Emory, e é realmente um "evento brilhante". Não foi apenas uma emoção minha testemunhar a chegada de novos calouros, mas um privilégio e honra em ter a oportunidade de conversar com os pais que trazem seus filhos para Emory.

Comecei esse "bate-papo com os pais" quando era diretor do Centro de Aconselhamento Psicológico da Universidade Emory, em um esforço para ajudar pais e filhos a lidar com a transição que estavam prestes a experimentar. Não sou mais o diretor do centro de aconselhamento, mas continuei conversando com os pais de nossos novos alunos por mais de três décadas.

Há muitas coisas que digo aos pais na hora em que nos encontramos, em um dos dias mais emocionantes de suas vidas. Aqui estão algumas das principais situações que explico a eles:

1. Para os pais, este é um dos momentos mais emocionantes da vida, especialmente se estão trazendo o filho mais velho ou o mais novo. Trazer o primeiro filho representa o fim de uma fase da vida de sua família e o início de outra; estão passando de um período de estabilidade como família com a presença dos filhos para um período de transição, e por outro lado se transformando em uma família cujos filhos cresceram. Para os pais com mais de um filho, esse "ingressar" do primeiro filho é um "tiro de advertência", um aviso de que o ninho vazio está lentamente começando a tomar forma no futuro. Para os pais com filho único ou para os filhos mais novos, o ninho vazio os espera no retorno para casa. Digo aos pais de primeira viagem em despedidas para a faculdade que levará vários meses para se adaptarem à família recém-formada. Digo aos que ficam com o ninho vazio que a adaptação levará vários anos. E levará. Mas essa situação

não é completamente ou, pelo menos, essencialmente ruim. Este é um momento emocionante, de fato.

2. Digo aos pais que, só porque seus filhos estão na faculdade, não significa que eles são realmente estudantes universitários. A melhor descrição que encontrei para denominá-los é que são "estudantes do ensino médio na faculdade". Isso ocorre porque leva tempo para aprender a ser um estudante universitário — como estudar, como se alimentar, como lavar sua roupa, como participar, como lidar com dinheiro etc. Minha melhor estimativa é que esse processo exija cerca de um semestre, período em que os alunos terão estudado e feito testes importantes, trabalhos, relatórios detalhados malfeitos ou benfeitos, evitado o ganho de peso do "calouro de 15 anos", bebido litros de café ou outras bebidas estimulantes, comido incontáveis pizzas e assistido a uma variedade de eventos universitários, alguns dignos de nota, outros de se manter em silêncio. Apelo aos pais que aguardem, com paciência, o surgimento de seus estudantes universitários. Isso me leva ao número três.

3. Esperar pacientemente o surgimento do "estudante universitário" naturalmente não é o que fazem os pais modernos. Eles são solucionadores de problemas, orientados para agir e muito capazes. Eles querem que seus filhos tenham sucesso em suas vidas e ter a certeza de ajudar o máximo que puderem. Eis o que lhes digo: durante os eventos normais da faculdade, seus filhos enfrentarão problemas que precisam ser resolvidos. Problemas com colegas de quarto, sociais, de registro, com assuntos ou professores específicos. E há duas maneiras de resolver esses problemas:

   • *Número um*: Os pais ligam para a faculdade e conversam com o Gabinete da Reitoria, com o diretor de convivência universitária ou mesmo com o reitor. O que acontece? O problema é resolvido. Ah! Mas existe outra questão — seus filhos estarão despreparados. Os adolescentes não apenas perdem a chance de aprender a resolver problemas e a crescer em autoconfiança ao fazê-lo, como também são informados pelas intervenções de seus pais que mamãe e papai não acreditam que eles possam cuidar de si mesmos, aumentando a probabilidade de que eles continuem dependentes dos pais para resolver seus problemas, o que resulta na continuidade da intervenção dos pais, o que informa aos alunos que eles não podem cuidar de si mesmos... Você captou o ciclo?

- *Número dois*: Seus filhos descobrem como resolver o problema por conta própria. A mensagem é esta: de qualquer maneira, os problemas serão resolvidos. Mas, se os pais os resolverem, os adolescentes ficam despreparados ou são impedidos de crescer. Entretanto, se os adolescentes tomarem a frente, o problema ainda será resolvido, mas serão mais fortes e adquirirão uma prontidão para viver suas vidas de forma independente.

  Uma situação que uso para reforçar minha insistência para que os pais deixem seus filhos lidar com os problemas por conta própria é esta: um dia, esses adolescentes serão adultos, e seus pais (vocês) serão idosos e precisarão de cuidados. Que tipo de pessoa você quer que cuide de você? Adultos inseguros que têm medo de tomar boas decisões e alcançar soluções com confiança? Ou adultos que cresceram fortes e conscientes, e saberão como tomar as melhores decisões para seus cuidados?

4. Como eu disse, o dia em que os pais deixam seus filhos na faculdade — ou os acompanham, se viajarem sozinhos — está entre os dias mais emotivos nas vidas dos pais e adolescentes. É um momento que acontece uma vez na vida. Cada adolescente só entra na faculdade pela primeira vez

uma vez. Dada à singularidade desse dia, essa emoção se enquadra na categoria que inclui datas como casamento, aniversários especiais e até quando ocorrem perdas familiares — dias importantes... que permanecem em nossas memórias ao longo da vida. Tais momentos são raros. Eles têm poder. Para nós, como pais, dão oportunidades de dizer aos nossos filhos coisas que permanecerão com eles, não somente pela maneira como dizemos, mas também por causa de quando foram ditas.

Pense no que quer dizer a seus filhos quando se despedirem e forem para o dormitório para o início do novo capítulo de suas vidas. Que pensamentos, sentimentos e conselhos deseja passar? Algo como: "Sempre arrume sua cama!"? ou "Não use seu cabelo dessa maneira!"? Certamente não. Este é um momento para lhes contar sobre situações importantes. Sobre o que sente por eles, quando crianças, como pessoas. Coisas sábias. Situações que os guiaram em sua vida. Maneiras como espera que vivam. Maneiras como espera que se transformem em adultos. Situações sobre a vida.

Eu mesma nunca fui capaz de fazer isso, porque estava muito emocionada e não conseguia dizer o que queria sem chorar. Mas nem tudo está perdido se isso acontecer com você também. Assim que puder, depois de sair do campus, faça uma carta para o seu filho — com caneta e papel, de próprio punho. A primeira frase pode ser algo como: "Quando o deixei hoje no campus (ou no aeroporto etc.), não sabia o que queria dizer, então escrevi tudo..." Envie a carta para o seu filho. Não será deletada como um e-mail, não será desprezada, será guardada. Sua mensagem permanecerá. Para sempre.

Esse é último bom conselho que ofereço aos pais e também para me assegurar de que o comitê de admissões não cometeu algum erro e que seus filhos, realmente, pertencem à faculdade. Eu insisto aos pais que recuem e deixem que esses jovens talentosos comecem a crescer. Digo a eles que ser pai de um estudante universitário é um dos maiores motivos de orgulho que eles já experimentaram. Agradeço a eles por trabalharem tanto para que, professores como eu, possam ter a alegria de trabalhar com os filhos dos quais cuidaram com tanto carinho. Então, digo para eles voltarem para casa. Os adolescentes ficarão bem.

O professor tem razão: os adolescentes ficarão bem, e muitos deles sabem, visceralmente, o significado desse momento. Até o momento, seus filhos não disseram algo mais profundo ou consequente que não fosse: "Por que você comprou isso para mim? Eu nunca vou usar isso"; não se preocupe. Por mais que desejássemos, este não é o momento em que a maioria dos adolescentes escolhe para nos agradecer por uma vida inteira de amor e carinho. Eles são adolescentes, ficam empolgados com a emoção e nervosos com esse próximo passo monumental em suas vidas e, provavelmente, é assim que deveriam se sentir. Mas se seu filho é do tipo que analisa profundamente a situação e pode se tornar altruísta nesse momento auspicioso, eis o que eles podem dizer, como o exemplo do estudante universitário Mac Stiles:

Lá estava eu, duas noites antes do dia da mudança, relaxando na cama e prestes a adormecer, quando um sentimento suave e confuso, anteriormente associado à saída para a faculdade de repente desapareceu. Minha mente se inundou com toda a mudança que eu estava prestes a encontrar como calouro de uma faculdade e as pessoas que seriam deixadas para trás. Ninguém me avisou sobre essa sensação forte e avassaladora. Isso me atingiu como uma grande onda, me afogando em pensamentos e memórias. Achei mais fácil entender e processar tudo colocando meus sentimentos nesta carta:

Queridos pais,

Hoje deve ser um dos dias mais difíceis de suas vidas. Prometo a vocês que tudo ficará bem. Vocês passaram 17 anos, 10 meses e 20 dias incutindo em mim valores que nunca esquecerei. O tempo que vocês foram repetitivos valeu a pena. Estou levando suas lições comigo para a faculdade, para me transformar em uma pessoa melhor, a pessoa que vocês criaram para ser.

Mas chegou a hora de me despedir.

Vocês têm que confiar que eu posso me cuidar. Não é diferente do que aprender a andar ou andar de bicicleta. Vocês me deram as mãos e me mostraram o caminho. Nas primeiras vezes, posso ter voltado machucado e ensanguentado, com lágrimas escorrendo pelo rosto, mas aprendi. E hoje não é diferente. Vocês estão se despedindo sabendo que vou encontrar alguns obstáculos na estrada e enfrentar outros que parecem ser impossíveis de superar. Ainda precisarei que vocês me mostrem o caminho, de vez em quando, mesmo que seja por telefonema ou mensagem de texto. Valorizo sua contribuição. Assim como caminhar ou andar de bicicleta, aprenderei e encontrarei o meu caminho.

Amo vocês dois mais do que posso descrever e serei eternamente grato pelo que me deram física, mental e emocionalmente. Devo a vocês todas as minhas realizações; mesmo que na época não demonstrasse, sou extremamente grato. Posso sair da sua proteção, de casa, mas sempre estarei sob a proteção do seu coração.

Drew e Reed,

Sentirei a falta de vocês mais do que posso descrever. Vocês são meus melhores amigos no mundo e nunca esquecerei as memórias que criamos, quando crescemos juntos. Nunca tivemos um momento de tédio quando estávamos juntos, e eu aprecio isso. Seja passeando com Murphy à noite, cantando por todo o bairro enquanto dirigimos, ou apenas jogando PS3 e rindo, sempre me diverti.

Levem seus trabalhos escolares a sério, mas também reservem um tempo para se divertirem no ensino médio. Ambos são *incrivelmente talentosos e, em breve, aprenderão quais são seus dons e serão realmente capazes de aceitá-los. Tentem, também, não se preocupar muito. Preocupar-se é uma perda de tempo. Se aconteceu, você não pode voltar atrás. Apenas esqueçam e usem seus erros para crescer e aprender. Vocês conhecem o meu ditado favorito: "Deixe o passado conduzir seu presente."*

Olhem e cuidem um do outro. É importante que vocês dois saibam que estou incrivelmente orgulhoso em chamá-los de irmãos e não trocaria vocês por ninguém no mundo. Às vezes, discutimos e brigamos, mas sempre conseguimos rir imediatamente e voltar ao normal. Vocês estão superando todas as expectativas possíveis, e nada me deixa mais feliz. Amo vocês imensamente e mal posso esperar para ouvir suas aventuras, enquanto estiver fora.

Murphy,

Acho que será mais difícil para você. É fácil para o resto de nós entender o que está acontecendo, porque podemos conversar. Mas você verá a gente arrumando o carro com as minhas coisas e depois todo mundo voltar para casa, menos eu. Não sei o que vou fazer sem ver você entrar e pular na minha cama para deitar comigo. Sempre senti que você me entendia e éramos bem parecidos, mesmo que você seja um cachorro, e eu, um humano.

Orhan Pamuk disse uma vez: "Os cães falam, mas apenas para aqueles que conseguem ouvir." Acho isso bastante verdadeiro. Estou sempre o ouvindo, amigo. Volto em breve e mal posso esperar para vê-lo na minha cama, abanando a cauda alucinadamente, exatamente como eu o deixei.

Com amor, Mac.

Lista das 50 Perguntas sobre as Compras para o Dormitório

SOBRE O QUARTO

1. As dimensões estão disponíveis para planejar como usar o espaço?

2. Existem armários ou roupeiros, e quanto espaço de trilho/cabide estão disponíveis?

3. Quanto espaço há no armário, e uma sapateira será útil ou adequada?

4. As camas são elevadas, beliches ou tradicionais?

5. Existem mesas e cadeiras?

6. Existe uma cômoda?

7. O quarto tem abajur ou lixeira/lixeira para lixo reciclável? Existe iluminação no teto? Uma iluminação ao lado da cama seria legal, além de uma luminária de mesa?

8. Existe uma estante para livros ou ficaria melhor dispô-los sobre a escrivaninha?

9. Seu filho terá colegas de quarto e, se houver, quantos? Eles vão coordenar a decoração ou compartilhar coisas como um frigobar, TV, impressora?

10. Quão frio/ventilado são os quartos? É necessária roupa de cama extra para inverno?

11. Existe aparelho de ar condicionado? Caso não, qual tamanho de ventilador que se encaixaria melhor?

12. Quanto espaço existe embaixo da cama para armazenamento e qual o tamanho das caixas de plástico?

13. Há espaço para guardar as malas ou precisam ser enviadas de volta para casa? Você pode usar bolsas que podem ser colocadas debaixo da cama ou as sacolas de lixo pretas serão melhores para transportar coisas?

14. Quão profundo é o sono do seu filho? Basta um telefone celular ou seria melhor um despertador ou alarme?

15. Seu filho adolescente levará objetos de valor/importantes de casa (passaporte, joias, dinheiro, cartões de crédito, medicamentos prescritos), que precisem de um cofre?

16. Seu filho tem alergias e precisará de cobertores de colchões e fronhas de travesseiros antialérgicos?

17. O colchão da faculdade tem uma densidade ideal ou são duros como um tijolo? Seu filho dorme melhor em um colchão com menor ou maior densidade?

18. Quanto espaço há na parede do dormitório para decoração?

19. A escola permite que objetos de decoração sejam pregados na parede ou apenas colados? Existem tapeçarias que sejam proibidas?

20. As janelas têm persianas ou precisam ser compradas?

21. O quarto tem quantas tomadas e quais réguas de energia ou protetores contra picos de tensão serão úteis? São permitidos cabos de extensão de energia?

22. O clima esfria muito rápido, e as roupas de inverno são suficientes ou terão de levar roupas adequadas?

23. Que parte de casa o aluno quer levar com ele?

24. O banheiro é compartilhado por quarto ou é comunitário?

25. Seu filho precisa de um roupão ou toalha para ir ao banheiro?

26. Os artigos de higiene pessoal podem ser armazenados no banheiro ou serão transportados?

27. Onde uma toalha molhada pode ser estendida para secar?

28. Seu filho já tem chinelos de banho?

29. Você está enviando toalhas de casa ou comprando novas?

30. Fazer uma marca nas toalhas novas os impediria de perdê-las?

SOBRE A SALA DE ESTAR

31. Existem aparelhos proibidos pela faculdade, por risco de incêndio ou outros motivos?

32. O piso é acarpetado ou um tapete seria útil/desejável?

33. Qual é a medida do piso para que caiba um tapete?

34. A sala de estar tem móveis ou precisa que os alunos os comprem?

35. Seu aluno receberá visitas dos seus irmãos/amigos e eles precisam de roupa de cama extra?

36. Caso existam, os acessórios como micro-ondas, refrigeradores de água e frigobares serão fornecidos pelo campus?

37. Existem instalações para levar panelas, frigideiras, pratos, talheres etc.?

SOBRE A LAVANDERIA E A LIMPEZA

38. Seu aluno deixará sua roupa suja para ser recolhida e receberá uma bolsa para isso?

39. Se ele for lavar a própria roupa, a que distância estão as máquinas de seu dormitório e seria mais fácil carregar a roupa em uma sacola ou cesto com alças?

40. Existe um aspirador de pó que pode ser disponibilizado para faxina?

41. Que limpeza os alunos devem fazer em seu quarto, banheiro, cozinha e/ou sala de estar e precisam levar seus próprios suprimentos?

SOBRE AS COMPRAS

42. Onde e qual o horário de funcionamento das lojas de conveniência mais próximas?

43. Existe um mercado ou loja online, onde seja possível fazer um pedido e, posteriormente, pegar todos os itens?

44. Quais são os custos relativos ao uso dos serviços de entrega?

45. É fácil chegar a uma farmácia ou loja do campus ou é necessário trazer suprimentos extras de higiene pessoal?

46. Existe um serviço de entrega de encomendas próximo para receber pacotes e é permitido levar os pacotes pesados para o quarto?

47. Seu filho terá acesso a transporte público para poder comprar itens adicionais de que precisa depois de se mudar?

48. De que tipo de aparelhos eletrônicos seu filho precisa, e há descontos para a compra de computadores por intermédio da faculdade?

SOBRE O DIA DA MUDANÇA

49. Existe um elevador ou o prédio só tem escadas?

50. Vocês viajarão de carro ou de avião?

POR QUE COMPRAMOS?

Um dos grandes rituais de transição para os pais de um quase universitário é fazer compras. Fazemos isso porque achamos que nossos filhos precisam de nós para ajudá-los a se organizarem em sua nova vida. Mas não precisam. A maioria tem 18 anos, e, com um cartão de débito e uma carteira de motorista, eles podem fazer esse trabalho por conta própria. Cresceram na era Amazon e, provavelmente, poderiam equipar seu dormitório com segurança, como seus pais fizeram no seu quarto de infância.

Em última análise, sentimos uma necessidade em fazer as listas, pedir sugestões a outros pais e levar nossos filhos a comprarem coisas que nem temos certeza de que precisarão. A escritora e mãe Katie Collins explica:

Existem poucas coisas que me parecem tão satisfatórias quanto um bom projeto organizacional. Há algumas semanas, nosso porão tem sido a central de comando de operações para a "preparação de nossa filha para a faculdade". O andar ao lado da dispensa, agora vazia, que antigamente abrigava Barbies, utensílios da Polly e, mais tarde, partituras, cadernos e pastas de cada ano escolar, está alinhado por uma sucessão de vasilhames de plástico, cada um com o essencial para a vida universitária.

Um vasilhame contém sabão para a roupa e material de limpeza; outro com produtos de higiene pessoal, um kit de primeiros socorros, remédios para dores de garganta e Benadryl, para as picadas de mosquitos, aos quais ela é tão alérgica; um terceiro vasilhame contém canetas, marcadores, uma lousa; e, por fim, um cesto de roupa suja, que abriga ninhos de cabides e suportes em gancho. O Amazon Prime Day recentemente adicionou um secador de cabelo à lista e, ao depositar esse mais novo item ao estoque, inspecionei tudo com satisfação. *Estamos realmente fazendo progressos nessa lista!* Pensei comigo, ignorando cuidadosamente o fato de que o final desse progresso significaria sua partida.

Fazer uma lista de compras para o dormitório fez aparecerem coisas que nem imaginava existir. Quem imaginaria minha felicidade em achar uma luminária de mesa com porta de carregamento USB? É irresistível, é bobo, é monumental, é emocionante... E se tornou uma atividade que encontrei para não chorar toda vez que fechamos a porta. Como as geladeiras do dormitório agora vêm com micro-ondas embutido (*crianças de hoje!*) decidi que ela precisaria de, pelo menos, uma tigela, uma caneca, um prato e alguns utensílios para comer no fim da noite. Amigos, a busca pelo conjunto perfeito de pratos para micro-ondas me transformou em uma Indiana Jones procurando a Arca da Aliança.

Em um passeio recente, meio que rindo e zombando, ela se virou para mim e perguntou (a Força é forte nela, o que posso dizer): "Por que você está tão obcecada com essa coisa de prato/tigela/caneca?" Não pude responder ali, no meio do Walmart, que foi porque esta parecia uma das únicas maneiras pelas quais ainda posso agir como sua mãe. Todos os outros preparativos para a faculdade, a seleção do curso, os gastos *extras* (ufa!), os formulários de saúde são burocráticos e foram ignorados da lista. Mas o cuidado com a alimentação dela era assunto meu e está rapidamente saindo do meu controle.

Recentemente, uma amiga de longa data, do grupo online de mães, brincou sobre a minha "Grande Lista de Compras para o Dormitório". Legal essa sua personagem de "mãe molenga de uma adolescente", zombando de coisas como tira-manchas e lenços antibacterianos que se aninhavam com segurança em suas caixas, esperando o dia de serem úteis. E eu entendi. Alguns de nós lidamos com essa separação iminente concentrando-se na lista, e outros lidam com ela distanciando-se. Mas nenhuma das abordagens leva em consideração o fato de que esses pássaros voarão dos seus respectivos ninhos muito, muito em breve.

Não estarei por lá quando ela tirar sua primeira nota ruim, se envolver na sua primeira briga com um amigo ou colega de quarto, experimentar sua primeira festa fora do campus ou precisar ir à enfermaria. Eu não estarei lá quando ela começar seu trabalho acadêmico no campus ou fizer audições para sua primeira apresentação na faculdade ou ficar acordada a noite toda.

Não estarei lá quando ela tiver o seu primeiro romance no campus, quando faltar a uma aula ou fizer sua primeira corrida, às 2h da manhã, com os colegas até uma loja de conveniência. Nem deveria estar.

Esse caminho, com todos seus altos e baixos, é somente dela. Então, me concentro no que posso fazer e pegamos o catálogo da Bed Bath & Beyond para encontrar o edredom perfeito, lembrá-la de que ela precisará de um varal para secar todos os vestidos de algodão que ela nunca estenderá, e concordo que sim, que uma luminária de mesa *ficaria* perfeita. E, quando ela não estiver olhando, eu adiciono um pouco de Advil às caixas... afinal, a primeira ressaca será muito em breve.

É fácil tirar um sarro de nós, mães de calouros da faculdade. Nós entendemos; podemos ser um pouco exageradas. Sabemos que eles não estão partindo para sempre, e que "todos voltam". Sabemos que os quatro anos passarão. Mas também sabemos que esse é o começo da grande separação; não estamos apenas nos despedindo de nossos filhos, estamos nos despedindo do papel que desempenhamos na vida deles. Estamos dizendo adeus a uma parte bastante significativa de nós. Então, dê um tempo e, em vez de perguntar se estamos empolgadas por sentir esse vazio, pergunte-nos o que riscamos da lista recentemente.

O QUE LEVAR?

Vamos direto ao ponto: as coisas mudaram. Quase poderíamos mandar nossos filhos para a faculdade com suas roupas, os eletrônicos e a nossa senha da Amazon. Embora as compras para o dormitório sejam um ritual de transição, em um mundo com entrega noturna, frete grátis em dois dias e lojas bem abastecidas no campus, sugerimos que você arrisque *comprar menos* para o seu filho. Isso é difícil, muito difícil. O desejo de comprar não vem do consumismo excessivo, mas do desejo de cuidar deles uma última vez e de facilitar o seu caminho. Fazer compras tem a ver com amar e cuidar de alguém a quem você deu vida, e muito menos com apenas comprar coisas. Quando você se depara com essa realidade, fica muito mais fácil não desperdiçar dinheiro. Seu filho sabe que você os ama; não precisam de um recibo de loja para provar isso.

Então, do que os estudantes universitários *precisam*? A resposta pode ser resumida em uma única frase. *Menos do que você imagina*. Existe uma indústria enorme que prosperou, com os adolescentes que vão à faculdade. O tópico mais discutido no site Grown and Flown é intitulado de "Os 12 principais erros nas compras para o dormitório". Intuitivamente, sabemos que as pilhas de coisas em oferta são muito mais do que nossos filhos precisam. Portanto, sem mais delongas, aqui estão as essenciais:

Lençóis e edredons.
Toalhas.
Colchonete (a maioria dos colchões de faculdade é como concreto).
Capa de colchão (porque colchões de faculdade são nojentos).
Um estabilizador de múltiplas entradas para evitar picos de energia (dormitórios têm poucas tomadas e cabos de extensão de energia são, geralmente, proibidos).
Cesto de roupa suja (embora eles prefiram apenas usar o chão no centro do quarto).
Algumas caixas de plástico (para muitos adolescentes, não todos).
Almofadas (no plural, eles provavelmente usarão a cama como um sofá para estudar).
Cabides.
Artigos de higiene pessoal.
Alguns itens de primeiros socorros/suprimentos de farmácia/medicamentos prescritos (consulte a seção de saúde na página 82 para obter sugestões).
Chinelos para banho (porque os banheiros compartilhados são nojentos).

Com essa lista relativamente curta e a capacidade de solicitar os extras de que precisam, eles estarão preparados. Não estamos dizendo que eles não deveriam ter acessórios de parede, sapateiras e um frigobar, mas é isso que eles *precisam* no dormitório, junto a roupas, mochila, remédios, telefone e notebook. A faculdade é cara, então dê um tempo ao seu orçamento, obtendo aquilo de que seu filho necessita, e espere para ver a necessidade do resto. O erro número um, segundo os pais, é o excesso de compras para o dormitório. É desanimador voltar em maio e retirar itens cobertos de poeira que seu filho nunca usou.

Fora as coisas que leva para seu filho, há algumas coisas extras que você pode querer levar apenas para o dia da mudança, para facilitar as coisas:

1. Carrinho plataforma dobrável ou um carrinho de carga. Isso pode ser muito útil se estiver transportando coisas por longa distância ou itens pesados, como geladeiras ou móveis.

2. Lanches. Você sentirá fome e sede e, em algum momento, poderá parar para fazer uma refeição, mas, enquanto isso, você precisará de água fresca e alguns petiscos para ajudá-lo. Recomendamos levar um *cooler* com bebidas e lanches.

3. Um ventilador. Muitos dormitórios não são climatizados.

4. Um conjunto de ferramentas, incluindo uma chave de fenda, martelo de borracha, fita métrica, martelo, tesoura e fita adesiva de alta resistência. Deixe isso para o aluno que o usará, realizando mudanças de dormitórios e apartamentos nos próximos quatro anos.

5. Calço de porta. Assim que chegar ao dormitório de seu filho, mantenha a porta aberta para facilitar sua vida. O quarto ficará mais arejado, será mais rápido entrar e sair, e, mais importante, outras famílias que estão se mudando terão a oportunidade de parar e dizer um "oi".

6. Suportes em gancho. São de todas as formas e tamanhos e perfeitos para pendurar objetos nas paredes — se soltam facilmente sem estragar as paredes (dependendo da escola ou do tipo de parede, talvez você não seja capaz ou possa fazer furos nas paredes).

7. Produtos de limpeza. Encha um balde com alguns materiais de limpeza, como lenços desinfetantes, sacos de lixo e toalhas de papel. Você pode limpar tudo, mas saiba que nunca ficará tão limpo assim, novamente. Por mais que gostaríamos, os jovens não limpam seus apertados dormitórios muito bem ou com muita frequência, de modo que esses itens básicos podem ser deixados com eles.

8. Um rolo de papel higiênico. Pode não haver lá… precisamos dizer mais?

Finalmente, a resposta mais frequente que os pais nos deram quando perguntados sobre o que precisavam levar foi: "Leve seu sorriso, seu senso de humor e sua paciência." De fato, leve muita paciência, porque você precisará dela. E deixe seu filho decidir as coisas — não é o seu quarto, e sim o deles. Você está lá para ajudar, não para dar ordens. Será um dia longo, quente e difícil. Mas também um dia tremendamente emocionante. Como o professor Marshall nos lembrou, este é um "daqueles dias", que lembraremos para sempre.

> Fiquei muito agradecido por meus pais estarem lá para me ajudar na mudança para a faculdade. Minha mãe teve uma noção melhor do que eu precisava e me ajudou em muitas coisas que eu nunca teria pensado. Eu não fazia ideia.
>
> Gostaria que meus pais tivessem deixado eu e minha colega de quarto arrumar o quarto à nossa maneira. Depois que eles saíram, acabamos mudando as coisas. Entendo por que eles queriam ajudar — sou a filha mais velha e sei que eles ainda queriam fazer parte da minha vida. Queriam sentir como se eu ainda fosse a garotinha deles.
>
> Meu conselho para os calouros é lembrar que eles ficarão empolgados em se mudar e conhecer seus colegas de quarto, mas devem ser pacientes e não apressar os pais. É a primeira vez que vivem sozinhos e será difícil para os adolescentes e para os pais.
>
> Sejamos honestos. Para muitos pais, este é, como deveria ser, um momento de triunfo. Ser um bom pai é um trabalho árduo, e depois de 18 anos, se você estiver mandando seu filho para a faculdade, há muito do que se alegrar. Esses pais estão ansiosos pelo próximo estágio das vidas dos seus filhos, sabendo que algo melhor ainda está por vir.
>
> — ANNA, 21

A MUDANÇA: SOB A SABEDORIA DOS PAIS

Até o momento, lidamos com um adolescente carrancudo e praticamente ausente. Compramos até não podermos mais olhar para um ventilador ou chuveiro. Chegamos a um acordo de que isso *realmente* está acontecendo, e tudo o que resta é o dia da mudança. A faculdade está enviando e-mails para o seu filho, que você está ou não acompanhando, com uma série de instruções que parecem oferecer mais perguntas do que respostas. Quando você pede detalhes ao seu filho, é ignorado — ou talvez perceba que está apenas aumentando a ansiedade dele em relação ao grande dia, e isso não é nada bom. Por onde começar? Reunimos aqui a sabedoria coletiva de muitos pais que viveram isso antes de você. Vamos entrar no âmago da questão, compartilhando soluções para os erros deles, para que você possa começar com vantagem.

1. Como vocês vão para o campus?

   - Você está próximo o suficiente para dirigir até a nova faculdade de seu filho? Consegue colocar tudo no carro ou precisará fazer várias viagens ou enviar alguns itens de cama ou itens mais volumosos?
   - Planejam voar e analisou o custo de cada mala despachada e a comparou com a remessa?
   - Se você ainda tiver que fazer compras para o dormitório, muitos varejistas enviarão gratuitamente, ou manterão em estoque, itens na loja mais próxima do campus. Você pode selecionar os itens online ou na loja mais próxima. No dia da mudança, você e seu filho terão uma ideia melhor do que será necessário, e poderão ir à loja local, onde seus itens foram reservados.

2. Faça uma checagem antes.

- Peça ao seu filho que verifique se está com seu cartão/chave/identidade. Não descarregue tudo antes de verificar se pode entrar no prédio ou a descarga deve ocorrer no campus, forçando-o a recarregar tudo no carro e se dirigir até lá. Parece engraçado escrever sobre isso agora, quando todo mundo está estressado.

- Conseguirá ajudantes para o dia da mudança? Em muitas faculdades, os alunos mais antigos estão esperando para ajudar.

- Existe um elevador no prédio ou você vai subir lances (sem fim) de escada?

- Onde é o estacionamento mais próximo e há um tempo de estacionamento suficiente para que você possa manter seu carro por lá? As escolas permitem um tempo muito limitado para descarregar; portanto, não pense que você poderá estacionar perto do dormitório.

- Verifique o site da faculdade para ver se há alguma programação dos pais em andamento no fim de semana e a que horas começa.

- Verifique online quais são os custos de aluguel na universidade para itens como frigobar e micro-ondas, para que você possa decidir entre comprar e alugar.

- Um carrinho pequeno ajudaria na mudança (e descarga)? Seu calouro se moverá com frequência durante os próximos quatro anos, pode ser que esta não seja a última vez que precisará de sua ajuda.

- Verifique se o adolescente leu a lista de itens proibidos dentro do dormitório (geralmente que contém riscos de incêndio) e o que pode ou não ser pendurado nas paredes do dormitório.
- Não leve toda a bagagem para casa. Eles voltarão nas férias ou no feriado de Ação de Graças. Deixe uma mala pequena para a viagem.

3. O dia da mudança para a faculdade será um dia longo, portanto cuide-se.

- Pais que levam café, pãezinhos ou rosquinhas sempre conquistam alguns fãs.
- Use roupas confortáveis e sujas. Esqueça os bonitos jeans brancos! Os dormitórios podem ser imundos, mesmo em dia de mudança.
- O fim de semana da família pode ser um momento melhor para trazer a família toda, em vez de se mudar em qualquer final de semana. Os dormitórios são pequenos, quentes e cheios de material e outras coisas. Não há lugar para os membros da família se acomodarem, e seu filho mal conhece a escola ou o colega de quarto. Eles terão muito mais para mostrar e contar aos avós e irmãos até as férias.

4. Sugira que seu filho arrume as malas na ordem inversa que serão descarregadas, com as coisas que precisarão primeiro, empacotadas por último. Quando você chegar ao campus, o dormitório do seu filho estará lotado. O saguão estará cheio de caixas de papelão vazias e seu quarto estará coberto com os pertences de seus colegas de quarto. Quanto antes eles organizarem suas malas mais fácil será desfazê-las na chegada.

- Coloque itens pendurados em seus cabides embalados em sacos de lixo grandes. Dessa forma, colocá-los no armário será tão simples como arrancar as sacolas. Sem vincos, sem necessidade de embalagem para cabides e sem malas.

- Embale as roupas de cama em um só lugar (mochila ou, melhor ainda, grandes sacolas pretas de lixo ou sacolas azuis com alças reforçadas), para que possam ser acessadas facilmente de uma só vez. É melhor lavá-las antes de sair de casa.

- Descarte o máximo possível de material das embalagens em casa. O dormitório estará cheio de caixas de papelão e embalagens plásticas, e as latas de lixo, transbordando.

- Embale os recipientes de armazenamento com os itens que o aluno guardará durante o ano. Camisolas volumosas, lençóis e toalhas extras geralmente são bons itens. Use uma gaveta de armazenamento como um "armário de remédios" com produtos de toalete e remédios. Feche as gavetas com fita adesiva antes de sair para a mudança.

5. Tenha um plano de arrumação do quarto.

- Arrume a cama do seu filho. É uma prerrogativa dos pais e fecha o ciclo, desde quando você arrumava o berço deles.

- Diga a eles por que faz sentido colocar roupas íntimas na gaveta superior e blusas na parte inferior, mas depois recue e repita para si mesmo: "Este não é o meu quarto. Eu não vou morar aqui. Este não é o meu quarto. Eu não vou morar aqui", quantas vezes forem necessárias.

- Toalhas descartáveis são úteis. Em muitos campi, os dormitórios são usados durante o verão e podem não ter sido bem limpos.

- Tire qualquer coisa que eles achem desnecessária. Traga roupas pesadas de inverno para o fim de semana em família que, geralmente ocorre no outono ou retorne com elas para casa, após o outono ou o feriado de Ação de Graças.

6. Prepare-se para a despedida.

- Coloque uma carta ou nota com palavras de amor e boa sorte com algo que não faça você ficar triste.
- Seja breve na hora em que você se afastar e deixe-os começar uma nova vida. Como se fosse retirar um "curativo", dizer adeus pode precisar ser feito rapidamente.
- Pense na sua despedida da faculdade antes que aconteça, pois ela o surpreenderá. Todas as lágrimas que pode ter derramado até agora parecerão poucas. Saiba com antecedência como você quer se despedir.
- Tenham um tempo sozinhos, antes de chegar ao campus, mesmo que seja uma refeição rápida em família, em um restaurante à beira da estrada ou no café da manhã no hotel. Quando seu filho encontrar seu quarto, conhecer seu colega de quarto, for apresentado a seu CR (conselheiro residente) e a seus colegas de classe no saguão... a nova vida dele começou.
- Mesmo com os lábios trêmulos e o bolo na garganta, lembre-se de que, ainda que não pareça, este é um dos nossos melhores momentos como pais.

Finalmente, deixamos você com uma de nossas histórias favoritas sobre despedidas. Este dia não sairá como planejado, como também nenhum dos outros grandes dias de nossas vidas. Mesmo assim, a escritora e mãe de três filhos Alexandra Rosas achou que já tinha tudo planejado:

Eu tinha memorizado cada palavra na noite anterior e seria perfeito. Às 2h19, sabia exatamente o que ia dizer e fazer quando deixássemos nosso filho mais velho na faculdade, no dia seguinte.

Eu estava diante do meu filho, oferecendo mãos gentis e estendidas, e puxando-o para perto. Estendendo a mão para alisar seus cabelos... seus olhos confiantes procurariam os meus. Eu sorria contida e suspirava: "Meu lindo menino. Estamos muito orgulhosos de você, você se sairá muito bem este ano. Nós amamos muito você!"

Em seguida, compartilharíamos um abraço breve, mas significativo, com o objetivo de que durasse apenas o tempo suficiente para consolidar o momento, para sempre. Com os seus braços sobre os meus, eu sussurrava: "Adeus, filho!" Eu virava, sem olhar para trás, e caminhava para a nossa minivan, firme. E, então, acabaria. Um adeus, de cabeça erguida, nobre como Margaret Thatcher.

A despedida para a faculdade na quarta-feira foi assim: nosso filho nos acompanhou até o carro. Nós dois sabíamos que era o adeus. Minha decisão foi presenteá-lo com a calma tranquilizadora de nosso amor e sabedoria. Em vez disso, o que surgiu foi:

Use papel higiênico de folha simples, pois os de folha dupla entopem o vaso. Sorria de volta para parecer feliz por estar aqui. Nunca coloque suas xícaras de boca para baixo nos balcões por causa dos germes. Você precisa dormir ou começará a se sentir deprimido. Lave as mãos, porque outras pessoas limpam as nádegas e nunca as lavam. Eu já vi.

Ele tentou se afastar, enquanto eu transformava seu pescoço em um salva-vidas.

Isso tirou minha tranquilidade? Não. Naquela noite estava dando instruções como sempre fazia, quase duas décadas atrás, quando o deixamos com uma babá pela primeira vez.

Apertando-o pela camisa, continuei:

Não empreste dinheiro. Coma proteína ou você se sentirá deprimido.

Sempre tome banho, porque é revigorante. Esta é uma camisa nova, avise-me quando precisar de outras e enviarei algumas. Fique atento quando você voltar para casa sozinho, à noite, e não ande com fones de ouvido para saber se alguém o está seguindo. Uma boa postura e um bom corte de cabelo podem ser bons para sua aparência.

Então, agarrei meu filho da mesma maneira desesperada que ele agarrava meus braços quando tinha quatro meses de idade, tentando voltar para mim, escapando de sua pequena banheira de plástico.

Minha voz estava abafada pelo seu peito e não conseguia parar:

Na sua caixa plástica branca estão três frascos de vitaminas e cálcio, tome-os. Troque sua escova de dente quando estiver muito usada. Beba água. Mantenha um chapéu em sua mochila — os protetores de orelha não servem. E um guarda-chuva — porque a chuva surge do nada em Wisconsin. Leia os rótulos para saber o que está comendo. Descanse cinco minutos a cada hora sentado. Se você achar que precisa ir à clínica, não pense, vá.

Expeli o bolo engasgado na minha garganta. Não sei por que estava nessa missão, mas estava. Gritei:

Gel antisséptico. Usar meias molhadas faz mal. Assegure-se de se alimentar bem todos os dias, para evitar o escorbuto.

Eu sabia que era agora ou nunca, para o adeus, então endireitei minha postura e dei um passo para trás. Abri minha boca para conceder minhas pérolas de amor e sabedoria a meu filho, e ouvi uma rouquidão vocal pior do que uma gripe.

Durante todo o tempo em que eu estava falando versos que pareciam da Mamãe Ganso, a verdadeira mensagem ainda estava para acontecer. Meu belo discurso de despedida da faculdade, que estava determinada a realizar, não se materializava. De repente, uma cachoeira de lágrimas. Lancei-me para o meu filho em uma enxurrada de lágrimas, encharcando sua camisa e não parava, enquanto voltava a balançar em seu pescoço como um pêndulo. Tentei parar, mas o momento me engoliu e eu estava soluçando demais. Minha voz nunca me falhou tanto.

"Mãe?", perguntou meu filho, parecendo genuinamente intrigado: "Por que você está chorando?"

Ele me perguntou tão simplesmente, como se as palavras pudessem responder. Apertei meus olhos e escondi meu rosto em seu pescoço.

Eu não posso mais estar lá para garantir que ele faça tudo, então preciso que ele faça. Preciso que ele ouça meu manual sobre como cuidar de si mesmo, porque todas essas coisas que passei para ele o manterão seguro, estável, saudável e feliz.

Puxei seus dois ombros e queria que ele soubesse que eu só precisava que ele fizesse todas essas coisas que eu falei com ele, como alguém que tem 5 minutos para estourar 50 balões.

Cuidei dele a vida toda e agora não estarei lá para fazer isso. Ele tem que ser o único a garantir que chegue em casa todas as noites. Sem fones de ouvido.

Porque este lindo menino, aquele que vai se sair bem, aquele de quem temos tanto orgulho... nós o amamos muito.

E se houvesse um tradutor do Google a que ele pudesse se conectar para dar sentido ao meu: "Lave suas mãos, porque os outros não lavam, e protetores de orelha não são o mesmo que um chapéu", diria a ele com 100% de precisão: "Sua mamãe ama tanto você que fica boba."

Depois da Despedida

Perguntamos a centenas de pais como eles lidavam melhor com os filhos indo para a faculdade. A resposta número um tinha a ver com a felicidade que seu filho sentia estando em seu novo ambiente. A segunda era sobre sua adaptação ainda morando em casa. Em seguida, sobre se você se dedicou ao trabalho e a outras atividades, e iniciou uma nova atividade (incluindo uma nova matrícula na academia, jantares regulares com amigos e um foco renovado em uma carreira existente ou em uma nova).

Outras sugestões dos pais incluem:

- **Se o seu orçamento e o tempo permitirem, tire alguns dias de folga.** Após a preparação para esse evento crucial, é bom se acostumar com a nova vida, antes de voltar para casa.

- **Faça planos para a próxima vez em que verá seu filho.** Isso pode ocorrer durante as férias de outono, durante um fim de semana ou não, até no Dia de Ação de Graças, mas a certeza de saber quando você os verá, a seguir, pode dar a você algo pelo que esperar.

- **Descubra como se comunicar.** Temos muitas maneiras de nos comunicar com nossos filhos, mas isso não significa que teremos de ouvi-los. Faça um plano que funcione para a sua família e tente realmente não exagerar. Alguns jovens gostam de conversar ao telefone, outros ficam mais à vontade com o texto, então descubra o que funciona para o seu filho. Qual é a melhor tática para convencer com seu filho, pelo FaceTime ou Skype? Pergunte se eles gostariam de dizer olá ao cão da família... eles não serão capazes de resistir.

- **Seja realista. Se sentir que acabou de sofrer uma perda, ceda por um momento e deixe-se sentir triste.** Uma das coisas comuns que os pais fazem é dizer a si mesmos que não têm nada com que se sentir triste, que o que aconteceu é uma coisa boa. Sim, mas... você ainda tem o direito de se sentir triste. Uma mãe salientou que era importante reconhecer os sentimentos e conversar sobre eles: "Compartilhar como me senti me ajudou — sendo honesta que dói deixá-los partir e ficar ansiosa por estarem bem, mesmo quando você e eles estão desfrutando de uma nova liberdade." Muitos pais acham pior falar sobre isso.

- **A parentalidade não terminou porque seu filho está na faculdade.** Você acabou de enviar um adolescente para um mundo que tem muito a aprender, e ainda tem um grande papel a desempenhar como ouvinte preocupado e conselheiro desse adulto que ainda está em formação.

- **Faça novos amigos.** À medida que nossos filhos crescem, perdemos parte da comunidade que os cercava. Não temos mais a presença de outros pais com quem frequentávamos os eventos quando estavam no ensino médio. Encontre um amigo, outro pai que possa entender o que você está passando. Uma mudança tão grande exige um apoio de amigos.

- **Discuta o futuro do seu relacionamento com seu filho.** Do que ele precisa? Como vocês dois ficarão próximos? Deixe claro o quanto você valoriza a proximidade da família, mesmo quando estão separados. Obtenha algumas dicas sobre como seu filho adolescente espera que seu relacionamento evolua nesta próxima etapa.

Palavras que Desejamos Ter Dito

Adoramos listas. Uma pesquisa explica que adquirimos informações e as guardamos melhor quando alguém já as organizou. Não temos que fazer o trabalho duro de listar o essencial, apenas temos que aceitá-los. Então, aqui está a nossa "lista de despedida". Trinta e cinco noções breves, mas absolutamente essenciais, que queríamos compartilhar com nossos filhos quando eles saíram de casa. Algumas delas obtidas por meio de perguntas, outras recebidas e outras, ainda, entregues por uma enxurrada de textos durante o ano como calouros.

1. Você é um vencedor. Dei cada gota de sangue que existe em mim por você, e sei que você está pronto para este momento.

2. Quando choro, enquanto me afasto, são lágrimas de felicidade, que derramamos quando a vida nos dá um presente. Você tem sido um verdadeiro presente.

3. Procure ajuda quando precisar. Acadêmica, psicológica, médica. Não há vergonha em pedir ajuda.

4. Nunca existirá outro momento como as primeiras semanas na faculdade, então aproveite essa oportunidade.

5. Você ficará com saudades de casa. Seria triste descobrir que, depois dos últimos 18 anos, você não sentiu saudades. Fale conosco que isso passará.

6. Sem problemas se você ligar quando estiver triste. Não é bom ligar apenas porque você está triste.

7. A faculdade é difícil; desenvolva uma vida social, esportes e atividades e isso parecerá interessante. Mas não desista do que você ama. Corra, ouça música, assista a bons filmes. É o que mantém você são.

8. Gravidez, IST... use camisinha. Há uma razão para serem chamados de proteção.

9. Se puder, faça poucas aulas a cada semestre.

10. Eu estou aqui... eu sempre estarei.

11. Conheça seu professor e, se você não puder ou não quiser fazer isso, conheça seu PA (professor assistente).

12. Quando aprender algo que o anima e interessa, preste atenção, você está indo para a faculdade para descobrir exatamente isso.

13. Participe, pelo menos, de uma aula de ciência da computação. É um aspecto quase inevitável da vida moderna.

14. A única maneira de ter bons amigos é sendo um bom amigo.

15. Se seus irmãos se tornaram alguns de seus melhores amigos, será um benefício pelo resto de sua vida. Não os ignore apenas porque você se afastou.

16. Poupe dinheiro. É um bom hábito. Comece agora.

17. Se você tratar mal o seu corpo, ele retornará o favor. Coma bem, exercite-se frequentemente, desfrute de uma boa noite de sono.

18. Gerencie seu tempo. É uma das habilidades mais importantes que você aprende na faculdade.

19. A coisa mais importante que você aprenderá é a capacidade de pensar crítica e profundamente. Intelectualmente, não seja superficial, durante quatro anos. Empenhe-se em um objetivo.

20. Você nunca precisará dobrar uma capa elástica de colchão. Nunca.

21. O que está acontecendo à sua frente é, geralmente, mais interessante, mais real e mais duradouro do que o que está acontecendo no seu smartphone. Olhe para frente.

22. Se algo lhe parecer uma má ideia quando estiver sóbrio... e depois de alguns goles de bebida isso parecer uma boa ideia, não importa... continuará sendo uma má ideia.

23. A menos que você esteja estudando artes culinárias, pare de postar fotos da sua comida. Ninguém se importa com isso.

24. Estude algum assunto de que você nunca ouviu falar.

25. Procure saber onde fica o centro de atendimento de urgência mais próximo e a sala de emergência. Quando você precisar dessas informações, serão 2h, o telefone estará inoperante e o centro de saúde do aluno estará fechado.

26. Empenhe-se em algo. Qualquer coisa. Mas empenhe-se.

27. Você se sentirá assustado, ansioso e até derrotado, às vezes. Todo mundo se sente assim. O que importa é a forma como você lida com esses sentimentos.

28. Você está naquele momento único da vida em que se pode esticar um dos braços em uma direção e sentir sua vida adulta, e esticar o outro braço, em outra direção, e ainda perceber sua adolescência. Aproveite este momento, ele acontece apenas uma vez.

29. Os remédios sem receita médica ainda são medicamentos, então leia a bula. Ou me ligue.

30. Lave sua roupa, enquanto você ainda tem dois pares de roupas íntimas limpas. Não jogue em um canto.

31. Tenha sempre dinheiro à mão. Cartões de crédito podem não ser aceitos.

32. Lembra-se de como o ensino médio parecia durar para sempre? A faculdade não é assim.

33. Seu comportamento é importante e sempre será.

34. Seus avós adoram você e seus irmãos, desde que respiraram pela primeira vez. Pegue o telefone e ligue para eles. Fale com eles um pouco sobre a sua vida universitária.

35. Seu cão cresceu com você durante a infância e estará lá, enquanto carregarmos o carro para levá-lo para a faculdade. Abrace-o com força antes de ir.

Durante todos os anos em que vivemos com os nossos filhos em casa, fizemos as compras da escola como verdadeiros profissionais. Giz de cera, tesoura arredondada, pastas multicoloridas, notebooks etc. Equipar um adolescente para a faculdade, organizar a logística e se mudar para o dormitório é o grande final das compras para a escola (mas dificilmente será a última ajuda ao seu adolescente em suas mudanças). De muitas maneiras, esse negócio é a distração perfeita de que precisamos — pois é muito mais fácil focar listas de verificação intermináveis do que a grande mudança em nossas famílias. Esperamos que essas tarefas mais práticas de preparação ajudem você e seu filho a se conectarem, e que esse tipo de preparação física para a partida deles também se transforme em preparação emocional — ou, pelo menos, sirva como uma boa distração!

CAPÍTULO NOVE

Vida na Universidade

> *A comunicação constante é, provavelmente, a forma mais fácil de afastar seu filho. Quando você faz uma pausa, dá a oportunidade para que a união que existe entre vocês fique mais significativa. Sinto-me mais entusiasmado em conversar sobre as grandes coisas que estou realizando, contar as histórias engraçadas sobre meus amigos ou reclamar do meu professor chato. Este ano, meus pais me deixaram decidir quando telefonar. Dessa forma, posso ter mais tempo para ter o que conversar, em vez de tentar encurtar a ligação entre as aulas ou porque estou exausto, depois de um longo dia. Funciona para nós, e consigo ligar para casa a cada dois ou três dias, mais vezes do que no ano passado.*
>
> **— KALEIGH, ESTUDANTE DO SEGUNDO ANO DE FACULDADE**

Passamos tanto tempo focados na admissão e transição de nossos filhos para faculdade que não conseguimos nos concentrar na coisa mais importante: seu tempo na faculdade. Embora a mudança tenha sido um turbilhão emocional (para pais e filhos), a verdade é que os primeiros dias da faculdade podem ser um momento emocionante e assustador para os adolescentes. E, sejamos totalmente honestos, muitas vezes é também um período de tristeza ou desilusão.

Como mencionamos, uma das maiores e mais longas pesquisas sobre calouros, conduzida pela UCLA, descobriu que mais de 70% de todos os estudantes do primeiro ano da faculdade sentem saudades de casa ou se sentem sozinhos. Para muitos, isso é uma surpresa desagradável. Eles se esforçaram muito para entrar na faculdade, se despediram e sabem pelas redes sociais que os amigos do ensino médio estão seguindo com suas vidas. Um dos filhos de Lisa, que amava sua experiência universitária, descreveu esse tempo como "os melhores três anos e meio de sua vida". Ir para uma nova escola, longe dos pais e dos irmãos, e de todos que seu filho já conheceu ou amou, não é o momento mais fácil ou mais alegre, e é algo que pais e filhos relutam em aceitar.

A experiência universitária pode ser impactada pelas expectativas que os adultos estabelecem para seus adolescentes. Quando compartilhamos nossas próprias recordações universitárias — quando insistimos que os próximos quatro anos serão algum tipo de existência idealizada — prestamos um grande desserviço aos nossos filhos. E, então, a realidade da vida universitária pode diferir radicalmente da versão fantasiosa que nossos adolescentes começam a imaginar no dia em que recebem suas cartas de aceitação.

Pedimos a uma psicóloga, a Dra. Sharon Jacques, que sugerisse algumas maneiras pelas quais os calouros em ascensão pudessem entender melhor essa desconexão. Jacques identifica seis mitos comuns sobre a faculdade e, em seguida, desmistifica cada um deles. Ela sugere que discutir sobre essas fantasias com seu calouro, antes que cheguem ao campus, pode contribuir muito para reduzir sua influência.

OS MITOS

1. Todos estão entusiasmados por ingressar na faculdade.

Claro que é empolgante, assim como os sentimentos de nervosismo, ansiedade ou tristeza são intensos e comuns. Talvez você esteja ciente de tais sentimentos ou apenas vivenciando sinais físicos desses sentimentos, como mal-estar, coração acelerado, náuseas, tonturas, problemas para dormir ou dores de cabeça.

Estes são sinais possíveis de angústia e ansiedade, mas são bastante típicos quando se enfrenta uma grande mudança de vida. Você pode se envergonhar de ter tais sentimentos ou preocupações. Na verdade, a maioria dos adolescentes que vão para a faculdade não compartilha essas reações com os outros, já que é difícil admitir, até para si mesmo, muito menos para alguém. Mas compartilhar essas preocupações com alguém em quem você confia é, muitas vezes, um grande alívio, mesmo que não mude a realidade.

Outras coisas que ajudam incluem lembrar-se de todas as maneiras como você lidou com desafios do passado, novas situações e estressores, e na esperança de que vença ou amadureça, como resultado. Toda essa preocupação que você está sentindo agora pode fazê-lo menos resiliente, então faça um balanço. Observe o que ajuda você a se sentir forte sob estresse e tenha isso em mente para usar agora e durante toda a faculdade.

2. **Todos se divertem na faculdade, então preciso fazer isso também ou serei excluído.**

Às vezes, tomados por uma onda de atividades para distraí-los de se sentirem nervosos, com saudades de casa ou tristes, os adolescentes se jogam em atividades que não são tão adaptativas — como participar de todas as festas. Em muitas faculdades, os calouros tendem a fazer isso, muito mais do que os alunos mais veteranos, e a saudade de casa é uma das razões. A outra razão é que eles podem se sentir livres (no início) para fazer o que quiserem, sem preocupação sobre os pais supervisionando-os ou restringindo a sua bebida e o tempo fora de casa. Apenas saiba que muitos calouros não têm nenhum desejo real de festejar, e estão à procura de outros semelhantes a eles.

Para ajudar isso acontecer, faça atividades nos fins de semana que não girem em torno da bebida. Quando você estiver em uma festa, procure alguém que esteja consumindo moderadamente ou não esteja consumindo bebida alcoólica; eles existem. Algo tão simples quanto a escolha de qual festa participar pode lhe dizer o quanto se sentirá confortável naquele ambiente.

3. Todos se adaptam com facilidade à faculdade.

Novamente, nem tudo em que você pensa é o que acontece. A maioria dos calouros encontra dificuldades de adaptação à vida no campus, mas não quer falar sobre isso. Quanto mais extrovertido você estiver, por natureza, menos estressado se sentirá diante da perspectiva de ter que fazer novos amigos, administrar colegas de quarto desconhecidos e navegar por um ambiente novo e maior. Entretanto, mesmo os extrovertidos ficam desconfortáveis ao deixarem para trás velhos amigos e um território familiar. Então, em cada nova pessoa que você encontra, tenha em mente que eles também estão experimentando, de alguma forma, esse sentimento. Como vemos no próximo mito...

4. É muito fácil fazer amigos no campus.

Isso é absolutamente falso. Muitos adolescentes demoram um ou dois anos para encontrar bons amigos. Desde cedo, você pode ter conhecidos por aqui e ali, mas todos nós sabemos a diferença entre simplesmente passar o tempo na companhia de alguém e sentir-se como se tivesse encontrado um verdadeiro amigo.

Conectar-se com pessoas em um nível mais profundo é, por natureza, algo especial, por isso não acontece facilmente. Mesmo que você seja do tipo extrovertido, prepare-se para levar algum tempo para encontrar aquele círculo mais próximo de amigos.

Se você é introvertido, lembre-se de que sua capacidade de fazer uma amizade mais próxima é igualmente forte, mas que terá que se esforçar para sair do seu quarto. (Atividades planejadas são uma grande "oportunidade" para socializar.)

5. A maioria dos adolescentes não sente saudades de casa.

A intensidade em sentir saudades de casa no início não indica o quanto você gostará da faculdade ou quantas amizades você vai conquistar. Sentir saudade de casa é natural. Espere isso especialmente em momentos vulneráveis: quando estiver adormecendo, à noite, caminhando para a sala de aula pela manhã ou durante o período de inatividade. É por isso que tantos adolescentes se dedicam a atividades: distraindo-se de sentimentos de saudade de casa ou ansiedade. As atividades também constituem uma boa ferramenta de enfrentamento. Permitem fazer contato com outras pessoas e encontrar o seu nicho mais rápido. Em vez de ligar frequentemente para casa, tente também confiar em alguém na faculdade; isso o ajuda a estreitar laços onde você está.

6. Tenho que encontrar logo minha vocação ou minha carreira estará em perigo.

A menos que esteja ingressando em algo muito específico (engenharia ou artes, por exemplo), é fato que os estudantes universitários muitas vezes não têm nenhuma ideia de qual carreira ou especialização eles vão escolher — e muitos mudam no meio do caminho. Então, relaxe, você está na faculdade e não tem mais nada a provar. Mas procure um conselheiro universitário antecipadamente e esclareça sua situação. Peça-lhe que o ajude a ter um panorama acadêmico mais amplo — e os principais pontos de uma decisão ao longo do caminho.

Mesmo quando desmistificar esses seis mitos, a adaptação à faculdade ainda pode não ser fácil. Todas as faculdades têm um centro de aconselhamento; portanto, procure saber se o seu humor, ansiedade, tristeza ou ações o preocupam. Peça ajuda aos seus pais, preferencialmente, ou ao seu psicólogo. O objetivo é deixar um adulto ajudar o quanto antes.

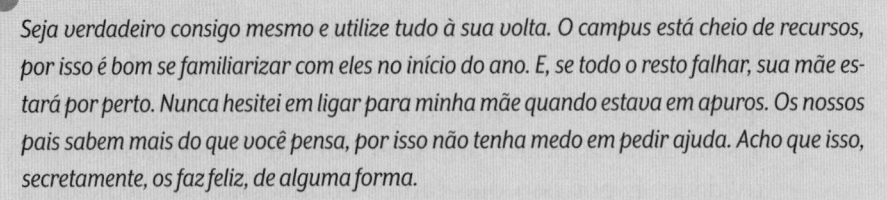

Seja verdadeiro consigo mesmo e utilize tudo à sua volta. O campus está cheio de recursos, por isso é bom se familiarizar com eles no início do ano. E, se todo o resto falhar, sua mãe estará por perto. Nunca hesitei em ligar para minha mãe quando estava em apuros. Os nossos pais sabem mais do que você pensa, por isso não tenha medo em pedir ajuda. Acho que isso, secretamente, os faz feliz, de alguma forma.

—MAC, 21

AS CHAMADAS NOTURNAS

Quando a faculdade não é aquela experiência que os adolescentes esperavam, os pais são, muitas vezes, os primeiros a saber. Se o seu filho calouro está ligando-lhe para se queixar, não se desespere. Primeiro, é normal que eles "despejem o estresse emocional" em você, nas palavras da psicóloga Lisa Damour. Ao expressar os desafios deles para você — a pessoa mais segura —, eles podem estar procurando apenas um ouvido amigo. Em segundo lugar, é um bom sinal de que eles estão focados em quaisquer questões que possam ter (em vez de ignorarem os problemas) e se sentem suficientemente próximos de você para confessar que nem tudo é perfeito. Por último, às vezes, seu filho adolescente está simplesmente procurando confirmação de que o seu problema não seja estranho — e que as soluções práticas para esta dificuldade podem ser discutidas em conjunto e, posteriormente, implementadas por ele.

O Dr. Roger Martin é reitor aposentado da Faculdade de Harvard e pai com muitos anos de experiência com estudantes universitários. Ele nos oferece algumas sugestões sobre como lidar com as chamadas noturnas que os pais recebem de seus filhos calouros.

"Mãe e pai, não suporto meu colega de quarto."

Quase metade de todas as relações com colegas de quarto é problemática, de acordo com o Instituto de Pesquisa de Ensino Superior da UCLA. Mas grande parte do crescimento é aprender a conviver com alguém com quem talvez você não se entenda inicialmente. Esta é uma habilidade útil para o resto de sua vida.

Certas situações com colegas de quarto são insuportáveis. Quando isso acontecer, diz Sheri Hineman, diretora-assistente de apoio financeiro da Faculdade Morningside, em Sioux City, Iowa, seu aluno — não você — deve entrar em contato com alguém dos Assuntos Estudantis, para ajudar a resolver o problema. (Para o qual "há quase sempre uma solução", observa Hineman.) Se as coisas não forem resolvidas neste nível, faça seu filho apelar para alguém acima na cadeia de comando — talvez o reitor dos alunos. Os pais devem intervir apenas quando a situação é muito grave (por exemplo, um colega de quarto traficando drogas) e não está sendo devidamente tratada pelos responsáveis.

"O treinador não vai com a minha cara."

No início, quase todos os atletas ficam no banco. Então, não crie expectativas. No entanto, se por alguma razão aparente eles estão sempre sentados no banco, mesmo durante o treino, Andy Jennings, técnico de futebol masculino da Faculdade Vassar, aconselha os calouros a conversar primeiro com o capitão do time e depois com o treinador. É claro que o treinador deve ser capaz de determinar quem deve jogar, mas ter essas conversas pode fornecer algumas informações sobre sua tomada de decisão. Os pais também podem discutir outras opções atléticas com seus alunos, já que muitos acham as equipes de esportes coletivos e de agremiações muito gratificantes.

"Não há nada para fazer no campus. Posso voltar para casa no fim de semana?"

Não é saudável quando seu filho vai para casa todos os fins de semana. A desculpa dada habitualmente é que não há nada para fazer no campus. Shari Benson, diretora-assistente de convívio universitário, da Faculdade Morningside, sugere que há muitas atividades no campus e que, se os alunos do primeiro ano estiverem sempre voltando para casa, eles nunca estabelecerão amizades.

"Estou ficando sem dinheiro."

Os alunos do primeiro ano parecem nunca ter dinheiro suficiente e, às vezes, por uma boa razão. As faculdades e universidades são caras, e muitos pais estão fazendo tudo o que podem para pagar a mensalidade, o quarto e a alimentação, e sobra pouco para fundos extras para coisas como ingressos para shows ou frappuccinos. Então, que tal encorajar seu filho a aceitar um emprego no campus para pagar esses extras — ou até mesmo ajudar com as mensalidades?

Natalie Story, diretora adjunta de apoio financeiro da Faculdade de Washington, em Chestertown, Maryland, ressalta que estudos mostram que não só os alunos do primeiro ano que trabalham tendem a completar sua educação universitária, como aqueles que trabalham até 20 horas por semana se saem melhor academicamente do que os alunos que não trabalham. Ter um emprego na faculdade em seu currículo também vai ajudá-los a conseguir um emprego após a formatura.

"Não consigo terminar as minhas tarefas a tempo."

Há várias causas possíveis para esse problema. Uma delas é uma gestão errada do tempo, talvez o maior desafio que os estudantes do primeiro ano enfrentam. Os calouros que enfrentam dificuldades para completar suas tarefas a tempo devem considerar visitar o campus escrevendo para o centro acadêmico, sugere Nicole Anderson, diretora-assistente de Serviços de Carreira da Universidade Tufts. Há pessoas que podem ajudar o aluno com ideias úteis para gerir melhor o seu tempo e suas responsabilidades.

Dias como Nenhum Outro

O Dr. Nicholas A. Christakis, médico, sociólogo, professor e diretor do Laboratório da Natureza Humana em Yale, argumenta que o primeiro ano é "crítico", mas não pelas razões que a maioria dos pais pensa. Ele explica que os alunos têm muito tempo para descobrir seu curso e se situar academicamente, mas que o início do primeiro ano é um momento como nenhum outro. Ele descreve-o como uma "janela para oportunidades".

Embora pareça estranho ou, pelo menos, constrangedor, simplesmente ir até um colega de classe e começar uma conversa, nessas semanas sem igual, é perfeitamente normal. Christakis explica que "as inibições sociais tendem a dissolver-se quando um grupo de estranhos entra em um novo ambiente. Pense em adultos em um cruzeiro, adolescentes em um acampamento de verão ou nos poetas peregrinos chaucerianos, conversando e revelando tudo sobre si mesmos. O vínculo se torna ainda maior quando se compartilha uma dificuldade — digamos, o tédio das sessões de orientação para calouros ou o estresse dos exames de aplicação. Mas, depois dessa oportunidade crítica, uma cortina começa a cair no cenário social acolhedor. Na minha experiência como chefe da residência de uma faculdade em Yale e Harvard, isso tende a ocorrer cerca de três semanas depois. As atitudes começam a solidificar. As amizades tornam-se intensas. E comportamentos que inicialmente pareciam sinceros e gentis podem tornam-se impostos ou até um pouco assustadores".

Isso não significa que os alunos não fazem suas conexões mais importantes e significativas com os outros depois do início do primeiro ano, mas que, nessas primeiras semanas de turbulência, todas as convenções sociais são temporariamente suspensas, e conhecer os colegas de classe é mais fácil do que nunca.

A GRADUAÇÃO TRADICIONAL NÃO É A ÚNICA OPÇÃO

Há muito conteúdo sobre os desafios em ingressar e se formar em uma faculdade tradicional, em quatro anos. Os feeds do Facebook estão cheios de pais eufóricos e orgulhosos publicando onde seus filhos estarão se matriculando. É o clímax de anos de estudo, trabalho e dedicação, e é um elogio merecido. Mas Melissa Fenton explica que, para muitos adolescentes, isso não é uma opção.

Por uma infinidade de razões e situações familiares, muitos estudantes não ingressam em uma faculdade tradicional; em vez disso, fazem cursos técnicos e tecnológicos. E, no entanto, ninguém se gaba por seus filhos ingressarem nesses cursos. Por quê? Ou, melhor ainda, por que não? Não é nenhuma vergonha que seu estudante fique em casa e frequente uma faculdade alternativa.

Não acredita em mim? O que acha que essas pessoas bem-sucedidas têm em comum? A autora Amy Tan; o diretor George Lucas; a astronauta da NASA Eileen Collins; a primeira mulher congressista hispânica, Ileana Ros-Lehtinen; o apresentador da PBS News Hour, Jim Lehrer; James Sinegal, CEO da Costco; e Oscar Hijuelos, vencedor do Prêmio Pulitzer — todos frequentaram faculdades comunitárias.

Se você nunca foi a um campus de faculdade comunitária, pode ter uma visão distorcida do ambiente.

Os campi das faculdades comunitárias de hoje cresceram e se desenvolveram significativamente a partir do que eram antes. Então, o que uma faculdade comunitária pode oferecer ao seu aluno e por que é uma boa escolha para tantos agora?

Custos menores: Ganhar seu grau AA em uma faculdade comunitária e depois transferir-se para uma universidade tradicional pode economizar dezenas de milhares de dólares. Os estudantes que frequentam a faculdade comunitária contraem menos empréstimos do que aqueles que frequentam instituições tradicionais. E quando/se você decidir se transferir, terá a opção de obter bolsas de estudo, com base no mérito, se você atingiu excelentes notas durante seus dois primeiros anos.

Por falar em bolsas de estudo: As pessoas muitas vezes não sabem que as faculdades comunitárias oferecem bolsas de estudo acadêmicas baseadas no mérito. Aqueles com notas mais altas e bons resultados nos exames de admissão à faculdade têm uma boa chance de receber algum tipo de apoio financeiro (sem empréstimos).

Graduação tradicional: É comum agora que muitas faculdades comunitárias ofereçam algum tipo de curso de quatro anos ou programa de transição, em que você pode fazer sua graduação em quatro anos na faculdade comunitária, mas dentro do sistema universitário estadual maior.

Programas com certificado técnico profissionalizante: Uma faculdade comunitária não só é uma opção atraente, como é, frequentemente, a única que oferece treinamento e licenciamento para uma longa lista de profissões técnicas, entre elas: paramedicina, bombeiro, policial, assistente de enfermagem certificado, gerente de software, fisioterapeuta, cosmetólogo, esteticista, educador infantil e uma abundância de empregos em horticultura, solda, hidráulica, comércio elétrico, carpintaria e tecnologias automotivas. São profissões que continuam a ser muito procuradas. Orgulham-se de oferecerem bons salários. E o treinamento pode, muitas vezes, ser concluído no período de dois anos.

Atletismo: Quer praticar um esporte de competição, fora das grandes divisões? Para muitos atletas, jogar primeiro em nível comunitário pode ser o seu passaporte para jogar nas grandes divisões, como a NCAA (National Collegiate Athletic Association ou Associação Atlética Universitária Nacional).

Turmas menores, maior atenção: A média de alunos em salas de aula de biologia do primeiro ano em uma universidade pode ser grande, com centenas de estudantes em uma única sala. No âmbito da faculdade comunitária, o tamanho das turmas é consideravelmente menor. Isso significa maior atenção, instrutores que são realmente acessíveis e sabem seu nome, e mais oportunidades para tutoria e ajuda acadêmica individual. Como muitos estudantes de faculdade comunitária são profissionais que trabalham, há sempre uma grande oferta de aulas online, para que você possa continuar trabalhando em tempo integral ou parcial enquanto se forma.

Diversidade: Embora a maioria das grandes universidades afirme ser diversificada, ao olharmos para o corpo discente, a maioria dos estudantes ainda terá entre 18 e 24 anos e pouca experiência de vida. A sala de aula de uma faculdade comunitária terá alunos de todas as idades, origens, demografia e com uma variedade de experiências de vida.

Profissionais de meia-idade com 28 de experiência de trabalho estarão sentados ao lado de jovens de 18 anos recém-saídos do ensino médio. Isso cria uma abundância de experiências de aprendizagem entre pares e uma exposição benéfica dos jovens aos mais velhos, que estiveram no "mundo real" e que conhecem a importância da educação.

Comunidade: Os campi de faculdades comunitárias são tão vivos e prósperos quanto as grandes instituições tradicionais, e têm uma variedade de grupos de estudantes e associações especiais, organizações multiculturais de estudantes, grêmio estudantil, programas atléticos de esportes coletivos, programas de trabalho/estudo e centros de carreira e assistência para colocação profissional.

Networking: Frequentar uma faculdade local lhe dá acesso a profissionais locais, muitos dos quais são seus instrutores e até mesmo colegas de classe. Contatos de carreira e oportunidades de networking para um trabalho local podem, portanto, estar ao seu alcance após a formatura.

O CONSELHO DOS PARES PODE SER MELHOR

Aconselhar nossos filhos sobre a vida universitária, ou mesmo simplesmente responder às suas perguntas quando questionados, pode ser um lembrete doloroso de como estamos desatualizados. Alguns dos melhores conselhos sobre a vida universitária não vêm de nós, mas de recém-formados. Então, pedimos conselhos àqueles que recentemente "estiveram lá, estudando o assunto". Eles nos ofereceram a sabedoria que desejavam que alguém tivesse compartilhado com eles quando ainda estavam na faculdade.

CALOUROS. Divulgue-se no seu ano como calouro e encontre o maior número possível de colegas de classe. É um momento único em que todos estão no mesmo barco — ninguém se conhece muito bem ainda, mas todos querem fazer amigos. Pode ser uma transição desafiadora de uma escola de ensino médio, onde você conhecia praticamente todo mundo, para uma faculdade onde você praticamente conhece ninguém, então não vamos suavizar: os primeiros dias podem ser difíceis. Se estiver se sentindo sozinho ou com saudades de casa, saiba que você não está sozinho. Você planejou a faculdade por anos, mas, ainda assim, será uma grande adaptação, quando você chegar lá. Todos os calouros à sua volta estão fazendo a mesma adaptação — mesmo que não demonstrem.

Ignore as redes sociais de seus amigos do ensino médio; não importa o que eles publiquem, eles estão se sentindo tão perdidos quanto você. Encontre logo um grupo para se juntar. Mesmo que não dure, mesmo que não seja algo pelo qual você esteja apaixonado, entre para uma fraternidade ou equipe, porque isso lhe dará uma atividade e fomentará amizades, desde o início. Quanto mais cedo você conhecer pessoas e encontrar um lugar para integrar, mais cedo você vai começar a desfrutar da faculdade. E, mesmo que pense que odeie a sua faculdade e queira transferir-se, dê o seu melhor até, pelo menos, as férias de inverno — as coisas melhoram assim que se instalar e encontrar uma boa turma de amigos.

Não tenha vergonha de obter ajuda acadêmica (especialmente se você nunca precisou dela antes). Muitas faculdades tornam o apoio acadêmico facilmente disponível, então aproveite. E não tente fazer tudo sozinho: trabalho em grupo, sessões de estudo e outras colaborações acadêmicas são a regra na faculdade — uma grande mudança em relação ao ensino médio. Não só se espera que vocês trabalhem juntos academicamente, como também é uma ótima maneira para conhecer pessoas novas. Encontre um grupo de estudo no início do ano, antes da correria dos exames. (Para afastar aquele "calouro de 15 anos", um companheiro de treino pode ser também uma boa ideia.)

Quando estiver chateado, saia. Às vezes, você só precisa se animar para se juntar a uma banda ou jogar uma partida de Ultimate Frisbee. Em casa, sua mãe insistia para você se divertir; ouça a voz dela agora e siga seu conselho.

ALUNOS DO SEGUNDO ANO. No primeiro ano, você fez um grupo de amigos — e isso é fantástico. Agora é hora de ampliar seus horizontes.

Estimule-se a sair do seu núcleo e mantenha-se aberto para conhecer novas pessoas. Você sempre ficará perto de alguns dos seus primeiros amigos, mas também ficará feliz por ter conhecido um círculo maior de pessoas — especialmente no caso de um dia ter que ficar em uma nova cidade ou país. Nunca se sabe quando alguém fora do seu círculo se tornará seu novo melhor amigo!

Agora que a novidade passou, crie sua rotina. Você vai continuar passando por uma quantidade extraordinária de mudanças indo para o segundo ano, então encontre algo para se engajar — algo que você possa levar com você durante toda a faculdade e se adaptar a novas situações de vida, horários, grupos de amigos e expectativas acadêmicas. Sua rotina pode ser uma atividade que fez por toda a sua vida, um novo hobby, uma série de livros que você relê por conforto, na hora de dormir, um programa de TV novo ou antigo, uma visita semanal ao café local ou outra coisa qualquer.

Seja qual for a sua rotina, tente torná-la tão constante quanto escovar os dentes. O exercício, por exemplo, é uma boa rotina, porque é um tipo diferente de trabalho duro — algo que não será avaliado ou julgado por professores ou pares, mas que lhe permite estabelecer e atingir objetivos para si (além disso, é saudável e parece bom).

Por fim, estabelecer uma rotina é um dom que você levará para vida; mesmo depois de se formar — ou sempre que encontrar transições intimidantes à medida que avança na sua carreira —, ela o manterá com os pés no chão.

CALOUROS/VETERANOS. Como veterano, você pode ter decidido que está confortável com os amigos que fez e com as atividades em que se envolveu. Tem a sua rotina para apoiá-lo e ajudá-lo a se adaptar a um ritmo com facilidade. Você pode ser tentado a se acomodar, mas os últimos anos de faculdade devem continuar sendo anos de ampliação de horizontes e crescimento, por isso continue a se envolver com novas pessoas e em novas oportunidades no seu tempo restante.

Almeje alcançar o mercado de trabalho ou de estágio com objetivo de criar um ano relativamente livre de estresse. Se você conseguir alinhar um emprego com o segundo semestre do ano como veterano, você pode — finalmente — apenas aproveitar esses últimos meses no campus. Crie uma conta no LinkedIn e trabalhe nas suas redes. Não tenha medo de usar quaisquer conexões que você tenha; relacionamentos são fundamentais para o sucesso no mundo. E, é claro, aproveite ao máximo qualquer serviço de aconselhamento de carreira que a sua escola ofereça.

Não se preocupe muito se o primeiro emprego não for perfeito, porém, em alguns anos, você provavelmente o terá deixado por algo mais interessante ou promissor. Além disso, não fique paralisado com a indecisão; se por um lado entrar em um determinado trabalho significa fechar algumas portas, por outro lado, pode abrir outras.

Faça um cartão de crédito em seu nome, em seguida, use-o com moderação e pague o saldo no vencimento, a boa classificação de crédito resultante será útil quando for hora de comprar um carro ou alugar um apartamento. Os futuros empregadores estão cada vez mais verificando as pontuações de crédito como forma de avaliar o seu nível de responsabilidade.

Se está pensando em fazer pós-graduação, agora é a hora de decidir qual o teste fazer — e começar a preparar-se para ele, enquanto seu cérebro ainda está definido para o modo de estudo. Encontre um amigo com quem estudar e mantenham um ao outro responsáveis. Mesmo que esteja trabalhando em uma dissertação, você terá mais tempo agora do que quando estiver trabalhando em tempo integral. E a maioria dos resultados

dos testes pode ser mantida por anos, permitindo que você planeje se quer continuar a sua formação.

Com o tempo que resta na escola, faça uma aula que lhe interesse, mas que não tenha relação com suas aspirações de carreira. Melhor ainda, faça uma aula que o aterrorize: se você for um estudante de matemática, faça uma aula de história da arte (e vice-versa). Faça qualquer aula que sempre o intrigou, mesmo que isso signifique sair da cama de madrugada.

Busque professores que não conhece e pergunte sobre sua pesquisa. Por um tempo, esta pode ser uma das últimas oportunidades que você terá de aprender sobre algo completamente fora de sua zona de conforto. No último ano, certifique-se de ter construído um relacionamento próximo o suficiente com um membro do corpo docente que, mesmo quando você estiver alguns anos fora da faculdade, ele ainda saberá quem você é e ficará feliz em escrever-lhe uma recomendação para o trabalho ou orientá-lo na pós-graduação. Você precisa conhecer essa pessoa o suficiente para que se sinta confortável enviando e-mails após a formatura.

Nem tudo na faculdade é preparar-se para o futuro. Quando estiver no seu ano como veterano, será útil pensar no que você gostaria de ter feito na sua graduação. Existem programas ou palestras que você queria ter visto, pesquisas que você gostaria de ter feito ou, apenas, longas caminhadas tranquilas em uma parte do campus que você nunca visitou? O ano como veterano termina rapidamente, mais rápido do que os outros três, então certifique-se de que você fará valer sua graduação e que realizou o máximo de sua lista de últimos desejos da faculdade.

Visita ao Campus

A primeira vez que os pais visitam seu filho calouro pode ser estranha e desconfortável. Se há uma unanimidade entre os pais é a de que os adolescentes não vão querer passar tanto tempo com seus pais quanto eles imaginam. Pode ser um fim de semana em família ou apenas uma visita imprevista. Enquanto ao telefone eles pareciam entusiasmados, quando chegamos ao campus, não é essa a realidade que encontramos. Os adolescentes na faculdade têm amigos, esportes, atividades e estudos acadêmicos para administrar durante nossas visitas. Serão simpáticos, mas, ao primeiro sinal de uma boa festinha, os pais serão dispensados — e sabemos que é assim que acontece. Aqui estão algumas situações que a experiência nos ensinou:

TRAGA presentes. Nada torna um pai mais cativante do que aparecer com guloseimas locais, caseiras ou itens divertidos e tolos que podem ser compartilhados com colegas de quarto ou novos amigos.

NÃO vá ao dormitório com a intenção de arrumar, limpar e restaurar o ambiente, sob suas condições de moradia. Se você visitar o dormitório, fique longe do banheiro. Só uma dica.

USE essa visita como uma oportunidade para dizer a seu adolescente quase adulto o quão orgulhoso você está de sua jornada e de sua proatividade. Nenhum adolescente se cansa de ouvir sobre o orgulho dos seus pais. Pode ser uma boa oportunidade para falar de coração algumas coisas que foram esquecidas na despedida, alguns meses antes.

NÃO presuma que tudo está perfeito. A vida universitária é complexa e, como disse um dos nossos filhos, "uma época de muitos altos e baixos". É muito comum os estudantes universitários serem influenciados pelas mídias sociais a acreditar que todos os outros estão gerindo melhor a vida.

FAÇA reservas em hotéis e restaurantes com antecedência. As pequenas cidades universitárias têm opções limitadas, então planeje.

CONVIDE colegas de quarto e amigos para uma refeição, mesmo que seja apenas uma fatia de pizza. Nada lhe dará uma oportunidade melhor de participar da nova vida do seu filho.

NÃO se surpreenda se seu filho quiser ficar com você no hotel. Eles estão apenas se acostumando com as multidões, o barulho e o caos de seus dormitórios (que podem incluir os irmãos de um colega de quarto nos fins de semana), fazendo com que aquelas toalhas limpas e a cama sobressalente do hotel pareçam muito boas.

OUÇA sem interrupções os desafios da vida acadêmica e a pressão da vida social na faculdade. Todo esse tempo sem as distrações de casa é uma chance de saber como seu estudante universitário está realmente se saindo.

NÃO seja indiferente, e o estimule dizendo que tudo vai ficar bem e que todos passam por esse processo de adaptação.

OFEREÇA aconselhamento construtivo, compaixão e apoio. Não estamos aqui para ajudar nossos filhos a resolver seus problemas, mas para ajudá-los a encontrar as próprias soluções.

NÃO apareça sem planejar. O seu filho adolescente pode querer sair para "curtir". Você não vai querer ficar esperando naquele dormitório.

PLANEJE fazer algo que sua família goste, que lembre um de seus interesses em comum. Pode ser assistir a filmes, visitar museus, uma comida especial, um evento religioso ou eventos esportivos e culturais.

NÃO demore. É sempre melhor sair antes que eles se cansem de nós e queiram que voltemos.

DEIXE uma coisinha quando sair. Uma simples lembrança, como uma nota, um vale-presente para surpreender um colega de quarto com um taco ou um frozen yogurt, ou um novo par de luvas lembrarão seu filho de que ele é amado.

PLANEJE participar de um evento, show ou jogos no campus, pois isso lhe dará uma visão melhor da vida universitária.

NÃO deixe seu estudante universitário agir como se ainda estivesse no ensino médio, sentindo vergonha dos pais. Se ele quiser ser tratado como adulto, agora seria uma boa hora para começar a agir como tal.

LEMBRE-SE de que essa despedida também vai doer um pouco. Não será tão dolorosa, mas nos afastarmos daqueles que amamos nunca é fácil.

NÃO use essa oportunidade para reclamar que ele não liga e gasta muito dinheiro; há tempo para isso mais tarde, e pode ser pelo telefone.

FAÇA selfies... tudo bem, podem ser apenas fotos. Embora isso o faça se sentir um turista, serão momentos felizes da sua visita.

NÃO deixe seu filho fazer caretas nas fotos. Lembre-o de que você colaborou e gastou uma quantidade inconcebível de dinheiro para esse momento acontecer e que você está pedindo apenas uma boa foto em troca.

> Não vamos enganá-lo. Por um instante, durante a visita, você vai se perguntar se essa visita realmente valeu a pena.
>
> Talvez seu filho não tivesse planejado uma visita dos pais para o fim de semana e parecesse olhar o tempo todo para o telefone. Ou talvez ele mal pudesse esperar para sair do restaurante (que você passou horas certificando-se de que era o lugar perfeito para o seu primeiro jantar de família em meses) para assistir a um show. Talvez ele tenha dito olá a uma dúzia de pessoas diferentes durante aquele passeio pelo campus, mas não o apresentou a nenhuma delas. Enquanto isso, você gastou uma fortuna para chegar aqui, cheio de dívidas no banco para cobrir as mensalidades, e não recebeu nenhuma expressão de gratidão durante o tempo da visita.
>
> Tudo verdade. Mas na hora de dizer adeus, quando aquele bolo na garganta aparece e você se sente por um minuto como no dia da mudança, ele o abraça um pouco mais apertado e o segura por mais um minuto enquanto vocês dizem adeus — e aquele gesto diz mais do que mil palavras.

COMO PROSPERAR NA FACULDADE?

Embora haja um grande valor em conselhos esporádicos sobre como prosperar na faculdade, demos uma olhada no que a pesquisa mostra sobre os comportamentos e práticas que fazem com que os alunos prosperem na faculdade. E, ao que parece, os estudantes são mais propensos a ter uma estadia bem-sucedida no campus quando se envolvem na vida da faculdade — acadêmica, social, esportiva ou de qualquer outra forma construtiva.

ENGAJAMENTO. "Os estudantes que escolhem estudar em uma turma menor a cada semestre têm, em média, uma experiência geral significativamente melhor do que aqueles que não escolhem", escreve o professor de Harvard, Richard J. Light em *Strengthening Colleges and Universities: The Harvard Assessment Seminars* ["Fortalecimento de Faculdades e Universidades: Os Seminários de Avaliação de Harvard", em tradução livre]. Light constatou que os alunos que participaram de uma turma menor, definida como menos de 16 alunos, tinham um maior nível de engajamento, trabalhavam mais e, portanto, tinham menos probabilidade de abandonar a escola. "Eles são visivelmente mais engajados, por sua própria classificação, do que os alunos que frequentam turmas maiores", explicou. "Ou as turmas pequenas exigem mais tempo ou os alunos escolhem investir mais."

INTEGRAÇÃO. Embora vários estudos mostrem que viver em moradias para calouros aumenta o engajamento social e o senso de permanência, nem todos os estudantes conseguem vagas ou podem pagar pela moradia no campus, em seu primeiro ano. Os alunos que vivem no campus são mais propensos a participar de grupos de estudo e se envolver em atividades extracurriculares, ambos indicadores para o sucesso.

Um estudo de meta-análise sobre sucesso universitário descobriu que os estudantes que prosperaram sentiam-se integrados à sua instituição; eles se adaptavam bem e eram socialmente integrados. Esse estudo evidencia que o sentimento de integração tem um impacto positivo em 85% na média de notas de um aluno.

COLABORAÇÃO. No ensino médio, a ênfase está no trabalho individual — um treinamento inadequado para o "prêmio", que nas faculdades se transforma em cooperação acadêmica. Os estudantes que prosperam em um ambiente universitário são aqueles que buscam ativamente grupos de estudo que lhes permitam se conectar com seus pares e discutir sobre o conteúdo acadêmico. Na verdade, este grupo não só tem um desempenho melhor como se sente melhor: "Os alunos que trabalham em pequenos grupos de estudo fora da sala de aula dedicam mais tempo ao seu trabalho acadêmico, sentem-se mais desafiados pelo seu trabalho e expressam um nível muito maior de interesse pessoal por ele", observa Light. "Também é muito menos provável que hesitem em procurar ajuda. O ponto crítico é que as relações não são meramente sociais. Eles se organizam para realizar algum trabalho — uma pesquisa substancial que os alunos descrevem como 'ampliação de horizonte'. E, quase sem exceção, os estudantes que ainda não se encontraram ou que ainda não deram o passo certo relatam que não desenvolveram tais relações."

CONECTIVIDADE. Cultivar um vínculo com um membro do corpo docente ou um mentor, como um assistente de ensino, um orientador ou um conselheiro acadêmico, compensam muito o tempo, depois da formatura.

Um estudo sobre graduados, da Universidade Gallup-Purdue, de 2014, descobriu que, para os estudantes que se lembravam de ter um professor "que se preocupava com eles como pessoa os deixou entusiasmados com a aprendizagem e os incentivou a perseguir seus sonhos, suas chances de se engajarem no trabalho mais do que dobraram".

Essa relação de mentoria não precisava necessariamente ser focada no currículo formal, mas podia ser formada em torno de um projeto de pesquisa, um comitê ou apenas em uma conversa. Mas esse relacionamento tem sido mostrado para melhorar a experiência da faculdade com benefícios duradouros.

No entanto, essa relação nem sempre é fácil de estabelecer. Como pais, descobrimos que os nossos alunos, muitas vezes, tinham de ser encorajados, obrigados a abordar os seus instrutores. No ensino médio, eles não hesitavam em falar com professores que pareciam acessíveis e interessados, mas na faculdade isso parecia muito mais intimidante. "Como professor, eu realmente gosto de me envolver com os alunos de forma individualizada depois das aulas ou nas horas de expediente", diz Ben Y. Zhao, professor de ciência da computação da UC Santa Bárbara. "No entanto, muitas vezes, acho que muitos estudantes vêm com uma noção preconcebida de que os professores não querem se envolver com eles. Alguns acham que os professores da faculdade estão sempre 'muito ocupados para se preocupar', enquanto outros os veem como distantes ou como antissociais. Eles têm medo de entrar no horário de expediente e, muitas vezes, retêm perguntas na sala de aula por medo de serem repreendidos ou ignorados.

Há inúmeras oportunidades em uma universidade que não se apresentam de forma óbvia", continua Zhao, "mas exigem alguma iniciativa do aluno. Quer se tratem de discussões após a aula com professores sobre um tema relacionado com a classe, posições de pesquisa de graduação ou empregos em tempo parcial, os alunos devem ser mais proativos em pedir o que eles querem."

MOTIVAÇÃO. Os estudantes que prosperam no campus são inspirados por um desejo genuíno de aprender. Crucialmente, eles acreditam que a sua inteligência não é fixa, mas está dentro do seu poder de expansão. Em seu livro *What the Best College Students Do* ["O que os Melhores Estudantes Universitários Fazem", em tradução livre], Ken Bain, presidente do Best Teachers Institute e ex-professor de história da Universidade Vanderbilt, disse que os melhores alunos "também aprenderam que nada é fácil. O crescimento requer muito trabalho. Aprender é despojar aqueles hábitos profundamente enraizados na mente. Para isso, é preciso que nos empenhemos, que continuemos construindo e reconstruindo, questionando, lutando e buscando… Todos tinham aprendido o poder da motivação intrínseca sobre trabalhar por recompensas, como notas e honras. 'As notas nunca importaram', disseram-nos eles. Tudo resultou de um desejo interno de aprender, criar e crescer."

APOIO. Não surpreendentemente, dois marcadores finais para o sucesso acadêmico são amigos e família. Ambos podem continuar a exercer uma influência positiva sobre um estudante e melhorar sua experiência na faculdade muito depois de ele sair de casa.

A interação social com os pares é tão crítica que um estudo revelou que "instituições com níveis mais elevados de interação social entre estudantes também têm níveis mais elevados de aspirações educacionais dos estudantes". E, finalmente, mesmo quando nossos filhos continuam com suas vidas, parece que nossa influência permanece altamente relevante. A faculdade pode ser uma experiência assustadora e muito mais desafiadora do que o ensino médio. A pesquisa mostra que os alunos de graduação, de calouros a veteranos, recebem um impulso de lembretes de que nossa confiança neles é imaculada e nosso apoio é sem reservas.

O QUE NOS LEVA À GRADUAÇÃO

Quando os nossos filhos começam a faculdade, é difícil pensar que nem tudo correrá bem. Eles foram admitidos porque eram qualificados, e, na nossa excitação, mal pensamos no que poderia dar errado. Mas graduar-se na faculdade exige planejamento, e graduar-se no tempo previsto exige um planejamento cuidadoso. Vimos por que os estudantes não conseguiam se formar em quatro anos e depois falamos com o Dr. Randy Diehl, reitor do Colégio de Artes Liberais da Universidade do Texas, em Austin, para descobrir como os pais podem ajudar os seus alunos a atingir este objetivo.

Vamos começar pelo problema:

- Nas universidades públicas sem apoio governamental, apenas 19% dos estudantes em tempo integral se formam em quatro anos.

- Nas principais universidades públicas com apoio governamental ou universidades envolvidas com pesquisa, apenas 36% dos estudantes em tempo integral se formam em quatro anos.

- Cada ano adicional de faculdade custa US$22,826 por matrícula (no estado), quarto, alimentação e taxas, um adicional de US$45.327 ao orçamento, chegando ao total de US$68.153.

- Apenas 50 em cada 580 faculdades e universidades públicas com graduação em quatro anos relatam que a maioria dos estudantes em tempo integral se forma em quatro anos.

Falhar na faculdade pode prejudicar o progresso acadêmico e profissional do aluno no início de sua vida como jovem adulto, e criar obstáculos financeiros e emocionais substanciais. Para os estudantes que lidam com essa realidade, seus desafios são intensamente pessoais e também contribuem para um problema social nacional.

A dívida dos estudantes agora totaliza US$1,5 trilhão, uma soma gigantesca, inflacionada por um ou dois anos extra de aulas adicionadas pelo montante de estudantes. Não é de admirar que os governos estaduais e administradores de faculdades vejam essa baixa estimativa de aprovação da graduação como um grave risco para a educação e o bem-estar de suas populações. O reitor aposentado da Universidade Texas System, William H. McRaven, não poderia ter sido mais enfático:

> Para mim, a coisa mais inteligente e eficaz que podemos fazer para reduzir a dívida dos nossos alunos é aumentar a estimativa de aprovação da graduação em quatro anos. O senso comum nos diz que a graduação em cinco anos vai custar aproximadamente 25% a mais do que a graduação em quatro anos. Imagine o tumulto se qualquer escola da UT System aumentasse a taxa de matrícula em 25%! Mas o efeito seria o mesmo.

Então, por que os adolescentes demoram mais tempo para se formar? E como os pais podem ajudar? Vamos responder a essas perguntas importantes a seguir, começando com razões comuns para a graduação levar mais de quatro anos.

FALTA DE PLANEJAMENTO. Já viu um catálogo de cursos universitários recentemente? É fácil se perder nas centenas de disciplinas individuais, sobre dezenas de assuntos. Com isso, se inscrever em classes supérfluas torna-se uma armadilha para atingir a graduação, mostrando a falta de uma estratégia melhor, ou a falta dela, no planejamento de estudos para completar os requisitos básicos do curso. Na verdade, em média, um graduando atinge até 134 créditos, quando apenas 120 são necessários.

FALTA DE ACONSELHAMENTO. Reunir-se com um conselheiro da faculdade antes da inscrição pode dar a segurança para os alunos em ajudá-los a compreender plenamente as implicações de suas escolhas. A curva de aprendizagem para a seleção do curso é íngreme, e os calouros podem facilmente se perder desde o início e acabam não cumprindo os seus requisitos a tempo.

GARGALO DOS PRINCIPAIS CURSOS. Em algumas faculdades, certas graduações são tão populares que o número de assentos na(s) disciplinas(s) obrigatória(s) não corresponde à demanda. Os alunos que são incapazes de garantir sua vaga na sala de aula não conseguem criar uma programação ideal para cumprir as disciplinas principais necessárias em quatro anos.

TEMPO PARCIAL OU CARGA REDUZIDA. Para se formar em quatro anos, os alunos precisam cursar 15 horas a cada semestre por oito semestres, somando as 120 horas que resultam em um diploma. Alguns estudantes têm responsabilidades profissionais ou familiares que tornam impossível frequentar a universidade em tempo integral, quase garantindo que terão de fazer um semestre extra para obter o diploma.

TRANSFERÊNCIA E PERDA DE CRÉDITOS. Infelizmente, mesmo depois de longos meses de trabalho que levaram a uma decisão de admissão na faculdade, um estudante pode decidir que precisa se transferir para uma instituição diferente. As faculdades têm suas próprias políticas sobre aceitar créditos de transferência, e alguns podem não ser aceitos quando um estudante se transfere de uma para outra.

DISCIPLINAS DE APOIO E QUE NÃO OFERECEM CRÉDITOS. Alguns estudantes não estão prontos para lidar com as demandas acadêmicas dos cursos universitários e podem se inscrever em aulas de reforço que não oferecem créditos.

Para saber mais sobre o que melhor funcionava na UT (Universidade do Texas) e em outras universidades públicas, Diehl compartilhou algumas lições importantes para os pais de alunos do ensino médio e superior sobre como se concentrar na graduação em quatro anos.

P: Quais são as estratégias para um aluno se formar em quatro anos?

R:

1. Primeiro de tudo é reunir-se regularmente com um conselheiro acadêmico e desenvolver um planejamento. Não há nada de errado em mudar de ideia ou em chegar indeciso à faculdade. Mas deve haver um planejamento sobre como você muda de um curso, e isso envolve descobrir quais são seus interesses e que disciplinas são apropriadas. Em muitas instituições, existem mentores que são seus pares, como calouros ou veteranos, e que podem fornecer alguma boa orientação de maneira informal que o estudante ache menos intimidante do que se encontrar com um professor.

2. Começa no ensino médio, quando os alunos podem escolher entre uma formação avançada no nível médio (uma graduação no ensino médio) ou bacharelado. Isso pode fazer uma diferença enorme, porque os estudantes podem obter alguns créditos para a faculdade e ter um pouco mais de flexibilidade em escolher um curso. É uma ótima maneira de se antecipar e ajuda a preparar os alunos para escolher uma área de habilitação principal, porque já estão expostos a cursos que existem na faculdade.

3. Se desejar escolher seu curso apenas no segundo ano e fizer disciplinas básicas durante o ano como calouro, você se manterá no caminho certo para obter os requisitos básicos para escolher um curso.

4. Cada faculdade tem um centro de serviços de carreira, que é um escritório muito importante, mas a maioria dos estudantes não tira proveito dele. Ao visitar e conhecer a equipe, você começa a conhecer em que tipo de habilidades eles podem ajudá-lo. Procure-os antecipadamente e com frequência!

P: Quando as famílias estão procurando faculdades com seus filhos, alunos do ensino médio, existem serviços ou programas que devem procurar e que poderiam ajudá-los a se formar no tempo certo? Inversamente, quais são as situações que devem ser evitadas?

R: É importante que os alunos tenham uma noção realista do que significa ser bem-sucedido em qualquer faculdade ou universidade. Se os alunos podem visitar as faculdades, seria bom falar com o escritório de admissões e com uma das pessoas da equipe. A maioria das faculdades e universidades não posta estimativa de aprovação da graduação em seus sites se tiverem números relativamente baixos para relatar. Mas o escritório de admissões tem essa informação. Você quer saber o quanto uma instituição está comprometida com o sucesso do aluno. Claro que o sucesso do aluno não está apenas na estimativa de aprovação da graduação. Há muitas situações que têm a ver com a formação. Você quer observar vários indicadores, como o número de horas/créditos estudantis por semestre. Se essa relação não for alta, isso sugere que há muitos estudantes em tempo parcial, e isso não é um bom indicador.

P: Existem aspectos nos quais os pais podem e devem se envolver para ajudar o estudante universitário a se manter no caminho certo?

R: É excelente que os pais estejam interessados no ensino superior dos filhos e que exponham esse interesse. Se eles se importam com a experiência dos seus filhos na faculdade, é provável que seus filhos também se importem. Não defendo o comportamento exagerado em que os pais fazem aquilo que os alunos deveriam fazer por si mesmos, porque uma parte importante da educação universitária é crescer e assumir responsabilidades. Mas os pais podem estar por perto no momento da visita às faculdades e dar conselhos sobre como encontrar o centro de serviços de carreira. Os pais também podem recomendar que seus filhos façam aulas particulares durante o ensino médio. Quando os pais apoiam as aspirações de carreira dos seus alunos e a vida na faculdade, isso é uma coisa positiva e poderosa.

P: Os alunos terão tempo para fazer estágios e/ou estudar no exterior e ainda se formar em quatro anos?

R: Sim! Nós fizemos estudos sobre estimativa de aprovação da graduação tanto para UT e outras instituições nacionais, e os dados são consistentes em mostrar que os alunos são mais propensos a se formar em quatro anos se estudam no exterior, fazem estágios e/ou se envolvem em pesquisa na graduação. Não há dúvida de que existe uma correlação entre essas atividades e os alunos mais fortes. Além de terem estimativas de aprovação da graduação em quatro anos mais altas, suas médias eram mais altas e os estudantes tinham melhor desempenho individual após estudar no exterior do que antes. A ideia é que quanto mais uma estudante sentir que pertence ao grupo e à faculdade, mais ele fará academicamente. A integração social e acadêmica é um poderoso indicador de sucesso.

ENTRANDO NA MAIS RECENTE E LONGA RELAÇÃO

Os anos de faculdade marcam o início da fase mais longa da nossa relação com os nossos filhos, a entre dois adultos. Nós passamos pela fase inicial, de um adolescente que muitas vezes é campeão, para a fase em que saem de nossas casas e começam sua vida universitária, trilhando o caminho que vamos percorrer por décadas. Todos os dias falamos com pais que fizeram essa viagem e com especialistas que a estudaram, e alguns temas-chave surgem.

Seu filho adolescente passou por uma grande experiência de vida começando a faculdade, então se prepare desde o início para algumas mudanças possivelmente desconfortáveis (ou apenas sutis) em seu relacionamento. Haverá mudanças de cor de cabelo, piercings, ou novas visões políticas ou outras. Tom Dingman, ex-reitor de calouros da Faculdade de Harvard, garante aos pais que tudo isso é bom e saudável, e faz parte da "experiência de formar diferentes posturas, diferentes pontos de vista e parte do desenvolvimento de sua individualidade e da descoberta de quem você é além, sem a sua família". Ele lembra os pais de que os nossos adolescentes "precisam do nosso apoio e saber que ainda acreditamos neles".

A cada ano, vocês estarão cada vez menos envolvidos com a mecânica de suas vidas, mas isso não é a mesma coisa que estar menos envolvidos em suas vidas. No início, as mudanças parecem pequenas, quase imperceptíveis, mas no último ano ficará claro o quão longe vocês já viajaram. No primeiro ano, nossos filhos nos enviaram uma mensagem com os sintomas de qualquer doença e uma foto de todos os medicamentos para saber qual deveriam tomar. Quatro anos mais tarde, ouvimos simplesmente que estavam doentes e como cuidavam de si mesmos. No seu primeiro ano de ausência, passamos algum tempo pedindo que se envolvessem nos seus campi; no ano passado, ouviremos histórias sobre esse envolvimento.

Por vezes, nossos jovens de 18 anos eram monossilábicos e, com frequência, tinham que ser persuadidos a nos informar os detalhes de sua vida como calouros. Nossos jovens de 22 anos querem falar de cada detalhe de sua busca pelo emprego e nos pedir para revisar seus currículos. Quando tinham 18 anos, zombavam das compras para o dormitório, ignorando nossas preocupações de que começassem a vida universitária com as provisões certas como simples mães preocupadas. Os jovens de 22 anos querem que façamos as compras de mobiliário com eles (e não apenas porque o nosso cartão de crédito tem limites mais elevados).

Nossos garotos de 18 anos voltavam da escola, jogavam a roupa suja no chão e voavam pela porta com seus amigos do colégio. Os nossos jovens de 22 anos nos seguem até a cozinha e ajudam a fazer o jantar. Os nossos jovens de 18 anos queriam ser tratados como adultos, insistiam nisso, mesmo quando agiam como crianças. Nossos jovens de 22 anos conversam sobre "data de pagamento de impostos", "deveres" e "votação".

Ao refletir, surpreende-nos ver que, em tantos casos, seu caminho para a vida adulta só melhorou sua relação conosco. Temos pouco a temer quanto a essa viagem. Nossos filhos, e os seus, são membros de uma geração que gosta de seus pais, querem passar o tempo com eles, e veem esse relacionamento como uma fonte de apoio contínuo e alegria em suas vidas.

Embora, ao longo desses anos, fosse importante que os nossos filhos estabelecessem sua independência e se tornassem os adultos que escolhem ser, isso não é, de forma alguma, incompatível com a proximidade da família, que todos prezamos. Levamos anos para compreender esse fato e esperamos que estas páginas o tenham deixado claro para vocês também.

Coisas que Mais Nos Surpreenderam

Não sabemos se acontece com você, mas, ao percorrer nosso caminho pela jornada da parentalidade, oscilamos loucamente, sentimos que não tínhamos ideia do que estávamos fazendo e que estávamos praticamente voando às cegas, e tínhamos aquela sensação que só pode ser descrita como "estou aqui para o que der e vier". Às vezes, experimentamos vários desses sentimentos no mesmo dia. Mas, quando nossos filhos ultrapassam a marca dos 20, pareceu uma boa hora para refletir sobre o que mais nos surpreendeu.

Estas são as coisas que não podíamos sequer ter imaginado quando começamos nossa viagem como pais:

Nosso trabalho não está feito; acabou de mudar.

Nossos filhos estão fisicamente separados, mas estão sempre em contato conosco e uns com os outros.

Estão sempre pedindo ajuda, porque podem.

Ainda nos chateamos; os velhos hábitos são difíceis de abandonar.

Ver seus filhos encontrando seu caminho nunca deixa de ser uma alegria, quer seja aprender a andar, quer seja começar um novo emprego.

Sentimos uma "pontada" todas as vezes que eles saem. Sempre.

Nunca paramos de aprender com nossos filhos, e este é um dos aspectos mais alegres, satisfatórios e inesperados da parentalidade.

Os pais sempre precisam da comunidade, e há pouco disponível para nos ajudar nesta fase desafiadora.

As alegrias de nossos filhos nos dão mais alegria do que as nossas, e o mesmo acontece com suas decepções e contratempos.

Se temos a sorte de fazer a jornada da parentalidade com outro adulto — um parceiro na parentalidade —, é uma das maiores experiências compartilhadas na vida.

Esta geração de crianças ainda quer estar com os pais. Elas gostam muito das mesmas coisas e esperam que os pais tenham um papel ativo em suas vidas. Elas não abandonaram a geração mais velha como nós fizemos quando tínhamos sua idade.

Não há sensação de impotência maior do que quando vemos que a vida de nossos filhos está estagnada, enquanto os pais à nossa volta nos contam os sucessos de seus filhos.

Ver nossos filhos indo para a faculdade é a definição de agridoce, e foi uma mudança tão grande em nossas vidas quanto o dia em que chegaram.

Ficar de fora, observando seu filho, pode ser uma das grandes alegrias da vida.

Há muita coisa que sabíamos na nossa adolescência que agora é obsoleta e inútil para nós, quando nossos filhos estão nessa fase.

É difícil ser objetivo no meio de qualquer tipo de confusão: uma criança chorando no meio da noite ou o adolescente no meio de uma discussão.

Apesar de pensarmos que não poderíamos amar mais nossos bebês, amamos nossos filhos e filhas mais a cada dia. Nossos filhos podem ter ficado menos "bonitos", mas não são menos fantásticos para nós.

Nosso impulso de protegê-los nunca diminuirá; sempre queremos ter tudo sob controle.

Vamos travar uma batalha pessoal entre ajudá-los pouco e ajudá-los demais durante toda a nossa vida.

Quando começamos o site Grown and Flown, não tínhamos noção de onde nos levaria nem de quão importante se tornaria para nós. Desde o momento em que os nossos filhos entram no ensino médio até serem verdadeiramente independentes, as apostas na parentalidade parecem apenas aumentar. Nossos adolescentes estão definindo a direção de suas vidas e felicidade futura, e seus problemas e decisões se tornam mais ponderados. À medida que deixam a infância para trás, as águas da parentalidade tornam-se mais sombrias do que nunca. Aconselhamos ou ajudamos? Mergulhamos ou nos mudamos silenciosamente para as margens? Ao longo da sua adolescência e juventude, lutamos com a complexa e persistente questão de quando avançar e quando recuar.

Navegando nesse novo terreno, muitas vezes nos perguntamos se algum dos adjetivos típicos dos pais — como pais coruja — se aplicava a nós. Fomos bombardeadas por histórias de superparentalidade desenfreada, mas percebemos que essas histórias são exceções. Uma pesquisa recente do New York Times mostrou que cerca de 4% a 16% dos pais ajudam seus jovens adultos, por meio de seus contatos, a conseguir um emprego ou estágio, a fazer trabalhos acadêmicos ou ligam para seus empregadores ou reitores da faculdade. Podemos lançar difamações e começar a rotular tudo, ou desenvolver essa noção e perceber que isso também representa que aproximadamente 90% de nós está agindo da forma certa. Não estamos arruinando uma geração inteira com nossa parentalidade hiperativa.

No entanto, estamos criando uma geração fundamentalmente diferente, e isso exige uma forma fundamentalmente diferente de parentalidade. Muitas das normas da nossa própria época de adolescência e faculdade já não se aplicam. Esta geração não está afastando os pais, rejeitando os valores de suas famílias e restringindo o contato conosco ao sair de casa. Aqueles que estudam dinâmicas familiares veem um estreito entrelaçamento das vidas dos pais e das de seus filhos mais velhos, e um desejo de ambos os lados de passar mais tempo junto e criar uma profunda conexão. Quando ouvimos milhares de pais descrevendo seus dilemas parentais mais intratáveis, vimos um padrão. Os pais estão esmagadoramente tentando fazer o que é certo, procurando um caminho que levará seus filhos à independência mantendo uma proximidade profunda, amorosa e duradoura com suas famílias.

Ao definir um meio de encontrar respostas para nossos próprios desafios parentais, ao longo do caminho, encontramos milhões de outros pais que estavam traçando um caminho semelhante. Enquanto tentávamos descobrir como seriam nossas relações com nossos adolescentes e jovens adultos, as histórias da nossa comunidade iluminavam nosso caminho. Os pais nos disseram que a adolescência é um dos períodos mais solitários e isolados da paternidade. Eles sentiam a forte perda do apoio da comunidade que vem com a adolescência. O tipo de apoio e aconselhamento que tanto valorizavam quando os filhos eram mais novos tinha desaparecido, precisamente quando mais precisavam.

Quer seu grupo de apoio seja formado por dois amigos próximos na vida real, por milhares de amigos online ou por qualquer coisa entre essas opções, precisamos de aconselhamento, opiniões divergentes, sabedoria compartilhada e a percepção que vem das experiências dos outros. Não há nada mais reconfortante do que ouvir alguém mencionar um desafio que sua família enfrenta e depois ver um ou centenas de pais admitindo que também estão lutando com a mesma questão. Encontrar essa comunidade é uma bênção, e somos gratas por isso todos os dias.

Projetos corporativos e edições personalizadas
dentro da sua estratégia de negócio. Já pensou nisso?

Coordenação de Eventos
Viviane Paiva
viviane@altabooks.com.br

Contato Comercial
vendas.corporativas@altabooks.com.br

A Alta Books tem criado experiências incríveis no meio corporativo. Com a crescente implementação da educação corporativa nas empresas, o livro entra como uma importante fonte de conhecimento. Com atendimento personalizado, conseguimos identificar as principais necessidades, e criar uma seleção de livros que podem ser utilizados de diversas maneiras, como por exemplo, para fortalecer relacionamento com suas equipes/ seus clientes. Você já utilizou o livro para alguma ação estratégica na sua empresa?

Entre em contato com nosso time para entender melhor as possibilidades de personalização e incentivo ao desenvolvimento pessoal e profissional.

PUBLIQUE
SEU LIVRO

Publique seu livro com a Alta Books.
Para mais informações envie um e-mail
para: autoria@altabooks.com.br

 /altabooks /alta-books /altabooks /altabooks

CONHEÇA OUTROS LIVROS DA **ALTA BOOKS**

Todas as imagens são meramente ilustrativas.